普通高等教育"十一五"国家级规划教材

高等院校信息安全专业系列教材

电子物证技术基础

罗文华 主　编
汤艳君 副主编

清华大学出版社
北　京

内 容 简 介

本书从电子物证角度,从存储技术、文件系统、文件、内存管理、系统安全、字符编码及可执行文件格式等方面介绍了相关基础知识,系统而又全面地阐述其电子物证特性,并对涉及的工具软件和技术方法予以详细描述。全书提供了大量应用实例,每章后均附有习题。

本书通俗易懂,注重可操作性和实用性,通过对典型实例进行分析,使读者能够举一反三;内容层次丰富,涵盖了电子物证所需的所有核心基础知识。本书适用于信息安全、网络安全与执法等相关专业的本科生和研究生,也可以作为培训教材;对于司法和执法工作者、律师、司法鉴定人和IT行业人士,也具有良好的参考价值。

本书封面贴有清华大学出版社防伪标签,无标签者不得销售。
版权所有,侵权必究。举报: 010-62782989, beiqinquan@tup.tsinghua.edu.cn。

图书在版编目(CIP)数据

电子物证技术基础/罗文华主编. —北京: 清华大学出版社,2014(2024.8重印)
高等院校信息安全专业系列教材
ISBN 978-7-302-34884-9

Ⅰ. ①电… Ⅱ. ①罗… Ⅲ. ①计算机应用-物证-司法鉴定-高等学校-教材 Ⅳ. ①D919.2

中国版本图书馆CIP数据核字(2013)第311404号

责任编辑: 张 民 薛 阳
封面设计: 常雪影
责任校对: 时翠兰
责任印制: 丛怀宇

出版发行: 清华大学出版社
网　　址: https://www.tup.com.cn, https://www.wqxuetang.com
地　　址: 北京清华大学学研大厦A座　　　　　　邮　编: 100084
社 总 机: 010-83470000　　　　　　　　　　　　邮　购: 010-62786544
投稿与读者服务: 010-62776969, c-service@tup.tsinghua.edu.cn
质量反馈: 010-62772015, zhiliang@tup.tsinghua.edu.cn
课件下载: https://www.tup.com.cn, 010-83470236

印 装 者: 三河市龙大印装有限公司
经　　销: 全国新华书店
开　　本: 185mm×260mm　　印　张: 17.25　　字　数: 400千字
版　　次: 2014年3月第1版　　　　　　　　　印　次: 2024年8月第12次印刷
定　　价: 36.00元

产品编号: 056207-01

高等院校信息安全专业系列教材

编审委员会

顾问委员会主任：沈昌祥（中国工程院院士）
特别顾问：姚期智（美国国家科学院院士、美国人文及科学院院士、
　　　　　　中国科学院外籍院士、"图灵奖"获得者）
　　　　　　何德全（中国工程院院士）　蔡吉人（中国工程院院士）
　　　　　　方滨兴（中国工程院院士）
主　　任：肖国镇
副 主 任：封化民　韩　臻　李建华　王小云　张焕国
　　　　　　冯登国　方　勇
委　　员：（按姓氏笔画为序）

马建峰	毛文波	王怀民	王劲松	王丽娜
王育民	王清贤	王新梅	石文昌	刘建伟
刘建亚	许　进	杜瑞颖	谷大武	何大可
来学嘉	李　晖	汪烈军	吴晓平	杨　波
杨　庚	杨义先	张玉清	张红旗	张宏莉
张敏情	陈兴蜀	陈克非	周福才	宫　力
胡爱群	胡道元	侯整风	荆继武	俞能海
高　岭	秦玉海	秦志光	卿斯汉	钱德沛
徐　明	寇卫东	曹珍富	黄刘生	黄继武
谢冬青	裴定一			

策划编辑：张　民
本书责任编委：秦玉海

出版说明

21世纪是信息时代,信息已成为社会发展的重要战略资源,社会的信息化已成为当今世界发展的潮流和核心,而信息安全在信息社会中将扮演极为重要的角色,它会直接关系到国家安全、企业经营和人们的日常生活。随着信息安全产业的快速发展,全球对信息安全人才的需求量不断增加,但我国目前信息安全人才极度匮乏,远远不能满足金融、商业、公安、军事和政府等部门的需求。要解决供需矛盾,必须加快信息安全人才的培养,以满足社会对信息安全人才的需求。为此,教育部继2001年批准在武汉大学开设信息安全本科专业之后,又批准了多所高等院校设立信息安全本科专业,而且许多高校和科研院所已设立了信息安全方向的具有硕士和博士学位授予权的学科点。

信息安全是计算机、通信、物理、数学等领域的交叉学科,对于这一新兴学科的培养模式和课程设置,各高校普遍缺乏经验,因此中国计算机学会教育专业委员会和清华大学出版社联合主办了"信息安全专业教育教学研讨会"等一系列研讨活动,并成立了"高等院校信息安全专业系列教材"编审委员会,由我国信息安全领域的著名专家肖国镇教授担任编委会主任,共同指导"高等院校信息安全专业系列教材"的编写工作。编委会本着研究先行的指导原则,认真研讨国内外高等院校信息安全专业的教学体系和课程设置,进行了大量前瞻性的研究工作,而且这种研究工作将随着我国信息安全专业的发展不断深入。经过编委会全体委员及相关专家的推荐和审定,确定了本丛书首批教材的作者,这些作者绝大多数是既在本专业领域有深厚的学术造诣,又在教学第一线有丰富教学经验的学者、专家。

本系列教材是我国第一套专门针对信息安全专业的教材,其特点是:

① 体系完整、结构合理、内容先进。
② 适应面广。能够满足信息安全、计算机、通信工程等相关专业对信息安全领域课程的教材要求。
③ 立体配套。除主教材外,还配有多媒体电子教案、习题与实验指导等。
④ 版本更新及时,紧跟科学技术的新发展。

为了保证出版质量,我们坚持宁缺毋滥的原则,成熟一本,出版一本,并保持不断更新,力求将我国信息安全领域教育、科研的最新成果和成熟经验反映到教材中来。在全力做好本版教材,满足学生用书的基础上,还经由专家的推荐和审定,遴选了一批国外信息安全领域的优秀教材加入本系列教材中,以进一步满足大家对外版书的需求。热切期望广大教师和科研工作者加入我们的队伍,同时也欢迎广大读者对本系列教材提出宝贵意见,以便我们对本系列教材的组织、编写与出版工作不断改进,为我国信息安全专业的教材建设与人才培养作出更大的贡献。

"高等院校信息安全专业系列教材"已于2006年年初正式列入普通高等教育"十一五"国家级教材规划(见教高[2006]9号文件《教育部关于印发普通高等教育"十一五"国家级教材规划选题的通知》)。我们会严把出版环节,保证规划教材的编校和印刷质量,按时完成出版任务。

2007年6月,教育部高等学校信息安全类专业教学指导委员会成立大会暨第一次会议在北京胜利召开。本次会议由教育部高等学校信息安全类专业教学指导委员会主任单位北京工业大学和北京电子科技学院主办,清华大学出版社协办。教育部高等学校信息安全类专业教学指导委员会的成立对我国信息安全专业的发展将起到重要的指导和推动作用。"高等院校信息安全专业系列教材"将在教育部高等学校信息安全类专业教学指导委员会的组织和指导下,进一步体现科学性、系统性和新颖性,及时反映教学改革和课程建设的新成果,并随着我国信息安全学科的发展不断修订和完善。

我们的 E-mail 地址:zhangm@tup.tsinghua.edu.cn;联系人:张民。

清华大学出版社

前言

随着计算机科学的普及与发展,特别是我国国民经济和社会信息化进程的全面加快,计算机信息系统的基础性、全局性作用日益增强。与此同时,涉及计算机系统的案件也与日俱增,互联网和计算机不仅已成为犯罪分子沟通联络的犯罪工具,而且也正日益成为实施犯罪的场所和工具。许多犯罪活动,包括传统类型犯罪,都会产生与案情相关的电子数据,因此导致了电子物证技术的出现和应用。电子物证涉及存储介质、文件系统、内存管理、文件属性、系统安全、字符编码等多方面的专业知识,为此我们特意编写了《电子物证技术基础》这本书,以满足培养高素质电子物证技术人员的需要。

全书共分7章。第1章存储技术基础,从数据存储技术、数据存储介质种类、硬盘接口类型等方面说明了相关背景知识。第2章文件系统基础,介绍了Windows、UNIX/Linux等操作系统常用的FAT、NTFS、Ext文件系统,并讨论了各文件系统下文件删除与恢复的技术方法。第3章文件基础,从文件类型、文件扩展名、文件访问控制、文件时间属性、系统文件夹功能等方面论述了与文件相关的取证知识。第4章内存管理基础,在详细说明常见操作系统内存管理机制、系统进程功能、进程操作方法的基础上,结合针对内存的占线分析与离线分析工具,讨论了内存信息分析方法,同时也对其他系统的内存管理机制予以简要说明。第5章系统安全基础,阐述了与系统安全密切相关的用户管理、系统配置文件、日志管理、系统服务及系统安全配置等知识。第6章字符编码基础,介绍了ASCII、GB2312、GB13000、GBK、Unicode、BIG-5、CJK及UU、MIME、BinHex等电子物证实际工作中常用的字符编码知识。第7章可执行文件格式基础,说明了常见的可执行文件格式及其具体应用。

本书的突出特点是侧重基础、实用性强、内容全面,基本涵盖了从事电子物证工作所需的知识技能。同时注重理论与实践的结合,突出专业特色。本书既可作为信息安全、网络安全与执法等相关专业学生的教材,也可作为从事计算机犯罪侦查和电子物证人员的参考书。

本书由罗文华负责整体结构设计并编写了第3～5章(除3.4.1节和4.5节)。汤艳君编写了第1章(除1.2.5节)、第2章(除2.4节)、第6章及7.1节,马贺男编写了1.2.5节和2.4节,于晓聪编写了4.5节,李子川编写了3.4.1节,高杨编写了7.2节。

本书从各种论文、书刊、期刊和互联网中引用了大量资料,有的已在参考文献中列出,有的无法考证,在此一并表示感谢!

尽管在编写此书过程中作者做很多努力,但由于水平有限,书中不妥之处在所难免,敬请读者批评指正。

编　者
2014 年 1 月

目 录

第 1 章　存储技术基础 ………………………………………………… 1
　1.1　数据存储技术 …………………………………………………… 1
　　　1.1.1　电存储技术 ……………………………………………… 1
　　　1.1.2　磁存储技术 ……………………………………………… 2
　　　1.1.3　光存储技术 ……………………………………………… 3
　1.2　数据存储介质种类 ……………………………………………… 4
　　　1.2.1　硬盘 ……………………………………………………… 4
　　　1.2.2　光盘 ……………………………………………………… 9
　　　1.2.3　U 盘 ……………………………………………………… 12
　　　1.2.4　存储卡 …………………………………………………… 13
　　　1.2.5　磁盘阵列 ………………………………………………… 15
　1.3　硬盘接口类型 …………………………………………………… 20
　　　1.3.1　IDE/ATA 接口 …………………………………………… 21
　　　1.3.2　SCSI 接口 ………………………………………………… 23
　　　1.3.3　SATA 接口 ……………………………………………… 24
　　　1.3.4　光纤通道 ………………………………………………… 25
　　　1.3.5　SAS 接口 ………………………………………………… 26
　　　1.3.6　USB 接口 ………………………………………………… 26
　　　1.3.7　1394 接口 ………………………………………………… 27
　　　1.3.8　eSATA 接口 ……………………………………………… 28
　习题 1 ………………………………………………………………… 28

第 2 章　文件系统基础 ………………………………………………… 29
　2.1　FAT 文件系统 …………………………………………………… 29
　　　2.1.1　主引导记录 ……………………………………………… 29
　　　2.1.2　DOS 引导记录 …………………………………………… 31
　　　2.1.3　文件分配表 ……………………………………………… 34
　　　2.1.4　文件目录表 ……………………………………………… 35
　　　2.1.5　数据 ……………………………………………………… 40
　　　2.1.6　应用实例 ………………………………………………… 40

    2.1.7 文件的删除与恢复 …………………………………………… 43
  2.2 NTFS 文件系统 ………………………………………………………… 45
    2.2.1 NTFS 文件系统特性 …………………………………………… 46
    2.2.2 NTFS 文件系统的高级特性 …………………………………… 47
    2.2.3 NTFS 文件系统结构 …………………………………………… 51
    2.2.4 应用实例 ………………………………………………………… 68
    2.2.5 文件的删除与恢复 …………………………………………… 69
    2.2.6 FAT 与 NTFS 的格式转换 …………………………………… 72
  2.3 Ext2/Ext3 文件系统 …………………………………………………… 74
    2.3.1 超级块 …………………………………………………………… 75
    2.3.2 组描述符 ………………………………………………………… 76
    2.3.3 位图 ……………………………………………………………… 77
    2.3.4 索引节点 ………………………………………………………… 77
    2.3.5 Ext3 文件系统 ………………………………………………… 78
    2.3.6 Ext2/Ext3 文件系统的应用 …………………………………… 81
  2.4 其他文件系统 …………………………………………………………… 83
    2.4.1 手机文件系统 …………………………………………………… 84
    2.4.2 MAC 文件系统 ………………………………………………… 84
  习题 2 ………………………………………………………………………… 87

第 3 章 文件基础 …………………………………………………………… 89
  3.1 文件类型 ………………………………………………………………… 89
    3.1.1 Windows 环境下的主要文件类型 …………………………… 89
    3.1.2 UNIX/Linux 环境下的主要文件类型 ………………………… 89
  3.2 文件扩展名 ……………………………………………………………… 91
    3.2.1 Windows 环境下的文件扩展名 ……………………………… 91
    3.2.2 UNIX/Linux 环境下的文件扩展名 …………………………… 92
  3.3 文件访问控制 …………………………………………………………… 93
    3.3.1 Windows 操作系统的文件访问控制机制 …………………… 93
    3.3.2 Linux 操作系统的文件访问控制机制 ………………………… 95
  3.4 文件时间属性 …………………………………………………………… 97
    3.4.1 Windows 环境下的文件时间属性 …………………………… 97
    3.4.2 Linux 环境下的文件时间属性 ……………………………… 100
  3.5 系统文件夹功能 ………………………………………………………… 103
    3.5.1 Windows 系统文件夹功能 …………………………………… 103
    3.5.2 Linux 系统文件夹功能 ……………………………………… 113
  习题 3 ………………………………………………………………………… 117

第 4 章 内存管理基础 ……………………………………………………… 119
4.1 内存管理机制 …………………………………………………………… 119
4.1.1 Windows 内存管理机制 ………………………………………… 119
4.1.2 Linux 内存管理机制 …………………………………………… 124
4.2 系统进程功能 …………………………………………………………… 125
4.2.1 Windows 系统进程功能 ………………………………………… 125
4.2.2 Linux 常见守护进程 …………………………………………… 134
4.3 进程操作方法 …………………………………………………………… 136
4.3.1 Windows 操作系统进程操作方法 ……………………………… 136
4.3.2 Linux 操作系统进程操作方法 ………………………………… 143
4.4 内存信息分析 …………………………………………………………… 148
4.4.1 在线分析 ………………………………………………………… 148
4.4.2 实验室分析 ……………………………………………………… 149
4.5 其他系统内存管理机制 ………………………………………………… 155
习题 4 ………………………………………………………………………… 157

第 5 章 系统安全基础 ……………………………………………………… 159
5.1 用户管理 ………………………………………………………………… 159
5.1.1 Windows 用户管理策略 ………………………………………… 159
5.1.2 Linux 用户管理策略 …………………………………………… 165
5.2 系统配置文件 …………………………………………………………… 170
5.2.1 Windows 操作系统的注册表 …………………………………… 170
5.2.2 Linux 系统配置文件 …………………………………………… 189
5.3 日志管理 ………………………………………………………………… 190
5.3.1 Windows 操作系统日志管理 …………………………………… 191
5.3.2 Linux 操作系统日志管理 ……………………………………… 198
5.4 系统服务 ………………………………………………………………… 207
5.4.1 Windows 系统服务 ……………………………………………… 207
5.4.2 Linux 核心系统服务 …………………………………………… 210
5.5 系统安全设置 …………………………………………………………… 211
5.5.1 Windows 系统安全设置 ………………………………………… 211
5.5.2 Linux 操作系统的系统安全 …………………………………… 223
习题 5 ………………………………………………………………………… 229

第 6 章 字符编码基础 ……………………………………………………… 230
6.1 ASCII 编码 ……………………………………………………………… 230
6.2 GB2312 编码 …………………………………………………………… 230
6.3 GB13000 编码 ………………………………………………………… 231

6.4　GBK 编码 …………………………………………………………… 232
6.5　GB18030 编码 ……………………………………………………… 232
6.6　BIG-5 编码 ………………………………………………………… 233
6.7　CJK 编码 …………………………………………………………… 233
6.8　Unicode 编码 ……………………………………………………… 234
　　6.8.1　编码方式 …………………………………………………… 234
　　6.8.2　实现方式 …………………………………………………… 234
　　6.8.3　Big Endian、Little Endian ………………………………… 236
　　6.8.4　字节顺序标记 ……………………………………………… 236
　　6.8.5　代码页 ……………………………………………………… 237
6.9　UU、MIME、BinHex 编码 ……………………………………… 241
习题 6 …………………………………………………………………… 242

第 7 章　可执行文件格式基础 …………………………………………… 244

7.1　Windows 环境下可执行文件格式 ………………………………… 244
　　7.1.1　COM 执行文件格式 ……………………………………… 244
　　7.1.2　EXE 执行文件格式 ……………………………………… 246
7.2　Linux 环境下可执行文件格式 …………………………………… 255
　　7.2.1　Linux 可执行文件格式综述 ……………………………… 255
　　7.2.2　a.out 可执行文件格式 …………………………………… 257
　　7.2.3　COFF 可执行文件格式 …………………………………… 258
　　7.2.4　ELF 可执行文件格式 …………………………………… 259
习题 7 …………………………………………………………………… 262

参考文献 ………………………………………………………………… 263

第1章 存储技术基础

信息时代的核心无疑是信息技术,而信息技术的核心则在于信息的处理与存储。随着数据量的不断增加,数据存储技术已经面临着巨大的挑战。

1.1 数据存储技术

任何只具有两种稳定的物理状态,且能方便地检测出属于哪种状态,两种稳定状态又容易相互转换的物质或元器件,都可以用来存储二进制代码0和1,这样的物质或元器件被称为存储介质或记录介质。存储介质不同,存储信息的机理也不同。

计算机的存储设备根据体系结构可分为内存储器和外存储器。内存储器(即内存)直接与计算机的CPU相连,它的存取速度要求能与CPU相匹配,通常由半导体存储器芯片组成,由于成本高,容量通常不大,而对于大量数据的保存通常要使用外存储器。外存储器可以分为若干层次,与内存储器连接的是联机存储器(或称为在线存储器),如硬盘机、磁盘阵列等;再下一层是后援存储器(或称近线存储器),它由存储速度比硬盘更慢的光盘机、光盘库、磁带库等设备组成;最底层是脱机存储器(或称为离线存储器),由磁带机和磁带库等组成仓库,它的存取速度比较慢,仅是秒量级,由于存储介质可脱机保存,可以更换,因此容量几乎是无限大。

对于普通计算机用户,使用硬盘、光盘、U盘等存储介质来进行数据存储就已经足够了;但对于商业用户和一些网络系统来说,磁带机、磁带库和光盘库则是必不可少的数据存储与备份设备。

1.1.1 电存储技术

电存储技术主要指半导体存储(Semiconductor Memory,SCM)技术。早期的SCM采用典型的晶体管触发器作为存储位元,加上选择、读写等电路构成存储器。现代的SCM采用超大规模集成电路工艺制成存储芯片,每个芯片中包含相当数量的存储位元,再由若干芯片构成存储器。

从集成电路类型的角度看,SCM分为晶体管双极(Bipolar)型和场效应管MOS (Metal Oxide Semiconductor)型。双极型又分为射极耦合逻辑(Emitter Couple Logic, ECL)、晶体管晶体管逻辑(Transistor Transistor Logic,TTL)和集成注入逻辑 (Integrated Injection Logic,I2L)三种类型。从制造工艺看,MOS型有PMOS(P channel MOS)、NMOS(N channel MOS)和CMOS(Complementary MOS)三类,目前广泛采用的是NMOS和CMOS。从加电后能否长时间保持所存储的角度看,SCM又有静态存储器

和动态存储器之分,静态存储器的存储位元电路是双稳态触发器,动态存储器存储位元电路的关键部件是电容。前者只要电源正常供电,信息就能长期保存,后者即使电源正常供电,信息也只能保持几毫秒到十几毫秒,因此要在规定时间内刷新。若电源电压不正常或断电,两者信息都会丢失。

双极型存储器都是静态存储器,而 MOS 型存储器有静态、动态之分。双极型存储器速度快,通常比 MOS 存储器至少高一个数量级,但功耗大集成度低,适用于快速小容量存储器,如高速暂存储器和 Cache。NMOS 静态存储器制造工艺简单、集成度高、单片容量大,主要用作快速主存。CMOS 静态存储器功耗小,速度比 NMOS 快,集成度比双极型高很多,可靠性高,虽然制造工艺复杂,但目前应用得很广泛,主要用作快速主存和 Cache。

综上所述,根据工作方式的不同,SCM 的分类如下。

1. 读写存储器或称随机存储器(Random Access Memory, RAM)

随机存储器存储单元的内容可按需随意取出或存入,且存取的速度与存储单元的位置无关的存储器。这种存储器在断电时将丢失其存储内容,故主要用于存储短时间使用的程序。按照存储信息的不同,随机存储器又分为静态随机存储器 SRAM(Static RAM)和动态随机存储器 DRAM(Dynamic RAM)。SRAM 是用触发器线路记忆和读写数据的,通常用 6 个 MOS 管组成存储一位二进制信息的存储单元。DRAM 用电容存储电荷的原理来存储信息。由于电容器的漏电,存储的电荷会逐渐减少,当减少到一定程度时,RAM 中存储的信息会丢失,因此,需要在信息丢失之前,给电容器充电,给电容器充电的过程就叫做动态存储器的刷新。

2. 只读存储器(Read-Only Memory, ROM)

只读存储器通常应用于不需要经常对信息进行修改和写入的地方,常用来存放系统启动程序和参数表,也用来存放常驻内存的监控程序或者操作系统的常驻内存部分,甚至还可以用来存放字库或者某些语言的编译程序及解释程序。根据其中信息的设置方法,ROM 可以分为 4 种,即掩膜式 ROM(Mask ROM),由于其要求生产厂家先按给定的程序或数据对芯片图形(掩膜)进行两次光刻而决定的,所以生产第一片这样的 ROM 费用很大,但复制同样内容的 ROM 就很便宜,因而掩膜式 ROM 适用于成批生产的定型产品;可编程的只读存储器(Programmable Read Only Memory, PROM),PROM 虽然可由用户编程,但只能写入一次,一旦编程之后,就如掩膜式 ROM 一样,内容不能再改变;可擦除的可编程只读存储器(Erasable Programmable Read Only Memory, EPROM),这种 EPROM 通常工作时只能读取信息,但可以用紫外光擦除已有信息,并在专用设备上高电压写入信息;电擦除的可编程只读存储器(Electrically Erasable Programmable Read Only Memory, EEPROM),用户可以通过程序的控制进行读写操作,它就是常说的闪存(FLASH)。

1.1.2 磁存储技术

磁存储,主要指磁表面存储器(Magnetic Surface Memory, MSM)。MSM 是用非磁

性金属或塑料做基体,在其表面涂敷、电镀、沉积或溅射一层很薄的高导磁率、硬矩磁材料的磁面,用磁层的两种剩磁状态记录信息 0 和 1。基体和磁层合成为磁记录介质。计算机中目前广泛使用的 MSM 是磁盘和磁带存储器。

磁盘技术包括磁性盘片、电机、盘上方的伸缩臂(手柄)上的磁头。电机带动磁盘旋转,伸缩臂在盘上移动,磁头进行读盘或写盘操作。读盘时,磁头检测盘表面磁性的变化,将其转化为 0 或 1 数据组。写盘时,通过磁头改变盘上数据的磁性,如正、负极分别与 0 和 1 相对应。

在外存储器中,硬盘的存取速度最快,因此它最适合存储那些需要经常访问和快速访问的程序和文件。为了提高硬盘在工作时的可靠性,业界推出了 S. M. A. R. T(Self-Monitoring Analysis & Reporting Technology)技术,即自动监视分析及报告技术。它通过监视和分析硬盘工作时的状态和性能并显示出来,使用户可以随时了解硬盘的工作情况。当硬盘发生失效时,用户可以及时获得警告,从而采取适当的措施保证硬盘的数据不受损失。对于大型存储系统(如磁盘阵列),另一种可靠的方法是进行及时备份,其主要技术有磁盘映射技术、磁盘双工技术、热备份、RAID(独立磁盘冗余阵列)技术等。

1.1.3 光存储技术

伴随信息资源的数字化和信息量的迅猛增长,对存储器的存储密度、存取速率及存储寿命的要求不断提高。在这种情况下,光存储技术应运而生。

光盘存储器(Optical Disk Memory,ODM)和 MSM 类似,也是将用于记录的薄层涂敷在基体上构成记录介质。不同的是基于的圆形薄片由热传导率很小,耐热性很强的有机玻璃制成。在记录薄层的表面再涂敷或沉积保护薄层,以保护记录面。记录薄层有非磁性和磁性材料两种,前者构成光盘介质,后者构成磁光盘介质。

光存储技术是采用激光照射介质,激光与介质相互作用,导致介质的性质发生变化而将信息存储下来的。在实际操作中,通常都是以二进制数据形式存储信息的,所以首先要将信息转化为二进制数据。写入时,将主机送来的数据编码,然后送入光调制器,这样激光源就输出强度不同的光束。此激光束经光路系统、物镜聚焦后照射到介质上,存储方法是介质被激光烧蚀出小凹坑,介质上被烧蚀和未烧蚀的两种状态对应着两种不同的二进制数据。识别存储单元这些性质变化,即读出被存储的数据。

目前使用比较广泛的光盘存储设备有 CD-ROM、CD-R、CD-RW、MO、DVD-ROM、DVD+RW、DVD-RW、DVD-RAM 以及 COMBO 等。CD-ROM 为只读光盘,多用于产品发布和电子出版领域;CD-R 允许用户自己写 CD,但只能写一次,可以无限次读,而且与 CD-ROM 兼容;CD-RW 为可多次读写光盘,他采用 CD-R 的格式,因此可以与 CD-R 的刻录机通用;MO 是永磁光盘,可以重复读写,具有很高的可靠性和耐久性,数据保存可以长达 100 年。相应的 DVD 产品可以视为 CD 的后代。此外,多台光盘机组合在一起有三种结构:光盘库、光盘塔和光盘阵列。它们都是大型的数据存储设备,一般应用在大、中型的网络系统和档案管理系统中。

蓝光光盘 BD(Blue-ray Disc)是 DVD 之后的下一代光盘格式之一。蓝光光盘是一种高清格式而传统 DVD 是一种标清格式。高清影像可包含高于标清影像 6 倍的图像资料,而蓝光光盘采用更高分辨率的蓝色激光,因此得名"蓝光"。

光存储技术具有存储密度高、存储寿命长、非接触式读写和擦除、信息的信噪比高、信息位的价格低等优点。

1.2 数据存储介质种类

数据存储介质是指存储数据的载体,例如硬盘、光盘、U 盘、CF 卡、SD 卡、MMC 卡、SM 卡、记忆棒(Memory Stick)、XD 卡等。

1.2.1 硬盘

硬盘是集机、电、磁于一体的高精系统,数据的存储是根据电、磁转换的原理实现的。对于用户而言既是黑匣子,又是透明的。用户根本不用关心其内部的运行,只需把标准接口接上即可正常使用。

1. 硬盘的物理结构

硬盘由几个表面镀有磁性物质的金属或者玻璃等物质盘片以及盘片两面所安装的磁头和相应的控制电路组成,其中盘片和磁头密封在净化腔体中。具体地说,硬盘内部结构由固定面板、控制电路板、磁头、盘片、主轴、电机、接口及其他附件组成,其中磁头盘片组件是构成硬盘的核心,它封装在硬盘的净化腔体内,包括浮动磁头组件、磁头驱动机构、盘片、主轴驱动装置及前置读写控制电路这几个部分,如图 1.1 所示。

图 1.1 硬盘内部结构图

磁头组件是硬盘中最精密的部位之一,它由读写磁头、传动手臂、传动轴三部分组成。磁头驱动机构由电磁线圈电机、磁头驱动小车、防震动装置构成,如图 1.2 所示。

硬盘的工作原理是利用特定的磁粒子极性来记录数据。磁头在读取数据时,将磁粒子的不同极性转换成不同的电脉冲信号,再利用数据转换器将这些原始信号变成计算机可以使用的数据,写的操作正好与此相反。

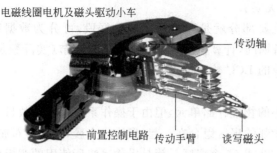

图 1.2　磁头组件及磁头驱动机构图

2. 硬盘的逻辑结构

1）盘片

硬盘的盘片一般用铝合金作基片,高速旋转的硬盘也有用玻璃作基片的。每一个盘片都有两个盘面,每个面都存储数据,称为有效盘片,也有极个别的硬盘其盘面数为单数。每一个这样的有效盘面都有一个盘面号,按顺序从上而下自 0 开始依次编号。在硬盘系统中,盘面号又叫磁头号,这是因为每一个有效盘面都有一个对应的读写磁头。

2）磁道

磁盘在格式化时被划分成许多个同心圆,这些同心圆轨迹叫做磁道。磁道从外向内自 0 开始顺序编号。数据信息以脉冲串的形式记录在这些轨迹中,这些同心圆不是记录连续的数据,而是被划分成一段段的圆弧,每段圆弧叫做一个扇区,扇区从 1 开始编号,每个扇区中的数据是作为一个单元同时读取或者写入的。扇区是存储信息的最小单位,每个扇区一般为 512 字节的数据和存储数据地点的标识。

3）柱面

所有盘面上的同一磁道构成一个圆柱,通常称作柱面(Cylinder)。每个圆柱上的磁头由上而下从 0 开始编号。数据的读写是按柱面进行的,即磁头在读写数据时首先在同一柱面内从 0 磁头开始进行操作,依次向下在同一柱面的不同盘面即磁头上进行操作,只在同一柱面所有的磁头全部读写完毕后才移动磁头转移到下一柱面。

4）扇区

磁道上的每段圆弧叫做一个扇区,扇区从 1 开始编号。扇区由两部分组成,即存储数据地点的标识符和存储数据的数据段,如图 1.3 所示。

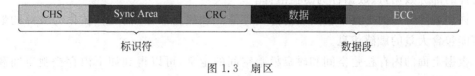

图 1.3　扇区

标识符就是扇区头标,包括组成扇区三维地址的三个数字,即扇区所有的磁头(或盘面)、磁道(或柱面号),以及扇区在磁道上的位置即扇区号。头标中还包括一个字段,其中显示扇区是否能可靠存储数据,或者是否已发现某个扇区出错时指引磁盘转到替换扇区或磁道。最后扇区头标以循环冗余校验(CRC)值作为结束,以供控制器检验扇区头标的读出情况,确保准确无误。

扇区的第二个主要部分就是存储数据的数据段,可分为数据和保护数据的纠错码(ECC)。在初始准备期间,计算机用512个虚拟信息字节(实际数据的存放地)和与这些虚拟信息字节相对应的ECC数字填入这个部分。

5) 簇

扇区是磁盘最小的物理存储单元,但由于操作系统无法对数目众多的扇区进行寻址,所以操作系统就将相邻的扇区组合在一起,形成一个簇,然后再对簇进行管理。每个簇可以包括1、2、4、8、16、32或64个扇区。簇是操作系统所使用的逻辑概念。

为了更好地管理磁盘空间和更高效地从硬盘读取数据,操作系统规定一个簇中只能放置一个文件的内容,因此文件所占用的空间,只能是簇的整数倍。而如果文件实际大小小于一簇,也要占一簇的空间。所以,一般情况下文件所占空间要略大于文件的实际大小,只有在少数情况下,即文件的实际大小恰好是簇的整数倍时,文件的实际大小才会与所占空间完全一致。

硬盘的逻辑结构如图1.4所示。

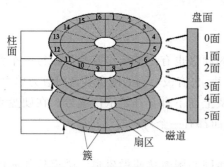

图1.4 硬盘的逻辑结构图

6) 硬盘容量

柱面(Cylinder)、磁头(Head)和扇区(Sector)数构成了硬盘逻辑结构的基本参数,这些参数可以得到硬盘的容量,其计算公式为:

硬盘存储容量=磁头数×磁道(柱面)数×每道扇区数×每扇区字节数(512B)

7) 松弛空间(Slack Space)

松弛空间是指分配给某个文件的区域但没有被占满的空间。主要有以下两种。

① 内存松弛空间(RAM Slack Space)。根据操作系统文件系统管理的原理,每个文件分配空间时按簇进行分配,当向磁盘写入文件时,文件的最后一部分通常不会填满最后一个扇区,这时操作系统就会随机地提取一些内存数据来填充该空闲区域,该空闲区域称为内存松弛空间。从内存获取的数据称为内存渣滓,它可能是计算机启动之后创建、访问、修改的任何数据。

② 磁盘松弛空间(Drive Slack Space)。分配给文件最后一个簇中没有用到的扇区称为磁盘松弛空间。该部分空间通常保留分配给该文件之前的文件的部分数据,即保留原来文件的部分数据,该数据称为磁盘渣滓。

许多删除文件的工具不会正确清除内存渣滓和磁盘渣滓,而这些被称为渣滓的地方却可能包含大量的敏感信息。

根据上面的内存松弛空间和磁盘松弛空间的定义,可以得到如下内存松弛空间和磁盘松弛空间的计算公式:

内存松弛空间=512−(文件大小/512−int(文件大小/512))×512

文件大小的单位统一为字节。

磁盘松弛空间=512×(分配给文件的簇的个数×每个簇的扇区数
−分配给文件的扇区数)

例如,在 Windows 操作系统中,每个扇区的大小为 512B,如果一个簇为 4KB,请计算 6.7KB 的文件存在磁盘上时占用的磁盘空间是多少,产生的内存松弛空间及磁盘松弛空间各是多少?

因为一个簇为 4KB,存放 6.7KB 的文件需要占用的磁盘空间为 2 个簇即 8KB。

数据占用扇区的个数为 $6.7×1024/512=13.4$,因此分配给该文件扇区的个数为 14 个,最后一个扇区未填满,只使用了 0.4 个扇区,因为一个扇区 512 字节,所以,内存松弛空间$=512-0.4×512=307.2B$,磁盘松弛空间$=8×1024-14×512=1024B$。

8) 自由空间(Free Space)

自由空间是指位于存储介质上的那些不属于活动文件系统的一部分的扇区,即剩余扇区,主要有以下几种。

① 分区内的剩余扇区。在磁盘格式化时,如果分区中剩余扇区总数不能构成一簇,则不能进行分配,称为分区内的剩余扇区。

② 磁盘的剩余扇区。在磁盘进行格式化时,如果磁盘中剩余的总容量不能构成一个柱面,则不能进行分配,称为磁盘的剩余扇区。

③ 坏簇中的好扇区。簇包含多个扇区,由高级格式化工具创建,如果高级格式化期间发现坏扇区,整个簇被标记为坏簇。但是,坏簇里面还有好扇区,有些人就利用这些扇区来隐藏数据。

④ 扇区的缝隙空间。对于老式磁盘,数据还可以隐藏在称为扇区缝隙的地方。老式磁盘的每一个磁道都有数量相同的扇区,但外圈的磁道显然要比内圈的磁道长,有些人就利用外圈磁道上扇区之间的缝隙来保存数据。

9) 未分配空间(Unallocated Space)

未分配空间是指某个有效分区上的未使用的空间,包括未使用的和删除文件后未再次分配的空间。

在 Windows 操作系统中,如果用常规的办法删除一个文件,文件本身并未被真正清除。例如,如果在 Windows 资源管理器中删除一个文件,Windows 会把文件放入回收站,即使清空了回收站(或者不启动回收站功能),操作系统也不会真正清除文件的数据。Windows 所谓的删除实际上只是把文件名称的第一个字母改成一个特殊字符,然后把该文件占用的簇标记为空闲状态,但文件包含的数据仍在磁盘上,下次将新的文件保存到磁盘时,这些簇可能被新的文件使用,从而覆盖原来的数据。因此,只要不保存新的文件,被删除文件的数据实际上仍旧完整无损地保存在磁盘上。这也是磁盘上数据隐秘的地方。

3. 硬盘的寻址方式

所谓寻址就是磁头在盘片上定位数据的一个过程,是定位数据和扇区的关键。硬盘的寻址分为物理寻址和逻辑寻址。

1) 物理寻址

物理寻址也称 C/H/S(Cylinder、Head、Sector)寻址。该种寻址方式相对比较复杂,采用三个数字进行定位,即柱面、磁头和扇区。三维物理地址与硬盘上的物理扇区一一对应,如起始位置从0柱面、0磁头、1扇区开始,则C/H/S地址为001,其对应的物理扇区号为1;0柱面、0磁头、2扇区的C/H/S地址为002,则其对应的物理扇区号为2,以此类推。寻址顺序是柱面、磁头、扇区,即只有当前柱面上的所有磁头和扇区寻址结束之后才转入到下一个柱面。

2) 逻辑寻址

逻辑寻址也称LBA寻址(Logic Block Address,扇区的逻辑块地址),它是相对于三维的物理地址而言的。

在LBA方式下,系统把所有的物理扇区都按照某种方式或规则看作是一线性编号的扇区,即从0到某个最大值方式排列,并连成一条线,把LBA作为一个整体来对待,而不再是具体的实际的C/H/S值。这样只用一个序号就确定了一个唯一的物理扇区,显然,线性地址是物理扇区逻辑地址。

3) C/H/S地址与LBA的地址的转换方法

若将C/H/S地址转换LBA线性地址,首先要了解从C/H/S地址转换LBA线性地址的转换规则。由于系统在写入数据时是按照从柱面到柱面的方式,在上一个柱面写满数据后才移动磁头到下一个柱面,并从下一个柱面的第一个磁头的第一个扇区开始写入。所以,在对物理扇区进行线性编址时,也按照这种方式进行。即把第一个柱面(0柱)第一个磁头(0面)的第一扇区(1扇区)编为逻辑0扇区,把第一个柱面(0柱)第一个磁头(0面)的第二扇区(2扇区)编为逻辑1扇区,直到把第一个柱面(0柱)第一个磁头(0面)的第63扇区(63扇区)编为逻辑62扇区,然后转到第一个柱面(0柱)第二个磁头(1面)的第一扇区(1扇区),接着上一面编为逻辑63扇区,0柱面所有扇区编号结束后转到1柱面的0磁头1扇区,依次往下进行,直至把所有的扇区都编上号。

特别要注意的是C/H/S中的扇区编号是从1到63,而LBA方式下扇区从0开始编号,所有扇区顺序进行编号。

通过对编号规则的介绍,很容易看出C/H/S与LBA地址的对应关系,若用C表示当前柱面号、H表示当前磁头号、S表示当前扇区号、C_s表示起始柱面号、H_s表示起始磁头号、S_s表示起始扇区号、PS表示每磁道有多少个扇区、PH表示每柱面有多个磁道,则C/H/S地址转换LBA的计算公式为:

$$LBA = (C - C_s) \times PH \times PS + (H - H_s) \times PS + (S - S_s)$$

一般情况下,$C_s = 0$,$H_s = 0$,$S_s = 1$,$PS = 63$,$PH = 255$,LBA计算如下:

C/H/S=0/0/1,则 LBA=$(0-0) \times 255 \times 63 + (0-0) \times 63 + (1-1) = 0$

C/H/S=0/0/63,则 LBA=$(0-0) \times 255 \times 63 + (0-0) \times 63 + (63-1) = 62$

C/H/S=0/1/1,则 LBA=$(0-0) \times 255 \times 63 + (1-0) \times 63 + (1-1) = 63$

C/H/S=100/1/1,则 LBA=$(100-0) \times 255 \times 63 + (1-0) \times 63 + (1-1) = 1\,606\,563$

LBA地址转换为C/H/S的计算公式为:

$$C = LBA \ DIV \ (PH \times PS) + C_s; \quad H = (LBA \ DIV \ PS) \ MOD \ PH + H_s;$$
$$S = LBA \ MOD \ PS + H_s.$$

一般情况下,$C_s = 0$,$H_s = 0$,$S_s = 1$,$PS = 63$,$PH = 255$。

按照这个公式,则有 LBA=0,即 C=0 DIV $(255 \times 63) + 0 = 0$、H=(0 DIV 63) MOD

255+0=0,S=0 MOD 63+1=1,则 C/H/S=0/0/1。

同理可得,LBA=62,C/H/S=0/0/63;LBA=63,C/H/S=0/1/1;LBA=1 606 563, C/H/S=100/1/1。

4. 硬盘引导过程

硬盘引导过程也就是计算机启动过程,主要按以下步骤进行。

第一步:当按下电源开关 Power 键时,电源开始向主板和其他设备供电。CPU 从地址 FFFF0H 处开始执行一条跳转指令,转到系统 BIOS 中真正的启动代码处。

第二步:系统 BIOS 的启动代码对硬件设备进行例行的加电自检,即所谓的 POST (Power On Self Test)检查,包括 RAM 检查、软硬驱和 CD-ROM 驱动器检测等标准设备的检测。

第三步:标准设备检测结束之后,系统 BIOS 内部的支持即插即用代码将开始检测和配置系统中安装的即插即用设备,每找到一个设备之后,系统 BIOS 都会在屏幕上显示出设备的名称和型号等信息,同时为该设备分配中断、DMA 通道和 I/O 端口等资源。

第四步:接下来系统 BIOS 将更新 ESCD(Extended System Configuration Data,扩展系统配置数据)。ESCD 是系统 BIOS 用来与操作系统交换硬件配置信息的一种手段,这些数据被存放在 CMOS(一小块特殊的 RAM,由主板上的电池供电)之中。通常 ESCD 数据只有在系统硬件配置发生改变后才会更新,所以不是每次启动机器时都会更新。

第五步:ESCD 更新完毕后,系统 BIOS 的启动代码将进行它的最后一项工作,即根据用户指定的启动顺序从软盘、硬盘或光盘启动。以从 C 盘启动为例,系统 BIOS 将读取并执行硬盘上的主引导记录(MBR),主引导记录接着从分区表中找到第一个活动分区,然后读取并执行这个活动分区的分区引导记录。如果系统之中安装有引导多种操作系统的工具软件,通常引导记录将被替换成该软件的引导代码,这些代码允许用户选择一种操作系统,然后读取并执行该操作系统的基本代码,即分区引导记录。

由此可以看出,主板的 BIOS 操作着系统,由 BIOS 读取引导盘的引导记录,实现系统操纵权的交接。主引导记录非常重要,它是操作系统启动的基础。

1.2.2 光盘

光盘(Compact Disc)是近代发展起来不同于磁性载体的光学存储介质,用聚焦的氢离子激光束处理记录介质的方法存储和再生信息,又称激光光盘。

盘片是由透明聚碳酸酯材料盘基和多层涂敷层构成,其中,染料层在激光的烧蚀作用下记录了数据信息。二进制的 0 和 1 是计算机记录信息的根本,光盘记录信息也不例外,但不经过"调制编码"技术的处理,简单的 0 和 1 是不能正确记录数据的。下面以 CD-R 盘为例简单介绍盘片的结构和信息记录原理。

1. 盘片物理结构

把印有图案、标签那面向上时,最下面的是聚碳酸酯盘基,盘基的上面有几个涂敷层,如图 1.5 所示,从上至下依次介绍如下。

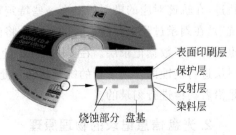

图 1.5 盘片物理结构

(1) 印刷层：印刷盘片的客户标识、容量等相关信息的地方。

(2) 保护层：它是用来保护光盘中的反射层及染料层防止信号被破坏。材料为光固化丙烯酸类物质。另外现在市场使用的 DVD＋/－R 系列还需在以上的工艺上加入胶合部分。

(3) 反射层：喷镀的金属膜，它是反射光驱激光光束的区域，借反射的激光光束读取光盘片中的资料。

这个比较容易理解，它就如同经常用到的镜子一样，此层就代表镜子的银反射层，光线到达此层，就会反射回去。一般来说，光盘可以当作镜子用，就是因为有这一层的缘故。

(4) 有机染料层（记录层）：由不同的有机染料构成数据记录层，刻录时，激光就是在这一层进行烧蚀。这是烧录时刻录信号的地方，其主要的工作原理是在基板上涂抹上专用的有机染料，以供激光记录信息。由于烧录前后的反射率不同，经由激光读取不同长度的信号时，通过反射率的变化形成 0 与 1 信号，借以读取信息。

目前，一次性记录的 CD-R 光盘主要采用（酞菁）有机染料，当此光盘在进行烧录时，激光就会对在基板上涂的有机染料进行烧录，直接烧录成一个接一个的"坑"，这样有"坑"和没有"坑"的状态就形成了 0 和 1 的信号，这一个接一个的"坑"是不能恢复的，也就是当烧成"坑"之后，将永久性地保持现状，这也就意味着此光盘不能重复擦写。这一连串的 0 和 1 信息，就组成了二进制代码，从而表示特定的数据。

在这里，需要特别说明的是，对于可重复擦写的 CD-RW 而言，所涂抹的就不是有机染料，而是某种碳性物质，当激光在烧录时，就不是烧成一个接一个的"坑"，而是改变碳性物质的极性，通过改变碳性物质的极性，来形成特定的 0 和 1 代码序列。这种碳性物质的极性是可以重复改变的，这也就表示此光盘可以重复擦写。

(5) 盘基：它是各功能性结构（如沟槽等）的载体，其使用的材料是聚碳酸酯（PC），冲击韧性极好、使用温度范围大、尺寸稳定性好、耐候性、无毒性。一般来说，基板是无色透明的聚碳酸酯板，在整个光盘中，它不仅是沟槽等的载体，更是整体个光盘的物理外壳。CD 光盘的基板厚度为 1.2mm、直径为 120mm，中间有孔，呈圆形，它是光盘的外形体现。光盘之所以能够随意取放，主要取决于基板的硬度。

在用户的眼里，基板可能就是放在最底部的部分。不过，对于光盘而言，却并不相同。如果把光盘比较光滑的一面（激光头面向的一面）面向自己，那最表面的一面就是基板。需要说明的是，在基板方面，CD、CD-R、CD-RW 之间是没有区别的。

和软、硬盘轨迹不同的是，光盘是一条由内圈向外圈的螺旋状轨迹而不是若干同心圆轨迹，在轨迹对应的染料层上有一些特定宽度和深度而长短不一的所谓"凹坑"，这些"凹坑"是在刻录过程中由刻录机的激光头将激光束聚焦并按照数据要求烧蚀出来的，这一层也就构成了数据记录层。在 CD-ROM 盘上，是由压模制造出来的，而刻录盘是激光对染料层进行烧蚀的。刻录盘的螺旋状轨迹是在盘片制造中形成的，称之为预刻沟槽，数据就是沿着沟槽进行刻录的。

2. 光盘信息记录的物理原理

如图 1.6 所示，光盘存在凹坑和非凹坑、烧蚀和没烧蚀部分，因此，当使用光盘读取数据时,激光头就会得到不同的激光反射率,由此而获得不同的信号。但光盘记录 0 或 1 的信息并非是简单地以凹坑或非凹坑、烧蚀与未烧蚀、可否反射激光来表示的,而是由凹坑的长度或非凹坑平面的长度(在一定范围内)表示若干个 0,由凹坑部分的边缘来表示 1。也就是说,有没有反射光都代表若干个 0,而 1 是由激光的反射和不反射之间的信号跳变状态来表示的。

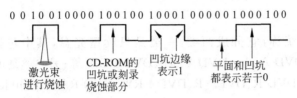

图 1.6 0 和 1 信息记录原理

CD-RW 盘片与 CD-R 盘有所不同,CD-RW 盘片没有反射层,是通过相变结晶材料的非结晶和固定结晶两种状态来记录信号的。

3. 信息记录的逻辑原理

二进制的 0 和 1 是计算机记录信息的根本,这是因为在一个介质上如果记录只有 0 和 1 的数字信号要比记录多变的模拟信号容易得多。但是,在很多应用场合中,如果不加以变换处理(即编码、解码)则难以直接使用。在写入数据时,当连续出现多个 1 和 0 时,将会使激光束的发射处于频繁开通、关闭状态,以至凹坑的长度变得很短,这将使光盘的制造工艺变得复杂甚至难以实现。在读取数据时,很短的凹坑对于信号的识别来说会产生不稳定的数据,频繁出现的 1 会引起伺服电路工作不稳定,频繁出现的 0 会因为较长时间没有 1 的出现导致解码电路的压控振荡器工作不稳定,同时,长距离的凹坑或平面也会影响读取设备的跟踪能力。因此,为了正确记录并再现数据,光盘采用了"8 到 14 比特调制编码"技术对源数据做通道编码(EFM 调制)处理,如图 1.7 所示。

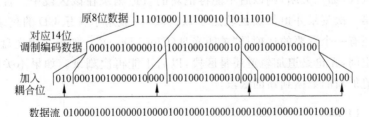

图 1.7 8 到 14 比特调制编码数据

"8 到 14 比特调制编码"的原理就是将一个 8b 的数据转换为 14b 来表示。一个字节是 8 位,一个 8 位二进制的数可以表示 $2^8=256$ 个代码。在这 256 个代码中,由于上述种种原因造成两类代码不能直接使用,一类是现有的 CD 技术不允许连续记录两个或更多个 1,另一类是连续记录 0 的数量只能是 2~10 个。因此,一个 8 位的 256 个代码中包含了上述两类不可以直接使用的非法代码,换言之,8 位的合法代码数量不足 256 个。一个 14 位二进制的数可以表示 $2^{14}=16\,384$ 个代码,虽然其中也包括上述那些非法代码,但如果在 14 位的 16 384 个代码中剔除非法代码,便可以得到 256 个合法代码,将其与 8 位二进制的256个代码建立一个精确对应关系的"检查表",并存放在驱动器的ROM中供编解码使用,这样就可以达到正确表示8位的256个代码的目的。另外,为避免在码间产生非法码(例如上一码的结束和下一码的开始都是1),又在码间增加三位"耦合位"(解码时再将其过滤掉),最终,8位数据编码为17位的代码。这样才可以将数据正确地写入光盘,并顺利地读出并使用。

4. 光盘类型

光盘只是一个统称,它分成两类,一类是只读型光盘,其中包括CD-Audio、CD-Video、CD-ROM、DVD-Audio、DVD-Video、DVD-ROM等;另一类是可记录型光盘,它包括CD-R、CD-RW、DVD-R、DVD+R、DVD+RW、DVD-RAM、Double layer DVD+R等各种类型。

根据光盘结构,光盘主要分为CD、DVD、蓝光光盘等几种类型,这几种类型的光盘,在结构上有所区别,但主要结构原理是一致的。而只读的CD光盘和可记录的CD光盘在结构上没有区别,它们主要区别在材料的应用和某些制造工序的不同,DVD也是同样的道理。

5. 光盘的轨道和区段

光盘数据的逻辑存储单位的概念有扇区、轨道和区段,轨道与区段是刻录设置中的重要选项,如果选择不当,会影响光盘的正常使用。无论刻录哪种格式光盘或是哪种格式的数据,都是以轨道(Track)方式写入的。例如,刻录一首歌曲、一段视频或100MB的数据文件,同样都是一个轨道(有些刻录软件称之为音轨、光轨),轨道在光盘上是物理存在的。但是,无论一次刻录了多少数据文件或多少首歌曲,其形成的一个或几个轨道统统划分在一个逻辑区域中,即区段(Session),区段是逻辑存在的,一个区段最多包含1~99个轨道。一个轨道刻录数据后,不能再把新的数据添加到该轨道中,但一个区段刻录后可以选择是否关闭区段,如果关闭,则以后不能再把新的轨道刻录在该区段中。否则,刻录结束后可以进行第二次刻录并追加新的轨道至该区段(一般用于音乐CD的刻录)。另外,在刻录设置中还有一个重要的选项是"关闭光盘(Close Disc)"。如果关闭光盘,无论光盘是否还有剩余空间,无论是追加轨道还是区段,以后不能再次刻录。如果不关闭光盘,则以后可以再次追加新的数据到新的区段。

1.2.3 U盘

U盘(USB Flash Disk),USB闪存盘是一个USB接口的无需物理驱动器的微型高容量移动存储产品,可以通过USB接口与计算机连接,实现即插即用。

1. U盘的物理结构

U盘的物理结构比较简单,主要由USB端口、主控芯片、FLASH(闪存)芯片、PCB底板、外壳封装等5部分组成。

2. U盘的工作原理

USB端口负责连接计算机,是数据输入或输出的通道;主控芯片负责各部件的协调管理和下达各项动作指令,并使计算机将 U 盘识别为"可移动磁盘",是 U 盘的"大脑";FLASH 芯片与计算机中内存条的原理基本相同,是保存数据的实体,其特点是断电后数据不会丢失,能长期保存;PCB 底板负责提供相应处理数据平台,且将各部件连接在一起。当 U 盘被操作系统识别后,使用者下达数据存取的动作指令后,USB 移动存储盘的工作便包含了上述处理过程。

1.2.4 存储卡

存储卡或称快闪存储卡(Flash Memory Card),是一种固态电子快闪存储器数据存储设备,多为卡片或者方块状。

1. Smart Media(SM 卡)

SM 卡是由东芝和 Taec 于 1995 年 11 月发布的闪存卡(Flash Memory)。它受到了Toshiba、SAMSUNG、Sony、Sharp、JVC、Philips、NEC 等众多厂家的支持。SmartMedia 体积很小,其尺寸为 45mm×37mm×0.76mm,且很轻很薄,全重只有 1.8 克。存储卡上只有 Flash Memory 模块和接口,而没有控制芯片,兼容性相对较差,不同厂家和不同设备及不同型号间的 SM 卡有可能互不兼容。

2. Compact Flash(CF 卡)

CF 卡的兼容性非常好,因而被广泛应用,Compact Flash 是美国 SanDisk 公司 1994 年推出的,由于把 Flash Memory 存储模块与控制器集成在了一起,这样 CF 卡的外部设备就可以做得比较简单而没有兼容性问题,特别是升级换代时也可以保证与旧设备的兼容性,保护了用户的投资,而且几乎所有的操作系统都支持它。CF 卡无论是在笔记本电脑中还是其他数码产品中都得到了非常广泛的应用。CF 卡的大小为 43mm×36mm×3.3mm,只有 PCMCIA 卡的 1/4,而且 CF 卡本身还兼容 PCMCIA-ATA 功能及 TrueIDE。CF 卡同时支持 3.3V 和 5V 的电压,可以在这两种电压下工作。它有两种接口标准 CF Type Ⅱ 和 CF Type Ⅰ,从物理结构上来看,CF Type Ⅱ 卡和 CF Type Ⅰ 卡的每个插孔的间隔大小一样,但是 CF Type Ⅱ 卡比 CF Type Ⅰ 卡厚一些。CF Type Ⅰ 卡看起来只有 Type Ⅱ 厚度的一半。另外,Type Ⅱ 比 Type Ⅰ 插槽要宽,所以 CompactFlash Type Ⅱ 卡不能在 Type Ⅰ 卡插槽上使用。

3. Multi Media Card(MMC 卡)

MMC(Multi Media Card)卡,从字面含义上翻译就是多媒体卡,是由美国 SanDisk 公司和德国西门子公司于 1997 年共同开发的多功能存储卡,可用于手机、数码相机、数码摄像机、MP3 等多种数码产品。它具有体积小,重量轻的特点,外形尺寸只有 32mm×24mm×1.4mm,重量在 2 克以下,并且耐冲击,可反复进行读写记录 30 万次以上。

4. Secure Digital Card(SD 卡)

SD 卡就是 Secure Digital Card(安全数码卡),是由日本松下公司、东芝公司和美国 SanDisk 公司于 1999 年 8 月共同研制开发而成的。虽然 SD 卡是根据 MMC 卡开发的,但是基本上两者还是不同的产品,只是在设计时考虑到兼容问题,所以在大多数情况下这两种产品能够互换,是一款具有大容量、高性能、更为安全等多种特点的多功能存储卡。它比 MMC 卡多了一个进行数据著作权保护的暗号认证功能(SDMI 规格),现多用于 MP3、数码摄像机、电子图书、微型计算机、AV 器材等。大小尺寸比 MMC 卡略厚一些,为 32mm×24mm×2.1mm。另外此卡的读写速度比 MMC 卡要快 4 倍,达 2MB/s,同时与 MMC 卡兼容,SD 卡的插口大多支持 MMC 卡。从性能上看,这两者最大的区别在于 SD 卡强调资料的安全性,可以通过特定的软件设置卡内程序或资料的使用权限,以避免用户肆意复制,损害所有者的利益。另外 SD 卡和 MMC 卡都采用了一体化固体介质,没有任何移动部分,所以完全不用担心机械运动的损坏而导致数据的丢失。

5. Memory Stick(MS 卡)

Memory Stick 是 Sony 公司于 1997 年推出的移动存储器,因其外形像一条口香糖,又被称为"口香糖"存储卡。目前只有 Sony 公司对其支持。与其他 Flash Memory 存储卡不同,Memory Stick 规范是非公开的,需签协议方可使用。Memory Stick 具有写保护开关,内含控制器,采用 10 针接口,数据总线为串行,最高频率可达 20MHz,电压为 2.7V~3.6V,电流平均为 45mA。为了适应版权保护的需求 1999 年 12 月 Sony 又推出了新的 MagicGate Memory Stick,加入了 MagicGate 版权保护技术。新的 MagicGate Memory Stick 与 Memory Stick 兼容,外壳变成了白色,并且在反面多加一个突出的点以示区别。

6. Extreme Digital Card(XD 卡)

所谓 XD 卡,是极端数码的意思。XD 卡仅有 20mm×25mm×1.7mm,2 克重,体积只有 SM 卡的一半,它的闪存读写速度是目前存储卡中最快的之一,驱动时的耗电小于 SM 卡,仅 25mW。

7. Trans Flash Card(TF 卡)

SanDisk 于 2004 年 10 月 26 日宣布推出 256MB 的 TransFlash。TransFlash 是目前世界上最小的闪存卡,约为 SD 卡的 1/4,尺寸为 15mm×11mm×1mm,利用适配器可以在使用 SD 作为存储介质的设备上使用。TransFlash 主要是为照相手机拍摄大幅图像以及能够下载较大的视频片段而开发研制的。TransFlash 卡可以用来储存个人数据,例如数字照片、MP3、游戏及用于手机的应用和个人数据等,还内置版权保护管理系统,让下载的音乐、影像及游戏受保护;未来推出的新型 TransFlash 还具有加密功能,保护个人数据、财政纪录及健康医疗文件。体积小巧的 TransFlash 让制造商无须顾虑电话体积即可采用此设计,而另一项弹性运用是可以让供货商在交货前随时按客户的不同需求做替换,这个优点是嵌入式闪存所没有的。

由于 TransFlash 还可以内建操作系统及系统数据,手机制造商及网络商可设定客制化存储组合、新增软件及升级应用。由于手机客户需要经常转换记忆卡,而且同一张记忆卡可能需要装置在其他电子产品内共享数据,因此 SanDisk 同时会提供标准型 SD 卡、miniSD 卡、Memory Stick PRO Duo 卡和 Multi Media Cards(MMC),TransFlash 能在同一手机内与上述记忆卡兼容运作。

1.2.5 磁盘阵列

磁盘阵列(Redundant Array of Inexpensive Disks,RAID)是一种把若干硬磁盘驱动器按照一定要求组成一个整体,整个磁盘阵列由阵列控制器管理的系统。虽然 RAID 包含多块硬盘,但是在操作系统下是作为一个独立的大型存储设备出现的。利用 RAID 技术可以实现把多个磁盘组织在一起作为一个逻辑卷提供磁盘跨越功能、通过把数据分成多个数据块(Block)并行写入/读出多个磁盘以提高访问磁盘的速度、通过镜像或校验操作提供容错能力。

1. 磁盘阵列工作原理与特征

RAID 的基本结构特征就是组合(Striping),捆绑两个或多个物理磁盘成组,形成一个单独的逻辑盘。组合套(Striping Set)是指将物理磁盘组捆绑在一起。在利用多个磁盘驱动器时,组合能够提供比单个物理磁盘驱动器更好的性能提升。

数据是以块(Chunks)的形式写入组合套中的,块的尺寸是一个固定的值,在捆绑过程实施前就已选定。块尺寸和平均 I/O 需求的尺寸之间的关系决定了组合套的特性。总的来说,选择块尺寸的目的是为了最大程度地提高性能,以适应不同特点的计算环境应用。

2. 磁盘阵列卡类型

磁盘阵列卡主要有 IDE 阵列卡、SATA 阵列卡、SCSI 阵列卡、SAS 阵列卡等类型。其中 IDE 阵列卡主要用于一些数据重要或要接很多个硬盘的服务器与工作站计算机中;SATA 阵列卡主要用于大容量数据存储、网吧、数据安全等服务器领域,同时一些低端卡也满足了一些家用客户的需求;SCSI 阵列卡使用在高端工作站或者是服务器中,可以支持很多块 SCSI 接口的硬盘,这种阵列卡性能很好、速度很快当然价格也比较高;SAS 阵列卡主要使用在一些高端工作站与服务器中,已经取代了昔日的 SCSI 接口,并且可以兼容 SATA 接口硬盘。

3. 磁盘阵列技术

磁盘阵列技术是一种工业标准,各厂商对 RAID 级别的定义也不尽相同。目前对 RAID 级别的定义可以获得业界广泛认同的有 4 种,即 RAID-0、RAID-1、RAID 0+1 和 RAID-5,常见的主板自带的阵列芯片或阵列卡支持的模式有 RAID-0、RAID-1、RAID 0+1。

RAID-0:RAID-0 连续以位或字节为单位分割数据,并行读/写于多个磁盘上,因此具有很高的数据传输率,但它没有数据冗余,因此并不能算是真正的 RAID 结构。RAID-0 只是单纯地提高性能,并没有为数据的可靠性提供保证,而且其中的一个磁盘失效将影响到所有数据。因此,RAID-0 不能应用于数据安全性要求高的场合。

RAID-1:它是通过磁盘数据镜像实现数据冗余,在成对的独立磁盘上产生互为备份的数据。当原始数据繁忙时,可直接从镜像拷贝中读取数据,因此 RAID-1 可以提高读取性能。RAID-1 是磁盘阵列中单位成本最高的,但提供了很高的数据安全性和可用性。当一个磁盘失效时,系统可以自动切换到镜像磁盘上读写,而不需要重组失效的数据。

RAID 0+1：也被称为 RAID-10 标准，实际是将 RAID-0 和 RAID-1 标准结合的产物，在连续地以位或字节为单位分割数据并且并行读/写多个磁盘的同时，为每一块磁盘作磁盘镜像进行冗余。它的优点是同时拥有 RAID-0 的超凡速度和 RAID-1 的数据高可靠性，但是 CPU 占用率同样也更高，而且磁盘的利用率比较低。

RAID-5：RAID-5 不单独指定的奇偶盘，而是在所有磁盘上交叉地存取数据及奇偶校验信息。在 RAID-5 上，读/写指针可同时对阵列设备进行操作，提供了更高的数据流量。RAID-5 更适合于小数据块和随机读写的数据。

4. 磁盘阵列实现方式

磁盘阵列有两种实现方式，那就是"软件阵列"与"硬件阵列"。

1) 软件阵列

软件阵列是指通过网络操作系统自身提供的磁盘管理功能将连接到普通 SCSI 卡上的多块硬盘配置成逻辑盘，组成阵列。例如微软的 Windows NT/2000 Server/Server 2003 操作系统都可以提供软件阵列功能，其中 Windows NT/2000 Server/Server 2003 可以提供 RAID-0、RAID-1、RAID-5 功能。软件阵列可以提供数据冗余功能，但是磁盘子系统的性能会有所降低。

软件阵列必须在多磁盘的环境下才可以实现。实现镜像卷（RAID-1）最少要拥有两块硬盘，实现 RAID-5 最少要拥有三块硬盘。

下面以三块盘为例，介绍一下 RAID-5 的实现方法。

步骤 1：连接硬盘，并查看磁盘信息。

在计算机上接三块 15.3GB 的新硬盘，连接好后，开机。右击【计算机】→【管理】→【存储】→【磁盘管理】，可以看到系统中的磁盘信息，如图 1.8 所示。

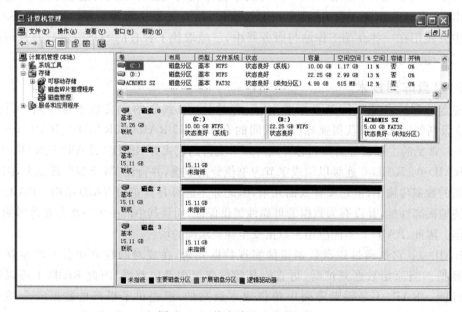

图 1.8 三块盘连接后的情况

步骤2：将基本磁盘转换为动态磁盘。

在图1.9所示的界面中，在磁盘1、2和3中任意一个上右击鼠标，选择"转换到动态磁盘"。

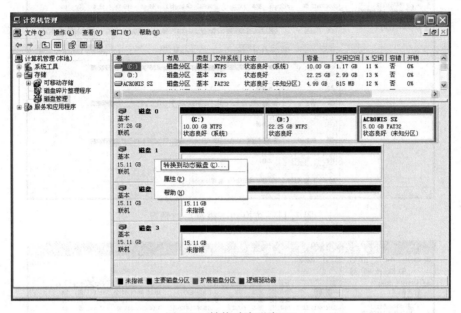

图1.9　转换动态磁盘(1)

在弹出窗口中将磁盘1、2和3都选中，单击"确定"按钮后完成转换，如图1.10所示。

此时，磁盘管理界面中磁盘1、2和3便显示为动态磁盘了，如图1.11所示。

步骤3：创建RAID-5卷。

在【磁盘管理】中，右击欲设置RAID的磁盘，在快捷菜单中选择【新建卷】菜单项，如图1.12所示。

此时会弹出【欢迎使用新建卷向导】对话框，单击【下一步】按钮，显示如图1.13所示的

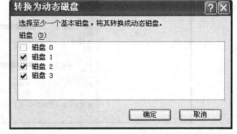

图1.10　转换动态磁盘(2)

【选择卷类型】对话框，选择欲创建的卷类型为"RAID-5"。

单击【下一步】按钮，显示如图1.14所示的【选择磁盘】对话框。在左侧【可用】列表框中选择欲添加的磁盘(至少添加三块硬盘)，并单击【添加】按钮，即可将其添加至该RAID-5卷，并显示在【已选的】列表框。

选中【指派以下驱动器号】单选项，并为该RAID-5卷指派驱动器号，便于管理和访问。这里选择F作为RAID-5的驱动器号，如图1.15所示。

然后需要进行格式化，RAID-5卷可选择FAT32或NTFS作为其文件系统，如图1.16所示。

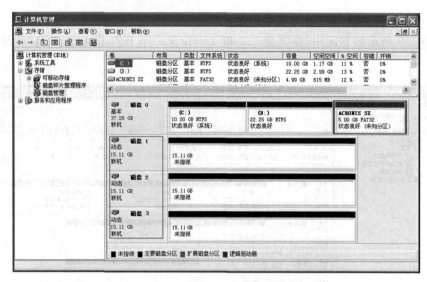

图 1.11 转换动态磁盘后的情况

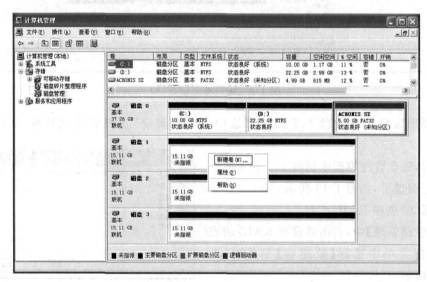

图 1.12 新建卷

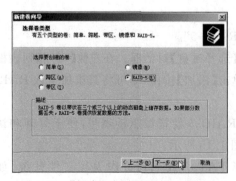

图 1.13 【新建卷向导】(【选择卷类型】)

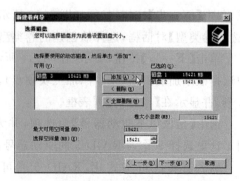

图 1.14 【新建卷向导】(选择欲添加的磁盘)

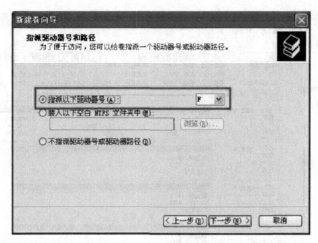

图 1.15　指派驱动器号

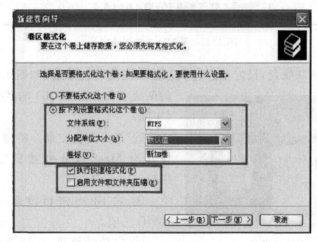

图 1.16　格式化卷

完成向导后,RAID-5 的逻辑盘就创建成功了,如图 1.17 所示。

2) **硬件阵列**

硬件阵列是使用专门的磁盘阵列卡来实现的,硬件阵列能够提供在线扩容、动态修改阵列级别、自动数据恢复、驱动器漫游、超高速缓冲等功能,它能提供性能、数据保护、可靠性、可用性和可管理性的解决方案。磁盘阵列卡拥有一个专门的处理器和专门的存储器,用于高速缓冲数据。这样一来,服务器对磁盘的操作就直接通过磁盘阵列卡来进行处理,因此不需要大量的 CPU 及系统内存资源,不会降低磁盘子系统的性能。通过阵列卡专用的处理单元进行操作,它的性能要远远高于常规非阵列硬盘,并且更安全更稳定。

由于服务器的硬盘一般采用 SCSI 接口,而不同的服务器随机安装的 RAID 卡不同,因此,设置方法也不尽相同(可参照产品说明书进行具体操作),下面以集成 RAID 芯片的主板 RAID-0 为例介绍一下一般的步骤。

① 备份原系统盘信息,防止信息丢失。

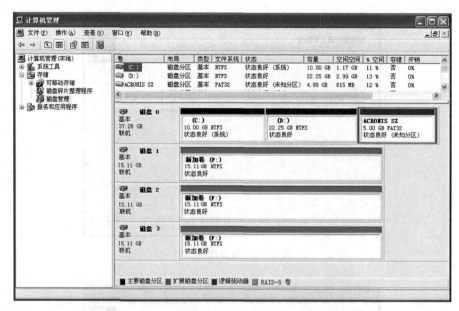

图 1.17　RAID-5 卷创建完成

② 准备至少两块硬盘,最好是容量和型号相同的两块硬盘,如图 1.18 所示,将准备的两块硬盘作为 RAID 的数据盘和原系统盘(中间)。

图 1.18　准备硬盘

③ 正确安装硬盘。将两块硬盘的跳线都设置为 Master,分别接到主板的 RAID 专用口。

④ 对 BIOS 进行设置,打开 BIOS 里的 RAID 选项。

⑤ 启动计算机,出现 RAID 卡的引导界面,按屏幕的提示操作就可以进入 RAID 的控制界面,进行 RAID 卡的初始化。

⑥ 根据界面的提示进行设置,设置成"RAID-0"的形式。

⑦ 组建好 RAID 进入系统后,系统会将通过 RAID 卡功能组建的 RAID 系统识别为一块单独硬盘,用户可以在这块硬盘上进行分区、创建卷等工作,操作方面与一块普通硬盘没有区别。

1.3　硬盘接口类型

硬盘接口是硬盘与主机系统间的连接部件,作用是在硬盘缓存和主机内存之间传输数据。不同的硬盘接口决定着硬盘与计算机之间的连接速度,在整个系统中,硬盘接口的优劣直接影响着程序运行快慢和系统性能好坏。从整体的角度上,硬盘接口分为 IDE、

SATA、SCSI 和光纤通道等，IDE 接口硬盘多用于家用产品中，也部分应用于服务器；SCSI 接口的硬盘则主要应用于服务器市场；SATA 是目前应用较多的一种硬盘接口类型，在家用市场中有着广泛的前景；光纤通道只在高端服务器上，价格昂贵。在 IDE 和 SCSI 的大类别下，又可以分出多种具体的接口类型，又各自拥有不同的技术规范，具备不同的传输速度，例如 ATA100 和 SATA；Ultra160 SCSI 和 Ultra320 SCSI 都代表着一种具体的硬盘接口，各自的速度差异也较大。另外，目前较多的移动存储设备、数码录像机等使用较多的接口类型是 USB 和 1394 接口。

1.3.1　IDE/ATA 接口

IDE(Integrated Drive Electronics，电子集成驱动器)有另一个名称叫做 ATA(AT Attachment)。它的本意是指把"硬盘控制器"与"盘体"集成在一起的硬盘驱动器。把盘体与控制器集成在一起的做法减少了硬盘接口的电缆数目与长度，数据传输的可靠性得到了增强，硬盘制造起来变得更容易，因为硬盘生产厂商不需要再担心自己的硬盘是否与其他厂商生产的控制器兼容。对用户而言，硬盘安装起来也更为方便。IDE 这一接口技术从诞生至今就一直在不断发展，性能也不断地提高，其具有价格低廉、兼容性强的特点，为其造就了其他类型硬盘无法替代的地位。

ATA 接口标准最初极为简单。ATA-1 只拥有可支持两个硬盘的单数据信道，其中一个用跳线设成主盘，在主板上，主 IDE 口一般用"Primary IDE"或"IDE 1"来表示；另一个设为从盘，用"Secondary IDE"或"IDE 2"表示。在主板的各个接口附近都标明了第一根针的位置，在接线之前先要弄清楚。

1. IDE 硬盘接口的传输模式

IDE 硬盘接口的传输模式，经历过三个不同的技术变化，由 PIO(Programmed I/O)模式、DMA(Direct Memory Access)模式，直至现今的 Ultra DMA 模式(简称 UDMA)。

(1) PIO(Programmed I/O)模式的最大弊端是耗用极大量的中央处理器资源，以 PIO 模式运行的 IDE 接口，数据传输率达 3.3MB/s(PIO MODE 0)至 16MB/s(PIO MODE 4)不等。

(2) DMA 模式：DMA 模式分为 Single-Word DMA 及 Multi-Word。Single-Word DMA 模式的最高传输率达 8.33MB/s，Multi-Word DMA(Double Word)则可达 16.66MB/s。DMA 与 PIO 模式的最大区别是 DMA 模式并不用过分依赖 CPU 的指令而运行，可达到节省处理器运行资源的效果。

(3) Ultra-DMA 模式：Ultra-DMA 模式 6 传输速度最高可达每秒 133MB。在硬盘包装盒的标签后面会注明 ATA/33、ATA/44、ATA/66、ATA/100 和 ATA/133(ATA/44 只出现了一小段时间)，IDE/ATA 模式是向后兼容的。

2. 硬盘容量界限

原来市场上的 ATA/33、ATA/44、ATA/66、ATA/100 控制器不能对超过 137GB 的硬盘进行处理，主要原因是原 ATA 接口标准采用 28 位寻址，最高可支持大约 137.4GB。

3. 硬盘布线

数据线的要求是对于 ATA/33 以下标准来说,一条 40 线/40 针的数据线就已经够用了。

在传输速度超过 ATA/33 标准时须使用 80 线/40 针的数据线,这种数据线可以克服以前数据线存在的问题。首先,额外的 40 条导线最大限度地减少了 40 条有效导线之间的相互干扰。这 40 条多余的导线可以连接到接口的接地针上以导走过量的电流。其次,数据线接口标有蓝、灰、黑等颜色,每种颜色代表不同的用途。

主板或 PCI 卡的主控制器连接蓝色接口,数据线中间为灰色接口,需要时可连接到从设备;黑色接口必须连接到主硬盘上。如果只有一个硬盘就应该将其连接到黑色接口上。

如果忽略了这些色标,就会出现 BIOS 无法识别硬盘的问题,甚至还可能导致数据损坏。例如把单硬盘安装在中间接口上,留下无终端接头导线的"尾巴",将会产生反射信号并降低信号质量。

4. 混合使用不同类型的硬盘

可以在同一条数据线上连接不同标值的硬盘。如果使用 ATM l00 主控制器,并通过 80 线数据线连接 ATA/33 和 ATA/100 硬盘,则各硬盘都将会按自己的额定速率工作。如果使用 ATA/33 主控制器连接 ATA/33 和 ATA/100 硬盘,则可以获得的最快传输速度将只能达到约 33MB/s。

5. 混合使用不同型号的数据线

混合使用不同型号的数据线会导致一些问题,如必须串联 IDE 数据线(不超过 18 英寸),则要确保两条数据线为同一型号。ATA 主控制器将通过检测第 34 针的 PDIAG-CBLID 信号来检测连接到各条总线上的数据线型号(PDIAG-CBLID 针即 Passed Diagnostics-Cable Assembly Type Identifier)。如果 34 针接地,控制器就知道已连接有 80 线的数据线。

6. 线缆选择模式

现在整个 IDE/ATA 系统已经实现了线缆选择模式(前提是硬盘支持该模式)。采用该模式,用户无需设置跳线即可将硬盘安装在 ATA 数据线上。主盘可安装在数据线的末端,从盘则可安装在中间。

7. ATA 桥

选择 ATA 主桥的理由有很多,这些主桥包括 IDE to SCSI、IDE To IEEE 1394(火线接口),以及 IDE To USB 1.1 或 2.0 主桥。对于电子物证技术人员来说,使用 ATA 主桥主要的好处是可以获得基于硬件的写保护和硬盘的热交换功能。

如果可以在工具包中添加 ATA 主桥,则应购买能转接至 IEEE 1394(火线接口)或 USB 2.0 的型号,并且要与用户的系统环境(Windows 或 UNIX)兼容。一些生产厂商已设计出具有硬件写保护功能的接口。Ultra ATA 接口规格如图 1.19 所示。

Ultra ATA接口	UDMA模式	时钟频率	接口数据传输率	数据连线	数据传输CRC校验
Ultra ATA-33	Mode 0	8.33MHz(120ns)	16.67MB/s	40针40根	有
	Mode 1	6.67MHz(150ns)	26.67MB/s	40针40根	有
	Mode 2	8.33MHz(120ns)	33.33MB/s	40针40根	有
Ultra ATA-66	Mode 3	11.11MHz(90ns)	44.44MB/s	40针80根	有
	Mode 4	16.67MHz(60ns)	66.68MB/s	40针80根	有
Ultra ATA-100	Mode 5	25MHz(40ns)	100MB/s	40针80根	有
Ultra ATA-133	Mode 6	33.3MHz(30ns)	133.2MB/s	40针80根	有

图 1.19 Ultra ATA 接口规格

1.3.2 SCSI 接口

SCSI 的英文全称为 Small Computer System Interface，即小型计算机系统接口。是同 IDE(ATA)完全不同的接口，IDE 接口是普通 PC 的标准接口，而 SCSI 并不是专门为硬盘设计的接口，是一种广泛应用于小型机上的高速数据传输技术。SCSI 接口具有应用范围广、多任务、带宽大、CPU 占用率低以及热插拔等优点，但较高的价格使得它很难如 IDE 硬盘般普及，因此 SCSI 硬盘主要应用于中、高端服务器和高档工作站中。

1. SCSI 接口的优点

（1）SCSI 总线允许连接多种计算机硬件设备。同一条 SCSI 总线上可同时串接 CD-ROM、CD-R 光盘刻录机、MD 磁光盘、磁带机、扫描仪、ZIP 等设备。

（2）SCSI 控制卡可同时串接多台 SCSI 设备。一个 SCSI 控制卡最多可接 32 台 SCSI 设备，最少也可接 7 台 SCSI 设备。

（3）SCSI 的性能可塑性强，支持多任务环境，适用于多任务操作系统。最多可同时处理 255 个任务。

（4）SCSI 卡比 IDE 接口有更快的数据传输率，尤其是在同时传输多组数据时就更能显示出威力。因此 SCSI 设备适合图像处理，在图像处理领域中一直独占鳌头的 APPLE 公司的机型一律采用 SCSI 接口。

（5）SCSI 卡所支持的更高带宽能更好地平衡 PCI 总线传输压力。

（6）由于 SCSI 完全向后兼容，因此，SCSI 最大限度保护了用户的投资，这就意味着用户升级到新的系统后，原有的 SCSI 设备和现有 SCSI 设备仍然可以同时使用。

（7）使用 SCSI 可减少对 CPU 的依赖，可提高系统整体性能。IDE 硬盘一般对 CPU 的占用率为 33%，最高可达 50% 以上，但使用 SCSI 硬盘，对 CPU 的占用率仅为 4%～6%。

2. SCSI 接口的标准

负责制定 SCSI 标准的 ANSI 标准委员会已经颁布了 3 种执行规范：SCSI-1、SCSI-2 和 SCSI-3。如表 1.1 所示列出了主要的 SCSI 标准及其常用名称，所有这些标准均具有向后兼容性。

表 1.1 主流 SCSI 标准

SCSI 标准	常用名称	外部传输速率/Mb/s	数据线型号
SCSI-1	Asynchronous	4	A(50 针)
SCSI-2	Wide	10	P(68 针)
SCSI-2	Fast	10	A(50 针)
SCSI-2	Wide/Fast	20	P(68 针)
SCSI-3	Ultra/Wide	20/40	P(68 针)
SCSI-3	Ultra2/Wide	40/80	A 或 P(50/68 针)
SCSI-3	Ultra3/Ultra160	160	P(68 针)
SCSI-3	Ultra4/Ultra320	320	P(68 针)

3. SCSI 电缆和接头

SCSI A 型电缆：有 50 条导线，支持 8 位数据传输标准。

SCSI P 型电缆：有 68 条导线，支持 16 位数据传输标准。

混用不同位宽的设备时要小心。当用户使用 50 针转 68 针适配插头来混用不同型号的电缆时，整条传输链上的吞吐量将会下降。

1.3.3 SATA 接口

SATA(Serial ATA，串行 ATA)是一种完全不同于并行 ATA 的新型硬盘接口类型，由于采用串行方式传输数据而得名。

SATA 总线使用嵌入式时钟信号，具备了更强的纠错能力，与以往相比其最大的区别在于能对传输指令(不仅仅是数据)进行检查，如果发现错误会自动矫正，这在很大程度上提高了数据传输的可靠性。串行接口还具有结构简单、支持热插拔的优点。

SATA 接口的优点如下。

- SATA 以连续串行的方式传送数据，可以在较少的位宽下使用较高的工作频率来提高数据传输的带宽。Serial ATA 一次只会传送 1 位数据，这样能减少 SATA 接口的针脚数目，使连接电缆数目变少，效率也会更高。实际上，SATA 仅用四支针脚就能完成所有的工作，分别用于连接电缆、连接地线、发送数据和接收数据，同时这样的架构还能降低系统能耗和减小系统复杂性。
- SATA 的起点更高、发展潜力更大，SATA 1.0 定义的数据传输率可达 150MB/s，这比目前最快的并行 ATA(即 ATA/133)所能达到 133MB/s 的数据传输率还高，而目前 SATA II 的数据传输率则已经高达 300MB/s。
- SATA 规范不仅立足于未来，而且还保留了多种向后兼容方式。在硬件方面，SATA 标准中允许使用转换器提供同并行 ATA 设备的兼容性，转换器能把来自主板的并行 ATA 信号转换成 SATA 硬盘能够使用的串行信号，目前已经有多种此类转接卡/转接头上市，这在某种程度上保护了原有投资，减小了升级成本；在软件方面，SATA 和并行 ATA 保持了软件兼容性，这意味着厂商丝毫不必为使用 SATA 而重写任何驱动程序和操作系统代码。

- SATA 接线较传统的并行 ATA 接线要简单得多，而且容易收放，对机箱内的气流及散热有明显改善。而且，SATA 硬盘与始终被困在机箱之内的并行 ATA 不同，扩充性很强，即可以外置，而且更可以多重连接来防止单点故障。由于 SATA 和光纤通道的设计如出一辙，所以传输速度可用不同的通道来做保证，这在服务器和网络存储上具有重要意义。

- SATA II 是在 SATA 的基础上发展起来的，其主要特征是外部传输率从 SATA 的 1.5Gbps 进一步提高到了 3Gbps，此外还包括 NCQ(Native Command Queuing)、原生命令队列、端口多路器(Port Multiplier)、交错启动(Staggered Spin-up)等一系列的技术特征。单纯的外部传输率达到 3Gbps 并不是真正的 SATA II。SATA II 的关键技术就是 3Gbps 的外部传输率和 NCQ 技术。NCQ 技术可以对硬盘的指令执行顺序进行优化，避免像传统硬盘那样机械地按照接收指令的先后顺序移动磁头读写硬盘的不同位置，与此相反，它会在接收命令后对其进行排序，排序后的磁头将以高效率的顺序进行寻址，从而避免磁头反复移动带来的损耗，延长硬盘寿命。另外并非所有的 SATA 硬盘都可以使用 NCQ 技术，除了硬盘本身要支持 NCQ 之外，也要求主板芯片组的 SATA 控制器支持 NCQ。此外，NCQ 技术不支持 FAT 文件系统，只支持 NTFS 文件系统。SATA 硬盘在设置 RAID 模式时，一般都需要安装主板芯片组厂商所提供的驱动，但也有少数较老的 SATA RAID 控制器在打了最新补丁的某些集成了 SATA RAID 驱动版本的 Windows XP 系统里不需要加载驱动就可以组建 RAID。

1.3.4 光纤通道

光纤通道(Fibre Channel)其实是对一组标准的称呼，这组标准用以定义通过铜缆或光缆进行串行通信从而将网络上各节点相连接所采用的机制。光纤通道标准由美国国家标准协会(American National Standards Institute，ANSI)开发，为服务器与存储设备之间提供高速连接。早先的光纤通道专门为网络设计的，随着数据存储在带宽上的需求提高，才逐渐应用到存储系统上。光纤通道是一种跟 SCSI 或 IDE 有很大不同的接口，它很像以太网的转换开关。光纤通道是可以提高多硬盘存储系统的速度和灵活性而设计的高性能接口。

光纤通道是为在像服务器这样的多硬盘系统环境而设计。光纤通道配置存在于底板上。底板是一个承载物，承载有印刷电路板(PCB)、多硬盘插座和光纤通道主机总线适配器(HBA)。底板可直接连接至硬盘(不用电缆)，并且为硬盘提供电源和控制系统内部所有硬盘上数据的输入和输出。

光纤通道可以采用铜轴电缆和光导纤维作为连接设备，大多采用光纤媒介，而传统的铜轴电缆如双绞线等则可以用于小规模的网络连接部署。但采用铜轴电缆的光纤通道有着与铜媒介一样的老毛病，如传输距离短(30 米，取决于具体的线缆)以及易受电磁干扰(EMI)影响等。

虽然铜媒介也适用于某些环境,但是对于利用光纤通道部署的较大规模存储网络来说,光缆是最佳的选择。光缆按其直径和"模式"分类,直径以微米为计量单位。电缆模式有两种,单模是一次传送一个单一的信号,而多模则能够通过将信号在光缆玻璃内核壁上不断反射而传送多个信号。现在认可的光缆光纤通道标准和等级有直径62.5μm多模光缆175m,直径50μm多模光缆500m,以及直径9μm单模光缆10km。

光纤现在能提供100MB/s的实际带宽,而它的理论极限值为1.06GB/s。不过现在有一些公司开始推出2.12GB/s的产品,它支持下一代的光纤通道(即Fibre Channel Ⅱ)。不过为了能得到更高的数据传输率,市面上的光纤产品有时是使用多光纤通道来达到更高的带宽的。

光纤通道的优点有连接设备多,最多可连接126个设备;低CPU占用率;支持热插拔,主机系统运行时就可安装或拆除光纤通道硬盘;可实现光纤和铜缆的连接;高带宽,在适宜的环境下,光纤通道是现有产品中速度最快的;连接距离大,连接距离远远超出其他同类产品。光纤通道的缺点是产品价格昂贵,组建复杂。

1.3.5 SAS接口

SAS(Serial Attached SCSI,串行连接SCSI)是在并行SCSI接口之后研发出的全新接口,目的是为了改善存储系统的性能、可用性和扩充性。

SAS接口是点到点的结构,可以建立磁盘到控制器的直接连接。总体来看,SAS具有以下几个特点。

SAS技术的全双工模式,能确保最有效的数据吞吐量;同时可使设备能够双向传输数据,这样能最大程度确保带宽资源;更好的扩展性能,即能同时连接更多的磁盘设备;节省空间,一方面SAS串行接口减少了线缆的尺寸,且用更细的电缆搭配,另一方面,SAS硬盘只有2.5英寸的规格,也能节省主机空间;SAS的接口技术可以向下兼容SATA,SAS系统的背板既可以连接具有双端口、高性能的SAS驱动器,也可以连接高容量、低成本的SATA驱动器。但需要注意的是,SATA系统并不兼容SAS,所以SAS驱动器不能连接到SATA背板上。由于SAS系统的兼容性,通常用于不同接口的硬盘来满足各类应用在容量上或效能上的需求,因此在扩充存储系统时拥有更多的弹性,让存储设备发挥最大的投资效益。

1.3.6 USB接口

USB(Universal Serial Bus,通用串行总线接口)是目前计算机、数码相机、数码摄像机、数字电视等产品上应用的一种接口规范。USB接口是一种四针接口,其中中间两个针传输数据,两边两个针给外设供电。

1. USB接口优点

(1) 速度快。USB 1.1接口的传输速度只有12Mb/s,USB 2.0接口的传输速度高达480Mbps,USB 3.0向下兼容,理论最高传输速度可达5Gb/s。

(2) 接口数量"无限"。USB接口是可以串接使用的,即每个USB设备用一个USB插头连接到一个外设的 USB 插座上，而其本身又提供一个 USB 插座供下一个 USB 外设连接用。即一个设备上如果有 USB 接口，那其他 USB 设备接到此口上和接到主机的 USB 接口上是一样的，最多可连接 127 台外设，所以说是"无限的"。

（3）提供外设电源。对于一些耗电较小的外设，可以直接从 USB 接口上取得电源，外设不需要另外供电。

（4）具有即插即用的功能。

（5）具有热插拔功能。USB 外设可以带电插拔。

2. USB 接口标准

（1）USB 1.1 标准。USB 接口技术标准起初是由 Intel、康柏、IBM、微软等 7 家电脑公司共同于 1995 年制定的，当时称 USB 0.9 标准，后来发展到 USB 1.1，USB 1.1 接口对外的输出电源的负载能力很低，其最大输出电流只有 250mA，最高传输速度是 12Mbps，折算成 MB 为 1.5MB/s。

（2）USB 2.0 标准。USB 2.0 标准是由 USB 1.1 标准演变而来的。它的传输速率达到了 480Mbps，折算为 MB 为 60MB/s，足以满足大多数外设的速率要求。USB 2.0 中的"增强主机控制器接口"（EHCI）定义了一个与 USB 1.1 相兼容的架构。它可以用 USB 2.0 的驱动程序驱动 USB 1.1 设备，也就是说，所有支持 USB 1.1 的设备都可以直接在 USB 2.0 的接口上使用而不必担心兼容性问题，而且像 USB 线、插头等附件也都可以直接使用。

（3）USB 3.0 标准。USB 3.0 将是第一个支持通用 I/O 的接口，并将进行优化以降低能耗，同时改善计算机、消费者产品和移动产品领域的协议效率的产品。USB 3.0 性能改进显著，支持快速同步移动能力，并能够同时支持光学和数字组件标准。USB 3.0 标准推广组织主席 Jeff Ravencraft 表示，这种又称为 SuperSpeed USB。SuperSpeed USB 3.0 向下兼容，理论最高传输速度可达 5Gb/s。该技术的目标是推出比目前连接水平快 10 倍以上的产品，采用与有线 USB 相同的架构。除对 USB 3.0 规格进行优化以实现更低的能耗和更高的协议效率之外，USB 3.0 的端口和线缆能够实现向后兼容以及支持光纤传输。

1.3.7　1394 接口

IEEE 1394，别名 Firewire（火线接口）。IEEE 1394 的前身是 1986 年由苹果电脑（Apple）公司起草的，苹果公司称之为 FireWire 并注册为其商标。FireWire 完成于 1987 年，1995 年被 IEEE 定为 IEEE 1394—1995 技术规范，在制定这个串行接口标准之前，IEEE 已经制定了 1393 个标准，因此将 1394 这个序号给了它，其全称为 IEEE 1394，简称 1394。它是一个串行接口，但它能像并联 SCSI 接口一样提供同样的服务，而其成本低廉。

IEEE 1394 接口有 6 针和 4 针两种类型。六角形的接口为 6 针，小型四角形接口则为 4 针。最早苹果公司开发的 IEEE 1394 接口是 6 针的，后来，SONY 公司看中了它数据传输速率快的特点，将早期的 6 针接口进行改良，重新设计成为现在大家所常见的 4 针接口,并且命名为iLINK。这种连接器如果要与标准的6导线线缆连接的话,需要使用转换器。两种接口的区别在于能否通过连线向所连接的设备供电。6针接口中有4针是用于传输数据的信号线,另外2针是向所连接的设备供电的电源线。由于1394是一串行总线,数据从一台设备传至另一台时,若某一设备电源突然关断或出现故障,将破坏整个数据通路。电缆中传送电源将使每台设备的连接器电路工作,采用一对线传送电源的设计,不管设备状态如何,其传送信号的连续性都能得到保证,这对串行信号是非常重要的。据IEEE工作组的声明显示,目前新的FireWire火线标准提升了传输速度,从目前的FireWire 800的800Mb/s提升至3.2Gb/s。除了这种速度达到3.2Gb/s的S3200标准,IEEE组织还批准了S1600标准,传输速度可达1.6Gb/s。

1.3.8 eSATA接口

eSATA是一种外置式SATA Ⅱ规范,是一种扩展的SATA接口,用来连接外部的SATA设备。简单地说就是通过eSATA技术,让外部I/O接口使用SATA Ⅱ功能。

eSATA的出现使得用户可以在计算机外部连接SATA硬盘,虽然可以使用USB或者1394实现这一功能,但是eSATA拥有极大的传输速度优势。在目前的市场上,USB 2.0的数据传输速度可以达到480Mb/s,1394的数据传输速度可以达到800Mb/s。然而eSATA最高可提供3000Mb/s的数据传输速度,远远高于USB 2.0和1394接口,并且依然保持方便的热插拔功能,用户不需要关机便能随时接上或移除SATA装置,十分方便。另外,eSATA接口的移动硬盘可以与计算机主机箱内的SATA接口硬盘随时组成一个RAID(磁盘阵列)系统,从而达到更加快速地完成数据的高速备份。

习题 1

1. 什么是电存储技术?
2. 什么是磁存储技术?
3. 什么是光存储技术?
4. 什么是硬盘、光盘、U盘、存储卡、磁盘阵列?
5. 简述硬盘、光盘、U盘物理存储结构。
6. 简述磁盘阵列实现方式、阵列卡类型以及磁盘阵列技术类型。
7. 常见数据存储介质类型都有哪些,各是什么?
8. 常见的硬盘接口有哪几种,各是什么?

第 2 章 文件系统基础

文件系统是对文件存储器空间进行组织和分配，负责文件的存储并对存入的文件进行保护和检索的系统。具体地说，它负责为用户建立文件，存入、读出、修改、转储文件，控制文件的存取，当用户不再使用时撤销文件等。

2.1 FAT 文件系统

硬盘在存储数据之前，一般需经过低级格式化、分区、高级格式化三个步骤之后才能使用，其作用就是在物理硬盘上建立一定的数据逻辑结构。在 FAT 文件系统中，一般将硬盘分为 5 个区域，分别为主引导记录（MBR）、DOS 引导记录（DBR）、文件分配表（FAT）、文件目录表（FDT）和数据（DATA）。其中主引导记录由分区软件创建，一个硬盘只有一个主引导记录。而其他 4 个部分由高级格式化创建。文件系统写入数据时，只是改写相应的 FAT 区、FDT 区和 DATA 区。

2.1.1 主引导记录

1. 主引导记录结构

MBR（Master Boot Record），即主引导记录。占用硬盘的前 63 个扇区，实际只使用了第 1 个扇区，通常该扇区位于硬盘的 0 柱面、0 磁头、1 扇区，共 512B。在总共 512B 的主引导记录中，MBR 的引导程序占这个扇区的前 446 个字节，接下来的 64 个字节是 DPT(Disk Partition Table)硬盘分区表，最后的两个字节是"55 AA"分区有效结束标志，由它们共同构成了硬盘的主引导记录也称主引导扇区。如图 2.1 所示是一块三星 80GB 硬盘的 DPT 表。

```
0000000190  02 E7 02 C3 47 49 0B C9  75 F1 26 8B 1E FE FF 3B
00000001A0  C3 75 05 61 32 C0 EB 03  61 B0 FF C3 55 AA 00 00
00000001B0  00 00 00 00 00 2C 44 63  4A 7D 4A 7D 34 12 80 01
00000001C0  01 00 0C FE FF FE 3F 00  00 00 F8 54 71 02 00 00
00000001D0  C1 FE 0C FE FF FE 76 55  71 02 B1 62 A9 03 00 01
00000001E0  C1 FE 0C FE FF FE 66 B8  1A 06 B9 11 F4 01 00 01
00000001F0  C1 FE 0C FE FF FE 5E CA  0E 08 63 1A 42 01 55 AA
```

图 2.1 某硬盘 DPT 表

DPT 分区表占用 64 个字节，每个分区占用 16 个字节，一共可以描述 4 个分区表项。每个分区表项各字节的含义如表 2.1 所示。

表 2.1 硬盘分区表项各字节的含义

偏移	意 义	偏移	意 义
0	自举标志(80 为活动分区,00 为非活动分区)	8	本分区之前已用扇区数
1	起始的磁头号 H	9	
2	起始扇区号 S	10	
3	起始柱面号 CYL	11	
4	分区类型标志(具体类型及含义见图 2.2)	12	本分区扇区总数
5	终止磁头号 H	13	
6	终止扇区号 S	14	
7	终止柱面号 CYL	15	

对照表 2.1 中各项的含义,可以看出图 2.1 中各分区表主要信息如下。

1) 第一分区(C 盘)前 16 个字节

第 1 字节:"80"表示此分区为活动分区。

第 5 字节:"0C"表示为 FAT32 文件系统。

第 9、10、11、12 字节:"3F 00 00 00"表示本分区(C 盘)之前已用的扇区,转换为十进制为 63,也就是 MBR 所占用的扇区。

第 13、14、15、16 字节:"F8 54 71 02"表示本分区(C 盘)的大小。转换为十进制为 40 981 752,40 981 752×512=20,982,657,024。C 盘大小为 20GB。

2) 第二分区(D 盘)第 2 个 16 个字节

第 1 字节:"00"表示为非活动分区。

第 5 字节:"0C"表示为 FAT32 文件系统。

第 9、10、11、12 字节:"76 55 71 02"表示本分区(D 盘)前已用过的扇区,转换为 10 进制为 40 981 878,也就是 D 盘开始的扇区。因为磁盘编号是从 0 开始,所以 40 981 878 是 D 盘开始的扇区。

第 13、14、15、16 字节:"B1 62 A9 03"表示本分区的大小。转化为十进制为 61 432 497,61 432 497×512=31,453,438,464,约为 30GB,D 盘大小为 30GB。

第三、四分区和第二分区各个部分意义相同。

2. 分区类型标志

分区类型是操作系统管理分区、组织分区的方式,由硬盘分区表定义。常见的分区类型及含义如图 2.2 所示。

```
分区类型标志:
00 空,mocrosoft 不允许使用。      63 GNU HURD or Sys
01 FAT32                          64 Novell Netware
02 XENIX root                     65 Novell Netware
03 XENIX usr                      70 Disk Secure Mult
04 FAT16 <32M                     75 PC/IX
05 Extended                       80 Old Minix
06 FAT16                          81 Minix/Old Linux
07 HPFS/NTFS                      82 Linux swap
08 AIX                            83 Linux
09 AIX bootable                   84 OS/2 hidden C:
0A OS/2 Boot Manage               85 Linux extended
0B Win95 FAT32                    86 NTFS volume set
0C Win95 FAT32                    87 NTFS volume set
0E Win95 FAT16                    93 Amoeba
0F Win95 Extended(>8GB)           94 Amoeba BBT
10 OPUS                           A0 IBM Thinkpad hidden
11 Hidden FAT12                   A5 BSD/386
12 Compaq diagnost                A6 Open BSD
16 HiddenFAT16                    A7 NextSTEP
14 Hidden FAT16<32GB              B7 BSDI fs
17 Hidden HPFS/NTFS               B8 BSDI swap
18 AST Windows swap               BE Solaris boot
1B Hidden FAT32                      partition
1C Hidden FAT32 partition         C0 DR-DOS/Novell DOS
   (using LBA-mode                   secured partition
   INT 13 extensions)             C1 DRDOS/sec
1E Hidden LBA VFAT partition      C4 DRDOS/sec
24 NEC DOS                        C6 DRDOS/sec
3C Partition Magic                C7 Syrinx
40 Venix 80286                    DB CP/M/CTOS
41 PPC PreP Boot                  E1 DOS access
42 SFS                            E3 DOS R/O
4D QNX4.x                         E4 SpeedStor
4E QNX4.x 2nd part                EB BeOS fs
4F QNX4.x 3rd part                F1 SpeedStor
50 Ontrack DM                     F2 DOS 3.3+ secondary
51 Ontrack DM6 Aux                   partition
52 CP/M                           F4 SpeedStor
53 oNtRACK DM6 Aux                FE LAN step
54 OnTrack                        FF BBT
55 EZ-Drive
56 Golden Bow
5C Priam Edisk
61 Speed Stor
```

图 2.2 分区类型含义

3. 扩展 MBR

通过主引导记录定义硬盘分区表，最多只能描述 4 个分区，如果想要多于 4 个分区，就要采用扩展 MBR 的方法，即 EMBR(Extended MBR)。所谓扩展 MBR，就是让主 MBR 定义分区的时候，将多余的容量定义为扩展分区，指定该扩展分区的起止位置，根据起始位置指向的硬盘的某一个扇区，作为下一个分区表项，接着在该扇区继续定义分区。如果只有一个分区，就定义该分区，然后结束；如果不止一个分区，就定义一个基本分区和一个扩展分区，扩展分区再指向下一个分区描述扇区，要该扇区按上述原则继续定义分区，直至分区定义结束。这些用以描述分区的扇区形成一个"分区链"，通过这个分区链，就可以描述所有的分区。

用于描述分区的扇区，其对分区的描述方式与 MBR 一样(但只能有一个基本分区和一个扩展分区或只有一个基本分区)，但没有引导和错误提示信息等部分，所以也将扩展 MBR 称为虚拟 MBR。

对于操作系统中的逻辑盘，其与分区表链中的对应关系如下。

(1) 如果硬盘只有一个主分区，即将整个硬盘作为一个逻辑盘 C，则分区命令只在硬盘的 0 柱面、0 磁头、1 扇区上建立一个 MBR。

(2) 如果硬盘被划分 2~4 个分区，则除了在 0 柱面、0 磁头、1 扇区上建立一个 MBR 之外，还在扩展分区的起始扇区上建立一个虚拟的 MBR，每一个虚拟 MBR 用于扩展分区上的一个逻辑盘。这些 MBR 中的各个分区链表链接成一个如图 2.3 所示的分区表链，该图是一个硬盘具有 4 个逻辑盘的例子。

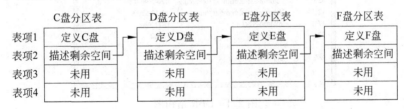

图 2.3 逻辑盘与分区表链对应关系

2.1.2 DOS 引导记录

DOS 引导记录 DBR(Disk Operate System Boot Record，操作系统引导记录)是由高级格式化命令写到该扇区的内容，又称为 BOOT 区。DBR 是由硬盘的 MBR 装载的程序段。DBR 装入内存后，即开始执行该引导程序段，其主要功能是完成操作系统的自举并将控制权交给操作系统。每个分区都有引导扇区，但只有被设为活动分区的 DBR 才会被 MBR 装入内存运行。DBR 由跳转指令、厂商标志和操作系统版本号、BPB(BIOS Parameter Block)、DOS 引导程序和结束标志组成。以用的最多的 FAT32 为例说明分区 DBR 各字节的含义，DBR 结构如图 2.4 所示。

1) JMP instruction(跳转指令)

该指令共占用 3 个字节(00~02)。其中指令本身占用 2 个字节。图 2.4 中的 EB 代表汇编语言的 JMP，58 是程序执行流程跳转到的自举代码处。紧跟着跳转指令的是一条空指令 NOP(90)。

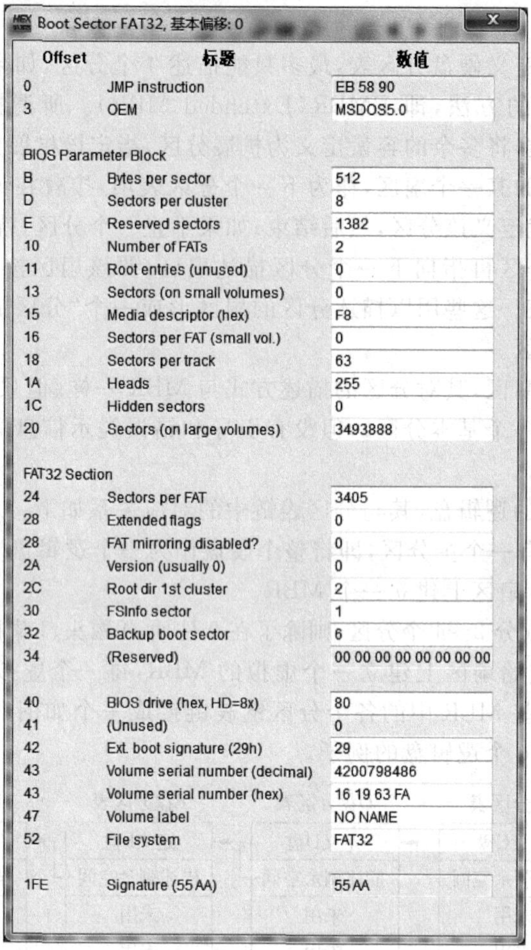

图 2.4　DBR 结构图

2) OEM：厂商标识和 DOS 版本号

该部分总共占用 8 个字节(03～0A)，其内容随 DOS 版本不同而略有变化。

3) BIOS Parameter Block：BIOS 参数块

该部分从第 12(0BH)字节开始，占用 52(0B～3E，FAT12/FAT16)或 80(0B～5A，FAT32)个字节，各字节内容及地址分配如表 2.2 所示。在该部分记录了磁盘的每扇区字节数、磁头数、目录起始簇等重要信息，该部分内容随着磁盘类型的变化而变化。

表 2.2　BPB 参数的意义

偏移地址	长度/B	内容	意义
0BH	2	Bytes per sector	每个扇区的字节数为 512
0DH	1	Sectors per cluster	每簇扇区数为 8
0EH	2	Reserved sectors	为操作系统保留扇区数为 1382
10H	1	Number of FATs	FAT 表的个数为 2

续表

偏移地址	长度/B	内容	意义
11H	2	Root entries(unused)	值为 0000H 表示磁盘使用 FAT32 文件系统
13H	2	Sectors(on small volumes)	值为 00H,为保持兼容性而保留,未使用
15H	1	F8	磁盘介质标志,硬盘为 F8
16H	2	Sectors per FAT(small vol.)	未使用,值为 00H
18H	2	Sectors per track	每个磁道的扇区数为 63
1AH	2	Heads	逻辑磁盘中磁头个数,一般为 255
1CH	4	Hidden sectors	分区前隐藏扇区数为 0
20H	4	Sectors(on large volumes)	逻辑磁盘中的扇区总数 3 493 888
24H	4	Sectors per FAT	每个 FAT 表所占的扇区数 3405
28H	2	Extended flags	值为 0 表示系统保存两份互为备份 FAT 表
2AH	2	Version(usually 0)	文件系统的主次版本(保留)
2CH	4	Root dir 1st cluster	磁盘根目录的起始簇号 2
30H	2	FSInfo sector	文件系统参数的扇区号 1
32H	2	Backup boot sector	备份分区引导扇区的逻辑扇区号 6
34H	12	Reserved	保留,未使用
40H	1	BIOS drive(hex,HD=8x)	中断 13 呼叫的预设值,硬盘为 80H
41H	1	Unused	用于中断 13 呼叫
42H	1	Ext. boot signature(29h)	磁盘读写参数扩展标志,其值为 29H
43H	4	Volume serial number(decimal)	格式化时随机产生的磁盘卷的序列号
47H	11	Volume label	格式化时人工输入的磁盘卷标号 NO NAME
52H	8	FAT32	文件系统的标识号(FAT32)

4) DOS 引导程序

该部分占用 448 字节(3E~1FD,FAT12/FAT16)或 420 字节(5A-1FD,FAT32)的 BOOT 代码,负责完成 DOS 三个系统文件的装入。这部分内容随着 DOS 版本不同而略有变化。

5) 结束标志

结束标志占用 2 个字节,其值为"55 AA"。

以上 5 个部分共占用 512 个字节,正好是一个扇区,因此称为 DOS 引导扇区或 BOOT 扇区。该扇区的内容,除了第 5 部分结束标志固定不变外,其余 4 部分都是不确定的。

其中保留扇区(Reserved sectors)是由 DOS 或 Windows 指定的保留用做引导的扇区数。现在版本的操作系统中一般为 32,除 BOOT 本身占用的扇区(一般为 1)外,有 31 个扇区保留未用,其中第 6 扇区一般是 BOOT 的备件,在 BOOT 损坏时,可用该扇区覆盖 BOOT 扇区进行修复。

2.1.3 文件分配表

文件分配表(File Allocation Table,FAT)是 Microsoft 在 FAT 文件系统中用来记录每个文件存储位置的表格,它以链的方式存放簇号。

FAT 紧接着 DOS 引导扇区存放。磁盘上有两个完全相同的 FAT 表,其中一个是基本表,另一个是备份。两个表的长度和内容相同。每个 FAT 所占的扇区数取决于操作系统版本号、分区大小、每簇的扇区数等因素,其具体的占扇区数可参见 BPB 偏移 16H(小于 32MB)和 24H(大于 32MB)处的值。

磁盘格式化后,用户文件以簇为单位存放在数据区中,一个文件至少占用一个簇,当一个文件占用多个簇时,这些簇的簇号不一定是连续的,但这些簇号在存储文件时就确定了顺序,即每个文件都有其特定的"簇号链"。在磁盘上的每一个可用的簇在 FAT 中有且只有一个登记项,通过在对应的簇号的登记项内填入"表项值"来表明数据区中的该簇是已占用、空闲或是坏簇三种状态之一。损坏的簇可以在格式化过程时发现并记录在 FAT 中。在一个簇中,只要有一个扇区有问题,该簇就不能使用。

簇号的长度由簇的多少决定,进而决定在 FAT 中表项的位数,现在 FAT 的位数有 12 位、16 位和 32 位三种。FAT 表项的位数与操作系统版本号及所用磁盘的容量有关,在 Windows 95 OSR1 版本以前的操作系统支持 FAT12 和 FAT16,之后支持 FAT12、FAT16、FAT32。软盘使用 12 位的 FAT 表项。

FAT12 可表示 $2^{12}=4096$ 个簇,软盘使用 12 位的 FAT 表项。FAT16 可表示 $2^{16}=65\,536$ 个簇,FAT32 可表示 $2^{32}=4\,294\,967\,296$ 个簇。

因为文件是以簇为单位进行存放的,所以簇的个数再乘以簇的大小即是能管理的磁盘分区的大小。一般情况下,每簇不多于 64 个扇区(32KB)。则在 FAT16 模式下,可以管理的磁盘分区为 $2^{16} \times 32KB = 65\,536 \times 4KB = 2GB$;而在 FAT32 模式下,可以管理的磁盘分区为 $2^{32} \times 32KB = 4\,294\,967\,296 \times 32KB = 128TB$。

操作系统中以簇为单位给文件分配磁盘空间,每个簇在 FAT 表中占有一个登记项。所以,在 FAT 表中,簇编号也是登记项编号。每一个登记项作为一个簇的标志信息占用一定的字节,该标志信息可取的表项值及含义如表 2.3 表示。

表 2.3 文件分配表中每个簇号可取的表项值及其含义

表项值(12 位)	表项值(16 位)	表项值(32 位)	簇描述信息含义
000H	0000	00000000H	未使用的簇
002H-FEFH	0002H-FFEFH	00000002H-FFFFFFEFH	一个已分配的簇
FF0H-FF6H	FFF0H-FFF6H	FFFFFFF0H-FFFFFFF6H	保留
FF7H	FFF7H	FFFFFFF7H	坏簇
FFFH	FFFFH	FFFFFFF8H-FFFFFFFFH	EOF(文件结束簇)

在FAT的簇的登记项中,0号登记项和1号登记项是表头,簇的登记项从2号开始,即磁盘上的第一个文件从第2个簇开始分配。

综上所述,FAT的功能主要如下。

1. 表明磁盘类型

FAT的第0簇和第1簇为保留簇,其中,第0字节(首字节)表示磁盘类型,其值与BPB中磁介质描述符所对应的磁盘类型相同。

2. 表明一个文件所占用的各簇的簇链分配情况

FAT从2号登记项分配文件。文件的起始簇号由文件目录表(FDT)中的每个目录登记项的第26、27字节决定。FAT表项中的值既表示一个簇号(借以表示文件该部分内容在磁盘上位置),又可以用其值乘以表项的字节数作为下一个表项的位置,构成一个FAT链。需注意的是FAT表项的低位在前,高位在后。

3. 标明坏簇和可用簇

若磁盘格式时发现坏扇区,即在相应簇的表项中写入坏簇标记,如FAT32写入的值为FFFFFFF7H,表明该簇的扇区不能使用,操作系统就不会将该项分配给用户文件。

磁盘上未用但可用的放标记为"空簇",如FAT32的空簇标记为00000000H,当需要存放新文件时,操作系统按一定顺序将它们分配给文件。

虽然FAT记录了文件所用的磁盘空间信息,但是DOS引导扇区、两个FAT表、文件目录表等磁盘空间并不由FAT中的簇表示,FAT只与DATA区的空间相对应。

2.1.4 文件目录表

文件目录表(File Directory Table,FDT)是存储有关目录(文件夹)及文件信息的二维表,其中每一个目录项均占32个字节。

FAT文件系统的目录结构其实是一棵有向的从根到叶的树,即对于FAT分区内的任一文件(包括文件夹),均需从根目录寻址来找到。所以,目录(文件夹)存储结构的入口就是根目录。

根目录的FDT是高级格式时建立的,在根目录下,用户可以再创建不同的目录(文件夹)或文件,每个根目录以及各个子目录或文件都有自己的FDT。

1. FAT16的文件目录表

1) FAT16的根目录的文件目录表

根目录下的所有文件及其子目录,在根目录的文件目录表中都有一个"目录登记项"。每个目录登记项占用32个字节,分为8个区域,提供有关文件或子目录的信息。低版本的DOS或Windows系统下,在磁盘中,文件目录表的起始逻辑扇区为2×FAT扇区数+1,FDT所占用的扇区数=32×根目录允许的项数÷512。高版本的Windows中对根目录已经没有限制,而是把它作为一个普通的目录(或文件)来进行管理,由BPB指示其起始扇区。

如图 2.5 所示是 FDT 中一个文件目录登记项 32 个字节中各字节的内容及含义。

字节偏移	字节数	含义		
0x00～0x07	8	文件名		
0x08～0x0A	3	扩展名		
0x0B	1	属性	00000000B ——	读写
			00000001B ——	只读
			00000010B ——	隐藏
			00000100B ——	系统
			00001000B ——	卷标
			00010000B ——	子目录
			00100000B ——	归档
0x0C～0x15	10	系统保留		
0x16～0x17	2	文件最近修改时间		
0x18～0x19	2	文件最近修改日期		
0x1A～0x1B	2	文件数据的首簇号		
0x1C～0x1F	4	文件的长度		

图 2.5　FDT 中文件目录项内容及含义

① 对于短文件名,系统将文件名分成两部分进行存储,即主文件名＋扩展名。0x00～0x07 字节记录文件的主文件名,0x08～0x0A 记录文件的扩展名,取文件名中的 ASCII 码值。不记录主文件名与扩展名之间的".",主文件名不足 8 个字符以空白符(20H)填充,扩展名不足 3 个字符同样以空白符(20H)填充。

② 0x00 偏移处的取值若为 00H,表明目录项为空;若为 E5H,表明目录项曾被使用,但对应的文件或文件夹已被删除。文件名中的第一个字符若为"."或".."表示这个簇记录的是一个子目录的目录项。"."代表当前目录;".."代表上级目录。当删除文件时,除了将文件目录表中登记项的 0x00 偏移处改成 E5H,还要把该文件在 FAT 表的"簇链"中所对应的簇项全部清零。

③ 0x0B 的属性字段:可以看作系统将 0x0B 的一个字节分成 8 位,用其中的一位代表某种属性的有或无。这样,一个字节中的 8 位每位取不同的值就能反映各个属性的不同取值了。如 00000101 就表示这是个文件,属性是只读、系统。

④ 0x0C～0x15 在原 FAT16 的定义中是保留未用的。在高版本的 Windows 系统中有时也用它来记录修改时间和最近访问时间。那样其字段的意义和 FAT32 的定义是相同的,见后边 FAT32。

⑤ 0x16～0x17 中的时间＝小时×2048＋分钟×32＋秒/2。得出的结果换算成 16 进制填入即可。也就是:0x16 字节的 0～4 位是以 2 秒为单位的量值;0x16 字节的 5～7 位和 0x17 字节的 0～2 位是分钟;0x17 字节的 3～7 位是小时。

⑥ 0x18～0x19 中的日期＝(年份－1980)×512＋月份×32＋日,得出的结果换算成 16 进制填入即可。也就是:0x18 字节 0～4 位是日期数;0x18 字节 5～7 位和 0x19 字节 0 位是月份;0x19 字节的 1～7 位为年号,原定义中 0～119 分别代表 1980～2099,目前高版本的 Windows 允许取 0～127,即年号最大可以到 2107 年。

⑦ 0x1A～0x1B存放文件或目录的表示文件的首簇号,系统根据掌握的首簇号在FAT表中找到入口,然后再跟踪簇链直至簇尾,同时用0x1C～0x1F处字节判定有效性。就可以完全无误地读取文件(目录)了。

⑧ 普通子目录的寻址过程也是通过其父目录中的目录项来指定的,与数据文件(指非目录文件)不同的是目录项偏移0x0B的第4位置1,而数据文件为0。

⑨ 对于整个FAT分区而言,簇的分配并不完全总是分配干净的。如一个数据区为99个扇区的FAT系统,如果簇的大小设定为2扇区,就会有1个扇区无法分配给任何一个簇。这就是分区的剩余扇区,位于分区的末尾。有的系统用最后一个剩余扇区备份本分区的DBR,这也是一种好的备份方法。

⑩ 早的FAT16系统并没有长文件名一说,Windows操作系统已经完全支持在FAT16上的长文件名了。FAT16的长文件名与FAT32长文件名的定义是相同的,关于长文件名,在FAT32部分再详细解释。

2) 子目录结构

DOS中采用层次目录结构,根目录下可以包含文件和子目录,子目录下又可以包含文件或下级子目录。整个目录结构好像一棵倒过来的树,所以称为树型目录结构。

一个子目录也占一个文件目录项,只不过它的属性字节为10H(二进制表示为00010000B),文件长度字节为0。一个子目录的内容是若干个文件目录项或下级目录项。

当前目录为子目录时,使用DIR列文件目录,通常可以看到前两项特殊文件。"."表示当前子目录,".."表示上一级目录。

这两项同其他子目录一样也没有长度。"."项所报告的"首簇号"是子目录本身的起始簇号;".."项所报告的"首簇号"是上一级目录的起始簇号。如果上一级目录是根目录,则该簇号值被置成0。系统利用此结构来实现目录之间的双向联系,从而把整个文件系统联系在一起。

只有当文件需要时,系统才给文件分配数据区空间。存放数据的空间按每次一个簇的方式分配,分配时系统跳过已分配的簇,第一个遇到的空簇就是下一个将要分配的簇,此时系统并不考虑簇在磁盘上的物理位置。同时,文件删除后空出来的簇也可以分配给新的文件,这样做可使磁盘空间得到有效的利用。

可以说,数据区空间的使用是在文件分配表和文件目录表的统一控制下完成的,每个文件所有的簇在文件分配表中都是链接在一起的。

2. FAT32 的文件目录表

在FAT32文件目录表中,目录区中的文件目录项变化较多。一个目录项仍占用32字节,可以是文件目录项、子目录项、卷标项(仅根目录有)、已删除目录项、长文件名目录项等。目录项中原来在DOS下保留未用的10个字节都有了新的定义,如图2.6所示。全部32字节的定义及含义如表2.4所示。

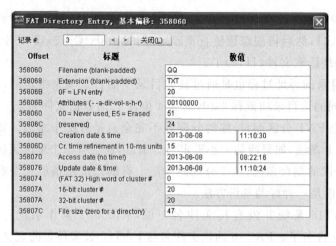

图 2.6 QQ.TXT 文件的目录项

表 2.4 FAT32 目录项内容及含义

字节偏移	字节数	含义		备注
0x00～0x07	8	文件名		
0x08～0x0A	3	扩展名		
0x0B	1	属性	00000000B：读写	在短文件名中目录项不可取值 0xFH，如果该值为 0xFH，则表示目录项为长文件名
			00000001B：只读	
			00000010B：隐藏	
			00000100B：系统	
			00001000B：卷标	
			00010000B：子目录	
			00100000B：归档	
0x0C	1	系统保留		
0x0D	1	创建时间的 10 毫秒位		
0x0E～0x0F	2	文件创建时间		
0x10～0x11	2	文件创建日期		
0x12～0x13	2	文件最后访问日期		
0x14～0x15	2	文件起始簇号的高 16 位		
0x16～0x17	2	文件最近修改时间		
0x18～0x19	2	文件最近修改日期		
0x1A～0x1B	2	文件起始簇号的低 16 位		
0x1C～0x1F	4	文件的长度		

1) FAT32 短文件名格式目录项及其含义

① 这是 FAT32 短文件格式目录项的意义。其中文件名、扩展名、时间、日期的算法

和 FAT16 是相同的。

② 由于 FAT32 可寻址的簇号到了 32 位二进制数,所以系统在记录文件(文件夹)开始簇地址的时候也需要用 32 位来记录,FAT32 启用目录项偏移 0x14~0x15 来表示起始簇号的高 16 位。

③ 文件长度依然用 4 个字节表示,这说明 FAT32 依然只支持小于 4GB 的文件(目录),超过 4GB 的文件(目录),系统会截断处理。

2) FAT32 长文件名格式目录项及其含义

FAT32 的一个重要的特点是完全支持长文件名。长文件名依然是记录在目录项中的。为了低版本的 OS 或程序能正确读取长文件名文件,系统自动为所有长文件名文件创建了一个对应的短文件名,使对应数据既可以用长文件名寻址,也可以用短文件名寻址。不支持长文件名的 OS 或程序会忽略它认为不合法的长文件名字段,而支持长文件名的 OS 或程序则会以长文件名为显式项来记录和编辑,并隐藏起短文件名。FAT32 长文件目录项字节的含义如图 2.7 所示。

① 当创建一个长文件名文件时,系统会自动加上对应的短文件名,其一般性原则如下。

取长文件名的前 6 个字符加上"~1"形成短文件名,扩展名不变。如果已存在这个文件名,则符号"~"后的数字递增,直到 5。

字节偏移(16进制)	字节数	定义
0x0	1	属性字节位意义: 7 保留未用 / 6 1表示长文件名最后一个目录项 / 5 保留未用 / 4 / 3 顺序号数值 / 2 / 1 / 0
0x1~0xA	10	长文件名Unicode码①
0xB	1	长文件名目录项标志,取值0FH
0xC	1	系统保留
0xD	1	校验值(根据短文件名计算得出)
0xE~0x19	12	长文件名Unicode码②
0x1A~0x1B	2	文件起始簇号(目前常置0)
0x1C~0x1F	4	长文件名Unicode码③

图 2.7 FAT32 长文件目录项字节的表示及含义

如果文件名中"~"后面的数字达到 5,则短文件名只使用长文件名的前两个字母。通过数学操纵长文件名的剩余字母生成短文件名的后四个字母,然后加后缀"~1"直到最后(如果有必要,或是其他数字以避免重复的文件名)。如果存在老 OS 或程序无法读取的字符,换以"_"。

② 长文件名的实现有赖于目录项偏移为 0xB 的属性字节,当此字节的属性为只读、隐藏、系统、卷标,即其值为 0FH 时,DOS 和 WIN32 会认为其不合法而忽略其存在。这正是长文件名存在的依据。将目录项的 0xB 置为 0F,其他就任由系统定义了,Windows 9x 或 Windows 2000/XP 通常支持不超过 255 个字符的长文件名。系统将长文件名以 13 个字符为单位进行切割,每一组占据一个目录项。所以可能一个文件需要多个目录项,这时长文件名的各个目录项按倒序排列在目录表中,以防与其他文件名混淆。

③ 长文件名中的字符采用 Unicode 形式编码,每个字符占据 2 字节的空间。其目录项定义如图 2.7 所示。

④ 系统在存储长文件名时,总是先按倒序填充长文件名目录项,然后紧跟其对应的短文件名。从图 2.7 可以看出,长文件名中并不存储对应文件的文件开始簇、文件大小、各种时间和日期属性。文件的这些属性还是存放在短文件名目录项中,一个长文件名总是和其相应的短文件名一一对应,短文件名没有了长文件名还可以读,但长文件名如果没有对应的短文件名,不管什么系统都将忽略其存在,所以短文件名是至关重要的。在不支持长文件名的环境中对短文件名中的文件名和扩展名字段作更改,都会使长文件名形同

虚设。长文件名和短文件名之间的联系光靠它们之间的位置关系维系显然远远不够。其实,长文件名的 0xD 字节的校验和起很重要的作用,此校验和是用短文件名的 11 个字符通过一种运算方式来得到的。系统根据相应的算法来确定相应的长文件名和短文件名是否匹配,如果通过短文件名计算出来的校验和与长文件名中的 0xD 偏移处数据不相等,系统无论如何都不会将它们配对的。

2.1.5 数据

该区域用于实际存储文件数据,其组织与管理由系统根据前面 4 个区域的内容来完成。文件在文件数据区存放的起始位置存放在其对应目录下的 FDT 表中,当文件的长度大于一个簇时,文件数据区的后续位置保存在 FAT 表中,即对应的 FAT 单元中的数值就是文件的后续部分所存放位置的簇号。每个簇占用的扇区可以从 BPB 表中得到,计算存储文件扇区的地址时,应该将其值减 2。

2.1.6 应用实例

在一个文件系统为 FAT32 的 U 盘根目录下建立一个文本文件,文件名为 QQQ.TXT。这个 U 盘的 BPB 参数如图 2.8 所示。从 BPB 中可以查到该 U 盘的簇的大小为 8 个扇区,即 4KB。

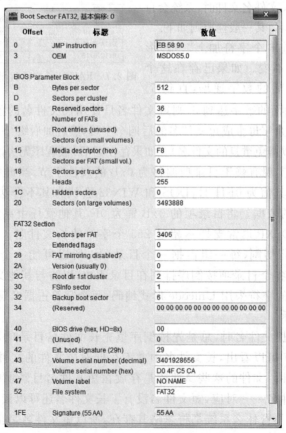

图 2.8　BPB 参数模板

QQQ.TXT 目录表项模板如图 2.9 所示。

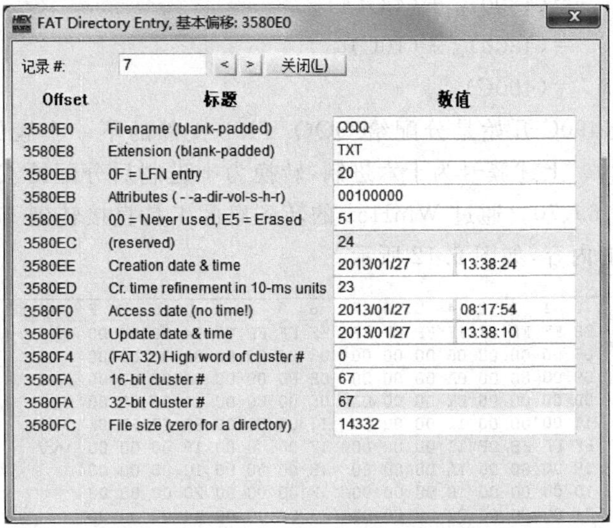

```
FAT Directory Entry, 基本偏移: 3580E0
记录 #:  7    <  >  关闭(L)

Offset      标题                              数值
3580E0      Filename (blank-padded)          QQQ
3580E8      Extension (blank-padded)         TXT
3580EB      0F = LFN entry                   20
3580EB      Attributes ( - -a-dir-vol-s-h-r) 00100000
3580E0      00 = Never used, E5 = Erased     51
3580EC      (reserved)                       24
3580EE      Creation date & time             2013/01/27   13:38:24
3580ED      Cr. time refinement in 10-ms units  23
3580F0      Access date (no time!)           2013/01/27   08:17:54
3580F6      Update date & time               2013/01/27   13:38:10
3580F4      (FAT 32) High word of cluster #  0
3580FA      16-bit cluster #                 67
3580FA      32-bit cluster #                 67
3580FC      File size (zero for a directory) 14332
```

图 2.9   QQQ.TXT 的目录表项的模板

该文本文件文件名为 QQQ.TXT，共 16KB。如图 2.10 所示是 QQQ.TXT 的目录项的内容。

```
003580E0   51 51 51 20 20 20 20 20 54 58 54 20 18 17 CC 6C   QQQ      TXT  Ìl
003580F0   3B 42 3B 42 00 00 C5 6C 3B 42 43 00 FC 37 00 00   ;B;B  Ål;BC ü7
```

图 2.10   QQQ.TXT 的目录项

FAT32 的文件目录项是用 32 个字节表示，从"51 51 51"开始到后面的"00 00"就是 QQQ.TXT 的目录项。

"51 51 51 20 20 20 20 20 54 58 54"：   文件名为 QQQ.TXT
"20"：   文件的属性为"归档"
"18"：   保留
"17"：   文件创建时间的 10 毫秒位
"CC 6C"：   文件的创建时间
"3B 42"：   文件创建日期
"3B 42"：   文件最后访问日期
"00 00"：   文件起始簇号的高 16 位
"C5 6C"：   文件最近修改时间
"3B 42"：   文件最近修改日期
"43 00"：   文件起始簇号的低 16 位
"FC 37 00 00"：   文件的长度

从 FDT 项可以看出，QQQ.TXT 文件长度为 14 332 字节，通过 BPB 得知簇的大小为 4KB，故该文件共占用 4 个簇，起始簇号为"43"。分配给文件的其他簇号可以在 FAT 表中查到。通过公式计算 QQQ.TXT 的文件存储地址在 FAT 表中的偏移地址：

$$\text{FAT 表偏移地址} = (\text{FAT 起始地址})_{16} + (\text{文件起始簇号} \times \text{FAT 表长度字节数})_{16}$$
$$= (4800)_{16} + (43 \times 4)_{16}$$
$$= (4800)_{16} + (10C)_{16}$$
$$= (490C)_{16}$$

即在偏移地址 490C 开始是分配给 QQQ.TXT 文件的下一个簇的簇号,即 44、45、46(如图 2.11 所示)。上述簇号为十六进制,转换为十进制后分配给 QQQ.TXT 文件的簇号分别为 67、68、69、70。通过 WinHex 的转到扇区工具直接转到 67~70 号簇。可以看到 QQQ.TXT 的内容,如图 2.12 所示。

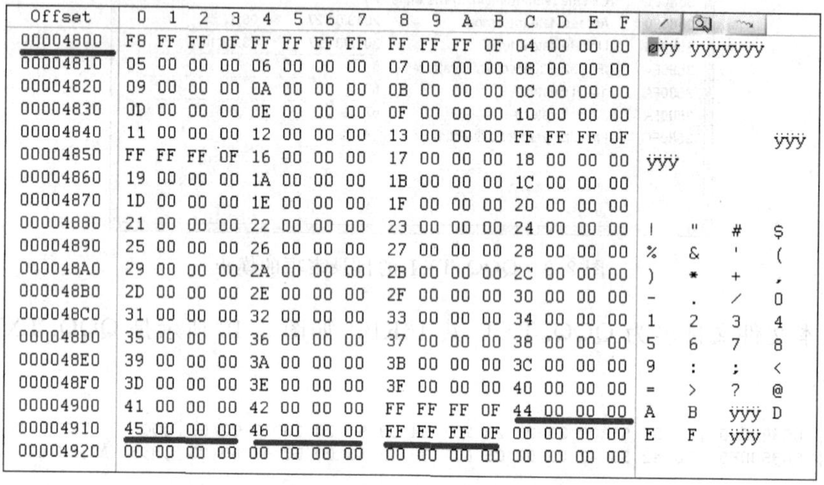

图 2.11 文件 QQQ.TXT 的 FAT 链表

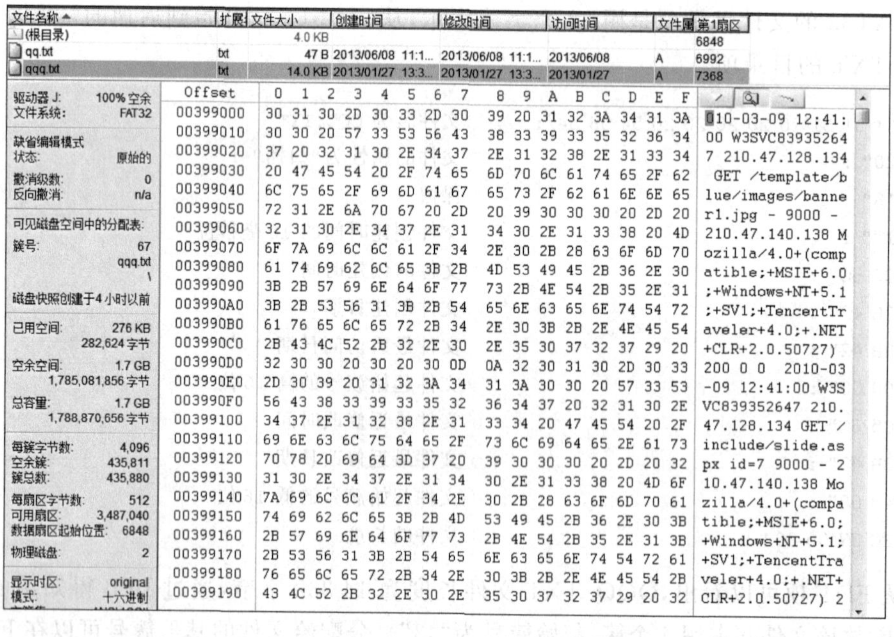

图 2.12 文件 QQQ.TXT 的部分内容

2.1.7 文件的删除与恢复

FAT 文件系统对文件的删除有两种方式,一种是逻辑删除,即将被删除的文件移入回收站,这种情况是可以通过系统本身还原的。另外一种是物理删除,即将文件彻底删除,这样的删除就需要通过工具才能恢复。

1. 文件的逻辑删除

逻辑删除,即将被删除的文件移入回收站。仍然以 QQQ.TXT 为例,分析文件被移入回收站后 FDT 表、FAT 表以及数据区的变化情况。首先比较 FDT,文件删除前的 FDT 如图 2.13 所示,文件删除后的 FDT 如图 2.14 所示。

```
003580E0  51 51 51 20 20 20 20 20  54 58 54 20 18 17 CC 6C  QQQ      TXT  Ì1
003580F0  3B 42 3B 42 00 00 C5 6C  3B 42 43 00 FC 37 00 00  ;B;B  Å1;BC ü7
```

图 2.13 文件删除前的 FDT

```
003580E0  E5 51 51 20 20 20 20 20  54 58 54 20 18 17 CC 6C  åQQ      TXT  Ì1
003580F0  3B 42 3B 42 00 00 C5 6C  3B 42 43 00 FC 37 00 00  ;B;B  Å1;BC ü7
```

图 2.14 文件删除后的 FDT

从这两个图的对比中可以看到,文件 QQQ.TXT 删除后,其文件目录项中,第一个字节被改为"E5H",其他的所有字节都没有发生变化。这个"E5H",就是代表该文件已被删除。

下面比较 FAT,文件删除前的 FAT 如图 2.15 所示,文件删除后的 FAT 表中的变化如图 2.16 所示。

```
00004900  41 00 00 00 42 00 00 00  FF FF FF 0F 44 00 00 00  A   B   ÿÿÿ D
00004910  45 00 00 00 46 00 00 00  FF FF FF 0F 00 00 00 00  E   F   ÿÿÿ
00004920  00 00 00 00 00 00 00 00  00 00 00 00 00 00 00 00
```

图 2.15 文件删除前的 FAT

```
00004900  41 00 00 00 42 00 00 00  FF FF FF 0F 44 00 00 00  A   B   ÿÿÿ D
00004910  45 00 00 00 46 00 00 00  FF FF FF 0F 00 00 00 00  E   F   ÿÿÿ
00004920  00 00 00 00 00 00 00 00  00 00 00 00 00 00 00 00
```

图 2.16 文件删除后的 FAT

对比两图可以看出,FAT 表中没有发生任何变换,文件的首簇是"43 00 00 00"即偏移为"490C"开始(前面通过计算找到)占用连续的 4 个簇。该文件所占用的空间并没有真正"释放"出来。再到 DATA 中看到删除后数据仍然在相应的扇区中。

对于这个删除过程,可以这样理解,系统在删除文件时,将文件"移动"到"回收站",然后在将原来的 FDT 登记项改为"删除"状态,同时在回收站文件夹下建立一个类似于日志的文件,记录下一些相关的操作信息,以方便在打开回收站进行选择时显示一些必要的信息。

2. 文件的物理删除

下面是文件的物理删除后 FAT、FDT 和数据区发生的变化情况。

将文件 QQQ.TXT 彻底删除,首先比较 FDT 中的情况,文件删除前的 FDT 如图 2.17 所示,文件删除后的 FDT 如图 2.18 所示。

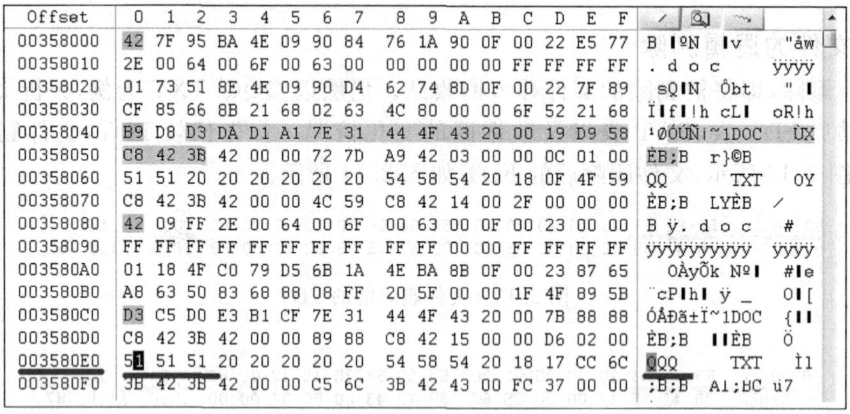

图 2.17 文件删除前的 FDT

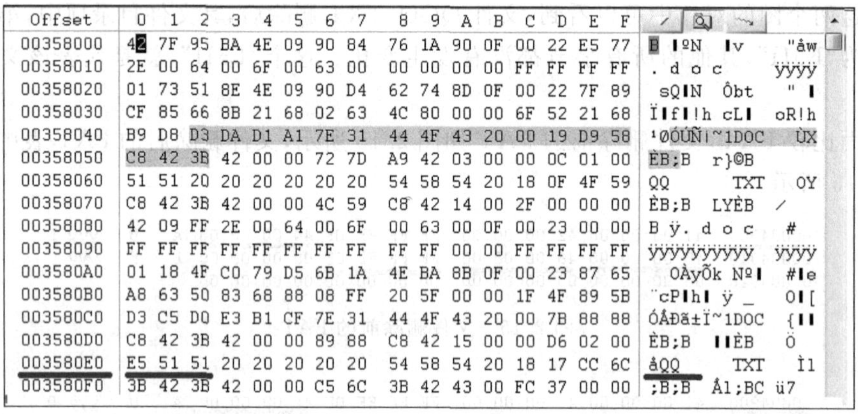

图 2.18 文件删除后的 FDT

从两图中对比 QQQ.TXT 文件的 FDT 位置可以看出的变化与逻辑删除的处理是相同的。第一个字节被改为"E5H",其他的字节都没有变化。

然后比较 FAT 表中的变化,FAT 表中文件物理删除前的 FAT 表如图 2.19 所示,文件删除后的 FAT 表如图 2.20 所示。

从两图的对比中可以看出,FAT 表中用于描述该文件的链"44 00 00 00 45 00 00 00 46 00 00 00 FF FF FF 0F"已经被清零,表示为空簇。这和逻辑删除的处理不相同。这时如果有文件写入该区,就极有可能把这些簇释放出来的空簇占用,从而覆盖这个文件曾经使用的空间。

再观察 DATA 区,并没有发生变化。尽管没有发生变化,对于系统来说,这些簇属于没有占用的空闲空间,随时都可以写入新的数据,这样,文件使用的空间就释放出来了,而

```
Offset    0  1  2  3  4  5  6  7   8  9  A  B  C  D  E  F
00004800  F8 FF FF 0F FF FF FF FF  FF FF FF 0F 04 00 00 00  øÿÿ ÿÿÿÿÿÿÿ
00004810  05 00 00 00 06 00 00 00  07 00 00 00 08 00 00 00
00004820  09 00 00 00 0A 00 00 00  0B 00 00 00 0C 00 00 00
00004830  0D 00 00 00 0E 00 00 00  0F 00 00 00 10 00 00 00
00004840  11 00 00 00 12 00 00 00  13 00 00 00 FF FF FF 0F              ÿÿÿ
00004850  FF FF FF 0F 16 00 00 00  17 00 00 00 18 00 00 00  ÿÿÿ
00004860  19 00 00 00 1A 00 00 00  1B 00 00 00 1C 00 00 00
00004870  1D 00 00 00 1E 00 00 00  1F 00 00 00 20 00 00 00
00004880  21 00 00 00 22 00 00 00  23 00 00 00 24 00 00 00  !   "   #   $
00004890  25 00 00 00 26 00 00 00  27 00 00 00 28 00 00 00  %   &   '   (
000048A0  29 00 00 00 2A 00 00 00  2B 00 00 00 2C 00 00 00  )   *   +   ,
000048B0  2D 00 00 00 2E 00 00 00  2F 00 00 00 30 00 00 00  -   .   /   0
000048C0  31 00 00 00 32 00 00 00  33 00 00 00 34 00 00 00  1   2   3   4
000048D0  35 00 00 00 36 00 00 00  37 00 00 00 38 00 00 00  5   6   7   8
000048E0  39 00 00 00 3A 00 00 00  3B 00 00 00 3C 00 00 00  9   :   ;   <
000048F0  3D 00 00 00 3E 00 00 00  3F 00 00 00 40 00 00 00  =   >   ?   @
00004900  41 00 00 00 42 00 00 00  FF FF FF 0F 44 00 00 00  A   B   ÿÿÿ D
00004910  45 00 00 00 46 00 00 00  FF FF FF 0F 00 00 00 00  E   F   ÿÿÿ
00004920  00 00 00 00 00 00 00 00  00 00 00 00 00 00 00 00
```

图 2.19 文件删除前的 FAT

```
Offset    0  1  2  3  4  5  6  7   8  9  A  B  C  D  E  F
00004800  F8 FF FF 0F FF FF FF FF  FF FF FF 0F 04 00 00 00  øÿÿ ÿÿÿÿÿÿÿ
00004810  05 00 00 00 06 00 00 00  07 00 00 00 08 00 00 00
00004820  09 00 00 00 0A 00 00 00  0B 00 00 00 0C 00 00 00
00004830  0D 00 00 00 0E 00 00 00  0F 00 00 00 10 00 00 00
00004840  11 00 00 00 12 00 00 00  13 00 00 00 FF FF FF 0F              ÿÿÿ
00004850  FF FF FF 0F 16 00 00 00  17 00 00 00 18 00 00 00  ÿÿÿ
00004860  19 00 00 00 1A 00 00 00  1B 00 00 00 1C 00 00 00
00004870  1D 00 00 00 1E 00 00 00  1F 00 00 00 20 00 00 00
00004880  21 00 00 00 22 00 00 00  23 00 00 00 24 00 00 00  !   "   #   $
00004890  25 00 00 00 26 00 00 00  27 00 00 00 28 00 00 00  %   &   '   (
000048A0  29 00 00 00 2A 00 00 00  2B 00 00 00 2C 00 00 00  )   *   +   ,
000048B0  2D 00 00 00 2E 00 00 00  2F 00 00 00 30 00 00 00  -   .   /   0
000048C0  31 00 00 00 32 00 00 00  33 00 00 00 34 00 00 00  1   2   3   4
000048D0  35 00 00 00 36 00 00 00  37 00 00 00 38 00 00 00  5   6   7   8
000048E0  39 00 00 00 3A 00 00 00  3B 00 00 00 3C 00 00 00  9   :   ;   <
000048F0  3D 00 00 00 3E 00 00 00  3F 00 00 00 40 00 00 00  =   >   ?   @
00004900  41 00 00 00 42 00 00 00  FF FF FF 0F 00 00 00 00  A   B   ÿÿÿ
00004910  00 00 00 00 00 00 00 00  00 00 00 00 00 00 00 00
```

图 2.20 文件删除后的 FAT

不是逻辑删除那样，只是进行一个“移动”操作。相应地，从回收站里也找不到被删除文件的丝毫踪迹。

因为 FAT 链已经被清空了，通过操作系统找回数据是不可能了。不过由于数据区的数据并没有被破坏，借助工具仍然可以恢复物理删除的文件。

2.2 NTFS 文件系统

NTFS 是在 1993 年随着 Windows NT 的第一个版本推出而面世的，NTFS 全称为 New Technology File System，是一个性能优良的文件系统。NTFS 基于可恢复文件结构而设计，它可使用户数据文件不会有丢失或毁坏的危险，适用于一些要求安全性能高、而且在磁盘上存储远远大于 FAT 文件系统所能处理的巨型文件等场合。

2.2.1 NTFS 文件系统特性

相对 FAT，NTFS 具有很多 FAT 所不具有的特性，主要有以下几点。

1. NTFS 卷

在 NTFS 文件系统中，使用"卷"这个术语来表示一个逻辑磁盘。卷可以是一个基本分区、一个扩展分区中的逻辑磁盘，或者是一个被视为非 DOS 分区的磁盘上的一部分空间。而且，一个卷可以被指定为一个逻辑驱动器的磁盘空间，它不必是一个磁盘上的相邻空间。

2. B-Tree 文件管理

NTFS 利用 B-Tree 文件管理方法来跟踪文件在磁盘上的位置。这种技术比在 FAT 文件系统中使用的链接表技术具备更多的优越性。文件名顺序存放，因而查找速度更快。在更大的卷上，B-Tree 会在宽度上增长，而不会在深度上增长，因此，当目录增大时，NTFS 并没有显示出明显的性能下降。

3. NTFS 具备很强的安全性

它既允许用户访问它们所需的一切，同时又不允许它们访问除此之外的任何文件。这通过将所有的文件和目录都作为对象，并为它们设置许可权限来实现。在必要的情况下，可以在每一个文件和用户级的层次上进行访问控制；另一方面，这样还有助于系统具有开放性。每一个能够正确登录到系统中的用户都可以获得它的资源。

4. NTFS 具有审核能力

它能够跟踪那些成功访问文件的目标以及试图访问一个文件或目录但失败了的目标。审核功能的确花费了一些开销。

5. NTFS 是一个可恢复的文件系统

在 NTFS 分区上用户很少需要运行磁盘修复程序。NTFS 通过使用标准的事物处理日志和恢复技术来保证分区的一致性。发生系统失败事件时，NTFS 使用日志文件和检查点信息自动恢复文件系统的一致性。

6. NTFS 支持对分区、文件夹和文件的压缩

任何基于 Windows 的应用程序对 NTFS 分区上的压缩文件进行读写时不需要事先由其他程序进行解压缩，当对文件进行读取时，文件将自动进行解压缩；文件关闭或保存时会自动对文件进行压缩。

7. NTFS 可以为共享资源、文件夹以及文件设置访问许可权限

许可的设置包括两方面的内容：一是允许哪些组或用户对文件夹、文件和共享资源进行访问；二是获得访问许可的组或用户可以进行什么级别的访问。访问许可权限的设置不但适用于本地计算机的用户，同样也应用通过网络的共享文件夹对文件进行访问的网络用户。与 FAT32 文件系统下对文件夹或文件进行访问相比，安全性要高得多。

另外，在采用 NTFS 格式中，应用审核策略可以对文件夹、文件以及活动目录对象进行审核，审核结果记录在安全日志中，通过安全日志就可以查看哪些组或用户对文件夹、文件或活动目录对象进行了什么级别的操作，从而发现系统可能面临的非法访问，通过采取相应的措施，将这种安全隐患减到最低。这些在 FAT32 文件系统下是不能实现的。

8. NTFS 文件系统可以进行磁盘配额管理

磁盘配额就是管理员可以为用户所能使用的磁盘空间进行配额限制，每一用户只能使用最大配额范围内的磁盘空间。设置磁盘配额后，可以对每一个用户的磁盘使用情况进行跟踪和控制，通过监测可以标识出超过配额报警阈值和配额限制的用户，从而采取相应的措施。磁盘配额管理功能的提供，使得管理员可以方便合理地为用户分配存储资源，避免由于磁盘空间使用的失控可能造成的系统崩溃，提高了系统的安全性。

9. 变更日志

NTFS 使用一个"变更"日志来跟踪记录文件所发生的变更。

2.2.2　NTFS 文件系统的高级特性

为了适应众多应用领域，NTFS 不但满足了其基本设计目标，如可恢复性、安全性和数据冗余与数据容错等要求，而且还具有其他一系列高级特性，如多数据流、基于 Unicode 的名称、通用索引机制、动态坏簇重映射、硬链接及软链接、文件压缩、日志记录、磁盘配额、链接跟踪、加密、POSIX 支持、碎片整理等。下面简要介绍部分高级特性。

1. 多数据流

在 NTFS 中，与文件相关的每个信息单元，包括文件名、文件的拥有者、文件的时间标记、文件的内容等，都是通过 NTFS 对象属性（NTFS Object Attribute）来实现的。这种统一实现便于向文件增加更多属性。因为文件的数据仅仅是一种属性且可以增加更多属性，所以 NTFS 文件可以包含多个数据流。

每个流都有其各自的分配大小（已预留的磁盘空间）、实际大小（实际使用了多少字节空间）以及有效的数据长度（初始化了多少数据流）等。另外，每个流都有一个单独的文件锁，用来锁定一定范围的字节并允许并发访问。为了降低处理开销，每个文件共享可共享文件锁而不是让每个文件的所有流都使用不同的文件锁。

NTFS 文件有一个默认数据流，该流没有名称。应用程序可以创建其他的具有名称的数据流，且可通过指定名称来访问这些数据流。为了避免改变用字符串作为文件名参数的 Win32 I/O API，可以通过在文件名后先加上":"再加上数据流名称来完成。这是因为冒号是保留字符，用来作为文件名和数据流名之间的分隔符，例如：

Mytext.txt:Stream2

NTFS 所特有的多数据流文件为许多应用程序（如高端服务器应用程序）提供了一种创造性的解决手段，例如支持 AppleMacintosh 文件系统等。但是，也应当注意，当混用 NTFS 和非 NTFS 文件系统时，也会造成一些兼容性问题。例如，当拷贝一个多数据流文件到非 NTFS 卷时，只拷贝了主要的流。这意味着丢失了额外的数据，即使再次拷贝回 NTFS 卷，它们也不能被恢复。

  Windows 资源管理器也使用多数据流。当右击一个 NTFS 文件并选择属性时，所产生的对话框中的摘要部分可以为该文件关联一些信息，如标题、主题、作者及关键词等，如图 2.21 所示。Windows 资源管理器将这些信息作为另一个名为摘要信息的流，加到文件中去。Windows 的资源管理器把这些信息保存为名为"？SummaryInformation"的数据流，名字中的问号代表一个不可打印的字符。其他程序也使用多数据流这一特点。例如，一个备份程序可以用一个额外的数据流来存储特定的时间信息。

  由于其他数据流不是文件的主要内容，很多应用程序及控制台命令都对其不加理会。如 Windows 资源管理器和控制台的 Dir 命令在显示文件大小时就只显示文件"默认数据流"的大小。不过可以使用 Echo 及 More 命令来对交错数据流进行实验，这两个命令受多数据流影响。

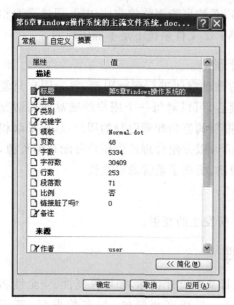

图 2.21 【文件属性】对话框

  在 NTFS 文件系统中还允许额外的数据流，即交换数据流文件 ADS（Alternative Data Stream），可以将一个文件作为另外一个文件的数据流嵌入文件中，用以隐藏敏感数据。另外它也是隐藏病毒的一种手段。例如，W2K.Stream 病毒就是利用 NTFS 多种数量的数据流特性进行传播，从而彻底打破了传统病毒的感染方式（传统病毒的感染方式是将病毒代码插入文件内部），引进了"流伙伴"病毒新概念，使计算机病毒发展到一个新的历程。

  下面通过一个例子看看如何将一个文件作为一个数据流隐藏在文件中。

  首先，建立一个带多数据流的文件：

Echo hello>file.txt:alternatestream

  如图 2.22 所示，这时用资源器或 dir 命令看到 file.txt 文件的大小是 0。

  但用 more 命令就可显示多数据流中的数据，如图 2.23 所示。

  通过资源管理器查看文件属性时看到的摘要信息中是看不到所加的多数据流内容的，因为摘要信息的多数据流都是以非 ASCII 的字符进行命名的。如果想查看文件及目录是否包含了多数据流，可以用 Stream 等查看流文件的工具软件进行查看。当将带有 ADS 数据流的文件复制到 FAT 文件系统时，数据流将丢失。

2. 完全支持 Unicode 编码

  NTFS 完全支持 Unicode 编码，使用 Unicode 字符来存储文件、目录和卷的名称。Unicode 是一种 16 位的字符编码方案，世界上每种主要语言中的每个字符都能被唯一地

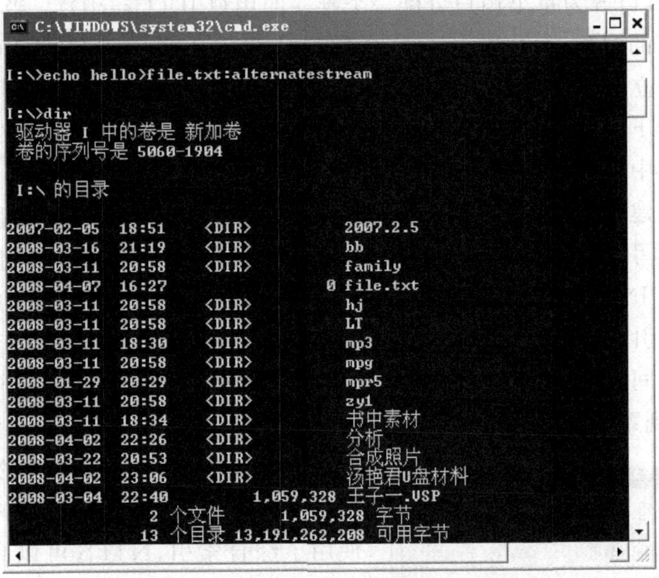

图 2.22 dir 命令显示结果

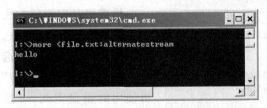

图 2.23 more 命令显示结果

表示,这有助于国际化。Unicode 与传统的国际字符相比是一种改进,传统的做法中有的字符用 8 位、而有的是用 16 位,且还需要加上编码表才可确定字符。因为 Unicode 对每个字符都有唯一的表示,所以不需要使用编码表。NTFS 路径名中的每个文件名或目录名的长度可达 255 个字节,其中可以包含 Unicode 字符、多个空格及多个圆点。

此外,由于 NTFS 文件系统支持长文件名,人们给文件命名时也不必受 8.3 节中介绍的命名规则限制,从而可以给文件起一个反映其意义的文件名。NTFS 支持向后兼容,甚至可以从新的长文件名中产生老式的短文件名。当文件写入可移动存储介质(如软盘)时,它自动采用 FAT 文件名和 FAT 文件系统。

3. 磁盘配额

所谓磁盘配额就是管理员可以对本域中的每个用户所能使用的磁盘空间进行定额限制,即每个用户只能使用最大定额范围内的磁盘空间。管理员可以方便地利用这个工具合理地分配存储资源,避免由于磁盘空间使用的失控可能造成的系统崩溃,从而提高了系统的安全性。磁盘配额只有 Windows 2000 以上的 NTFS 文件系统才能支持,所以不能在 NT4.0 的 NTFS 分区上设置磁盘配额。

NTFS 在"\＄Extend\＄Quota"元数据文件中存放配额信息,其中包括＄O 索引表和$Q索引表,NTFS为每个用户分配一个唯一的用户ID(UserID)。当管理员为一个用户指定配额信息的时候,NTFS就为这个用户分配一个对应于其SID的用户ID,并在$O索引表中建立一个从SID到用户ID的映射关系,存储的时候按照用户ID排序。在$Q索引表中,NFFS则会建立一个配额控制项,其中包含了这个用户的配额限制信息,以及用户在本卷中已经使用了的磁盘空间的数量。

当应用程序建立一个文件或目录的时候,NTFS首先获得该应用程序所属的用户SID,并在$O索引表中查找相应的用户ID,找到后将其记录在新建文件或目录的$STANDARD_INFORMATION属性中,计算出文件或目录所占用的磁盘空间,然后NTFS在$Q索引表中查找到相应的配额限制信息,看新文件或目录的建立是否会使用户使用的磁盘空间总数超过设置的警告及限制的界限,如果超过了,NTFS就会采取相应的措施(如记录到系统日志,阻止用户建立该文件或目录等)。当一个文件或目录的大小变更时,NTFS还更新相应的配额控制项,以使记录的信息与实际情况保持一致,并且,由于使用了综合索引,NTFS可以高效地把SID与用户ID联系起来,通过用户ID查找一个用户的配额控制信息也相当地迅捷。

设置磁盘配额的方法是在系统磁盘驱动器图标上单击鼠标右键,选择"属性"选项,单击"配额"选项进入"配额"选项面板,如图2.24所示。选择"启用磁配管理"。如果严格控制用户可使用的磁盘空间,可选择"将磁盘空间限制为"选项,并设置相关数字。接着单击"配额项"进入具体设置,在这里可新建配额项和修改配额项。全部设置结束之后单击"确定"按钮以启动磁盘配额。

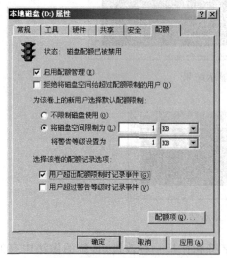

图2.24 磁盘"配额"选项面板

使用磁盘配额时应注意以下几点。

(1) 默认时,不使用磁盘配额跟踪,可以通过修改卷属性来完成。

(2) 设置磁盘配额可以对每个用户的磁盘使用情况进行跟踪和控制。这种跟踪是利用文件或文件夹的所有权来实现的。当一个用户在NTFS分区上拷贝或存储一个新的文件时,他就拥有这个文件的所有权,这时磁盘配额程序就将此文件的大小计入这个用户的磁盘配额空间。

(3) 磁盘配额不支持文件压缩,当磁盘配额程序统计磁盘使用情况时,都是统一按未压缩文件的大小来统计的,而不管它实际占用了多少磁盘空间。这主要是因为使用文件压缩时,不同的文件类型有不同压缩比,相同大小的两种文件压缩后大小可能截然不同。

(4) 当设置了磁盘配额之后,Windows 2000对于应用程序产生的关于分区的报告中所说的剩余空间,其实指的是当前这个用户的磁盘配额范围内的剩余空间。

(5) 磁盘配额程序对每个分区的磁盘使用情况是独立跟踪和控制的,而不论它们是否位于同一个物理磁盘上。

4. 压缩和加密

NTFS 的数据压缩功能能提供对单个文件、目录及分区的数据压缩以节约磁盘空间。由于这种压缩是文件系统级的，因此效率较高，而且被压缩的内容能被任何基于 Windows 2000/XP/Server 2003 的应用程序直接读写，无须解压缩软件。具备访问权限的用户访问加密数据时与访问其他内容毫无区别，而无访问权限的用户则被告知无权访问。如果没有加密用户的账号和密码，即使是具备计算机管理员权限的用户也无法访问。由于这两种属性都是基于文件系统的，所以只有分区被破坏或格式化才能被去除。具体加密方法是打开要加密的文件或文件夹的"属性"对话框，单击其"常规"页中的"高级"，勾选"高级属性"里的"加密内容以便保护数据"，如图 2.25 所示，单击"确定"按钮后，加密的文件/文件夹名会以绿色表示。这样，即使是管理员账户，也不能读取文件的内容了。

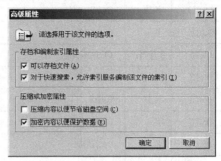

图 2.25 设置"压缩或加密"对话框

2.2.3 NTFS 文件系统结构

与 FAT 相同，NTFS 也使用"簇"作为最小的分配单位。簇的大小，也称为簇因子，由 NTFS 格式化程序确定。

NTFS 文件系统由 DBR、主文件表（MFT）、元数据文件组成。其中 DBR 功能与 FAT 文件系统相同；另外 NTFS 中有一个被称为卷的文件表，每一个文件都在这个文件表中占有一行，MFT 文件本身也在这个文件表中有相应的条目。有时，文件被分为若干个段，这时它在 MFT 表中就需要有多个记录。在这种情况下，MFT 表中指向这个文件的第一个记录被称为基文件记录，基文件记录中包含有 MFT 表中与这个文件有关的其他记录的位置。每一个卷都包含一个引导文件以及其他一系列文件，其中包含有卷上每一个文件的有关信息（这些文件被称为元数据文件），这些文件共同构成文件系统。

1. NTFS 的 DBR

对于基本卷和简单卷，NTFS 的引导扇区与 FAT 的引导扇区作用相同，由 MBR 引导至活动分区的 DBR，再由 DBR 引导操作系统。对于 Windows NT/2000/XP/2003，由 DBR 调入 NTLDR，再由 NTLDR 调入系统内核。NTFS 的 DBR 如图 2.26 所示。

图 2.26 NTFS 的 DBR

图 2.26 中 BPB 参数的含义如表 2.5 所示。

表 2.5 BPB 参数表

字节偏移	长度	常用值	意义
0x0B	字	0x0002	每扇区字节数
0x0D	字节	0x08	每簇扇区数
0x0E	字	0x0000	保留扇区
0x10	3字节	0x000000	总为0
0x13	字	0x0000	NTFS 未使用,为0
0x15	字节	0xF8	介质描述
0x16	字	0x0000	总为0
0x18	字	0x3F00	每磁道扇区数
0x1A	字	0xFF00	磁头数
0x1C	双字	0x3F000000	隐含扇区,指本分区之前使用的扇区
0x20	双字	0x00000000	NTFS 未使用,为0
0x24	双字	~80008000	总是80
0x28	8字节	0x526DFF0000000000	扇区总数
0x30	8字节	0x000C000000000000	$MFT 的起始逻辑簇号
0x38	8字节	0x526DFF0000000000	$MFTMirr 的起始逻辑簇号
0x40	双字	0xF6000000	每 MFT 记录簇数,注意该参数为带符号数,当其是负数时,说明每个文件记录的大小要小于每簇扇区数
0x44	双字	0x01000000	每索引簇数
0x48	8字节	0x03E28F3814903866	卷标
0x50	双字	0x00000000	检验和

2. NTFS 的元文件

在 NTFS 文件系统中,文件通过主文件表(Master File Table,MFT)来确定其在磁盘上的存储位置。主文件表是一个对应的数据库,由一系列的文件记录组成,卷中每一个文件都有一个文件记录(对于大型文件还可能有多个记录与之相对应),其中第一个文件记录称为基本文件记录,用来存储其他扩展文件记录的一些信息。主文件表本身也有它自己的文件记录。

NTFS 卷上的每个文件都有一个 64 位(bit)称为文件引用号(File Reference Number,文件索引号)的唯一标识。文件引用号由两部分组成:一是文件号,二是文件顺序号。文件号为 48 位,对应于该文件在 MFT 中的位置。文件顺序号随着每次文件记录的重用而增加,这是为 NTFS 进行内部一致性检查而设计的。

NTFS 使用逻辑簇号(Logical Cluster Number,LCN)和虚拟簇号(Virtual Cluster Number,VCN)来对簇进行定位。LCN 是对整个卷中所有的簇从头到尾所进行的简单编号。用卷因子乘以 LCN,NTFS 就能够得到卷上的物理字节偏移量,从而得到物理磁盘地址。VCN 则是对属性特定文件的簇从头到尾进行编号，以便于引用文件中的数据。VCN 可以映射成 LCN，而不必要求在物理上连续。

NTFS 的目录只是一个简单的文件名和文件引用号的索引，如果目录的属性列表小于一个记录的长度，那么该目录的所有信息都存储在主文件表的记录中，对于大于记录的目录则使用 B+Tree 进行管理。主文件表的基本文件记录中有一个指针指向一个存储非常驻的索引缓冲，包括该目录下所有下一级子目录和文件的外部簇，而 B+Tree 结构便于大型目录中文件和子目录的快速查找。在 NTFS 中，所有存储在卷上的数据都包含在文件中，包括用来定位和获取文件的数据结构、引导程序以及记录卷自身大小和使用情况的位图文件。这体现了 NTFS 的原则：磁盘上的任何事物都为文件。在文件中存储一切使得文件系统很容易定位和维护数据。文件通过主文件表来确定其在磁盘上的存储位置。

NTFS 分区各区域关系如图 2.27 所示。

| 分区引导扇区 | 主文件表 | 系统文件 | 文件区域 |

图 2.27　NTFS 分区的区域划分

MFT 中的文件记录大小一般是固定的，不管簇的大小是多少，均为 1KB。文件记录在 MFT 文件记录数组中物理上是连续的，且从 0 开始编号，所以 NTFS 可以看作是预定义文件系统。

MFT 仅供系统本身组织、架构文件系统使用，这在 NTFS 中称为元数据（Metadata，是存储在卷上支持文件系统格式管理的数据）。它不被应用程序访问，只能为系统提供服务。其中最基本的前 16 个记录是操作系统使用的非常重要的元数据文件。这些元数据文件的名字都以"$"开始，是隐藏文件，在 Windows NT/2000/XP/2003 中不能使用 dir 命令像普通文件一样列出。不过微软公司也提供了一个 OEM TOOL，叫做 NFI.EXE，用此工具可以显示 NTFS 主文件表的重要的元数据文件，也可以用工具软件显示元数据文件，如图 2.28 是用 Runtime's Disk Explorer for NTFS 软件显示的结果。

Windows 2000 以上版本的操作系统中所有的元文件如表 2.6 所示。

表 2.6　NTFS 文件系统的元文件

序号	元文件	功能	序号	元文件	功能
0	$MFT	主文件表本身	9	$Secure	安全文件
1	$MFTMirr	主文件表的部分镜像	10	$UpCase	大写文件
2	$LogFile	日志文件	11	$Extend metadata directory	扩展元数据目录
3	$Volume	卷文件	12	$Extend\$Reparse	重解析点文件
4	$AttrDef	属性定义列表	13	$Extend\$UsnJrnl	变更日志文件
5	$Root	根目录	14	$Extend\$Quota	配额管理文件
6	$Bitmap	位图文件	15	$Extend\$ObjId	对象 ID 文件
7	$Boot	引导文件	16~23		保留
8	$BadClus	坏簇文件	23+		用户文件和目录

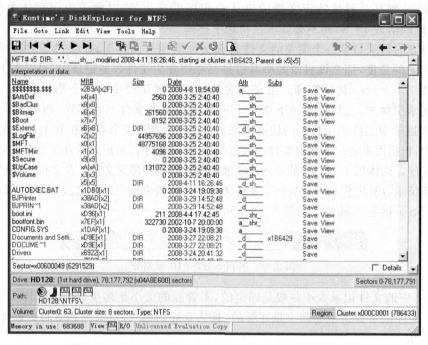

图 2.28 Runtime's DiskExplorer for NTFS 显示的元文件

每个 MFT 记录都对应着不同的文件。如果一个文件有很多属性或是分散成很多碎片,就很可能需要多个文件记录。这时,存放其文件记录位置的第一个记录就称作"基本文件记录"(base file record)。

MFT 中的第 1 个记录就是 MFT 自身。由于 MFT 文件本身的重要性,为了确保文件系统结构的可靠性,系统专门为它准备了一个镜像文件($MftMirr),也就是 MFT 中的第 2 个记录。

第 3 个记录是日志文件($LogFile)。该文件是 NTFS 为实现可恢复性和安全性而设计的。当系统运行时,NTFS 就会在日志文件中记录所有影响 NTFS 卷结构的操作,包括文件的创建和改变目录结构的命令,例如复制,从而在系统失败时能够恢复 NTFS 卷。

第 4 个记录是卷文件($Volume),它包含了卷名、被格式化的卷的 NTFS 版本和一个标明该磁盘是否损坏的标志位(NTFS 系统以此决定是否需要调用 Chkdsk 程序来进行修复)。

第 5 个记录是属性定义表($AttrDef,attribute definition table),其中存放了卷所支持的所有文件属性,并指出它们是否可以被索引和恢复等。

第 6 个记录是根目录(\),其中保存了存放于该卷根目录下所有文件和目录的索引。在访问了一个文件后,NTFS 就保留该文件的 MFT 引用,第二次就能够直接进行对该文件的访问。

第 7 个记录是位图文件($Bitmap)。NTFS 卷的分配状态都存放在位图文件中,其中每一位(bit)代表卷中的一簇,标识该簇是空闲的还是已被分配了的,由于该文件可以很容易被扩大,所以 NTFS 的卷可以很方便地动态的扩大,而 FAT 格式的文件系统由于涉及 FAT 表的变化,所以不能随意的对分区大小进行调整。

第 8 个记录是引导文件($Boot),它是另一个重要的系统文件,存放着 Windows 2000/XP 的引导程序代码。该文件必须位于特定的磁盘位置才能够正确地引导系统。该文件是在 Format 程序运行时创建的,这正体现了 NTFS 把磁盘上的所有事物都看成是文件的原则。这也意味着虽然该文件享受 NTFS 系统的各种安全保护,但还是可以通过普通的文件 I/O 操作来修改。

第 9 个记录是坏簇文件($BadClus),它记录了磁盘上该卷中所有的损坏的簇号,防止系统对其进行分配使用。

第 10 个记录是安全文件($Secure),它存储了整个卷的安全描述符数据。NTFS 文件和目录都有各自的安全描述符,为了节省空间,NTFS 将具有相同描述符的文件和目录存放在一个公共文件中。

第 11 个记录为大写文件($UpCase,upper case file),该文件包含一个大小写字符转换表。

第 12 个记录是扩展元数据目录($Extended metadata directory)。

第 13 个记录是重解析点文件($Extend\$Reparse)。

第 14 个记录是变更日志文件($Extend\$UsnJrnl)。

第 15 个记录是配额管理文件($Extend\$Quota)。

第 16 个记录是对象 ID 文件($Extend\$ObjId)。

第 17~23 个记录是系统保留记录,用于将来扩展。

那么 NTFS 到底是怎么通过 MFT 来访问卷的呢? 首先,当 NTFS 访问某个卷时,它必须"装载"该卷,NTFS 会查看引导文件(在图 2.28 中的 $Boot 元数据文件定义的文件),找到 MFT 的物理磁盘地址。然后它就从文件记录的数据属性中获得 VCN 到 LCN 的映射信息,并存储在内存中。这个映射信息定位了 MFT 的运行(run 或 extent)在磁盘上的位置。接着,NTFS 再打开几个元数据文件的 MFT 记录,并打开这些文件。如有必要 NTFS 开始执行它的文件系统恢复操作。在 NTFS 打开了剩余的元数据文件后,用户就可以开始访问该卷了。

3. 文件和文件夹记录

NTFS 将文件作为属性/属性值的集合来处理,这一点与其他文件系统不一样。文件数据就是未命名属性的值,其他文件属性包括文件名、文件拥有者、文件时间标记等。

每个属性由单个的流(stream)组成,即简单的字符队列。严格地说,NTFS 并不对文件进行操作,而只是对属性流进行读写。NTFS 提供对属性流的各种操作:创建、删除、读取(字节范围)以及写入(字节范围)。读写操作一般是针对文件的未命名属性的,对于已命名的属性则可以通过已命名的数据流句法来进行操作。

一个文件通常占用一个文件记录。然而,当一个文件具有很多项属性值或很零碎的时候,就可能需要占用一个以上的文件记录。这种情况下,第一个文件记录是其基本的文件记录,存储该文件需要的其他文件记录的位置。小文件和文件夹将全部存储在文件的

MFT 记录里。

文件夹记录包括索引信息,小文件夹记录完全存储在 MFT 结构内,然而大的文件夹则被组织成 B+Tree 结构,用一个指针指向一个外部簇,该簇用来存储那些 MFT 内存储不了的文件夹的属性。

NTFS 卷上文件的常用属性在表 2.7 中列出(并不是所有文件都有所有这些属性)。

表 2.7 NTFS 卷上常用属性说明

属 性 名	属 性 描 述
$STANDARD_INFORMATION(标准信息)	标准信息:包括基本文件属性,如只读、存档;时间标记,如文件的创建时间和最近一次修改的时间;有多少目录指向本文件(即它的硬链接数 hardlinkcount)
$ATTRIBUTE_LIST(属性列表)	属性列表:当一个文件需要使用多个 MFT 文件记录时,用来表示该文件的属性列表
$SFILE_NAME(文件名)	文件名:这是以 Unicode 字符表示的,由于 MS-DOS 不能正确识别 Win32 子系统创建的文件名,当 Win32 子系统创建一个文件时,NTFS 会自动生成一个备用的 MS-DOS 文件名,所以一个文件可以有多种文件名属性
$VOLUME_VERSION(卷版本)	卷版本号
$SECURITY_DESCRIPTOR(安全描述符)	安全描述符:这是为了向后兼容而保留的,主要用于保护文件以防止未授权访问,但是,Windows 2000/XP 已将所有文件的安全描述符存放在 $Secure 元数据文件中,以便于共享(NTFS 的早期版本将安全描述符与文件目录一起存放,这不利于共享)
$VOLUME_NAME(卷名)	卷名称或卷标识:仅存在于 $Volume 元数据文件中
$VOLUME_INFORMATION(卷信息)	卷信息:仅存在于 $Volume 元数据文件中
$DATA(数据)	文件数据:这是文件的内容(在 NTFS 文件系统中,一个文件除了支持文件数据即未命名的属性外,还可支持其他命名属性,即可以有多个数据属性;目录没有默认的数据属性,但是有可选的命名数据属性)
$INDEX_ROOT(索引根)	索引根
$INDEX_ALLOCATION(索引分配)	索引分配
$BITMAP(位图)	位图
$SYMBOLIC_LINK(符号链接)	符号链接
$EA_INFORMATION(EA 信息)	扩充属性信息:主要为与 OS/2 兼容,现已使用不多
$EA	扩充属性:主要为与 OS/2 兼容,现已使用不多
$OBJECT_ID	对象 ID:一个具有 64 个字节的标识符,其中最低的 16 个字节对卷来说是唯一的(链接跟踪服务为外壳快捷方式及 OLE 链接源文件赋予对象 ID;NTFS 提供 API 来通过这些对象 ID 而不是文件名来打开文件

第 2 章 文件系统基础

续表

属 性 名	属 性 描 述
$REPARSE_POINT	重解析点：存储文件的重解析点数据（NTFS 的软链接与装配点都包括这个属性）
$LOGGED_UTILITY_STREAM	EFS 加密属性：主要为实现 EFS（Encrypted File System）而存储的有关加密的信息，如解码密钥、合法访问的用户列表等

4. 常驻属性与非常驻属性

当一个文件很小时，其所有属性和属性值可存放在 MFT 的文件记录中。当属性值能直接存放在 MFT 中时，该属性就称为常驻属性（Resident Attribute）。有些属性总是常驻的，这样 NTFS 才可以确定其他非常驻属性。例如，标准信息属性和根索引就总是常驻属性。

每个属性都是以一个标准头开始的，在头中包含该属性的信息和 NTFS 通常用来管理属性的信息。该头总是常驻的，并记录着属性值是否常驻，对于常驻属性，头中还包含着属性值的偏移量和属性值的长度。

如果属性值能直接存放在 MFT 中，那么 NTFS 对它的访问时间就将大大缩短。NTFS 只需访问磁盘一次，就可立即获得数据；而不必像 FAT 文件系统那样，先在 FAT 表中查找文件，再读出连续分配的单元，最后找到文件的数据。

小文件或小文件目录的所有属性，均可以在 MFT 中常驻。例如，新建立一个文本文件，文件名为"little.txt"，文件内容如图 2.29 所示。

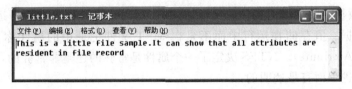

图 2.29 little.txt 文件内容

如通过 NFI 查看文件"little.txt"的文件记录号为 36，显示内容如下：

```
File 36
\little.txt
$STANDARD_INFORMATION (resident)
$FILE_NAME (resident)
$FILE_NAME (resident)
$DATA (resident)
```

从中可以看出文件的全部属性都是常驻属性，包括 DATA 属性，没有非常驻属性，用 WINHEX 打开 MFT，查看该文件记录，如图 2.30 所示。

大文件或大文件目录的所有属性，就不可能都常驻在 MFT 中。如果一个属性（如文件数据属性）太大而不能存放在只有 1KB 的 MFT 文件记录中，那么 NTFS 将从 MFT 之外分配区域。这些区域通常称为一个运行（run）或一个盘区（extent），它们可用来存储属

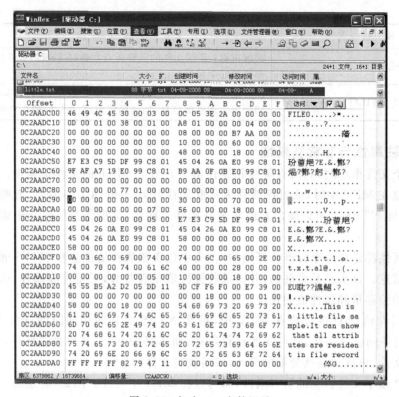

图 2.30 little.txt 文件记录

性值,如文件数据。如果以后属性值又增加,那么 NTFS 将会再分配一个运行,以便用来存储额外的数据。值存储在运行中而不是在 MFT 文件记录中的属性称为非常驻属性(Nonresident Attribute)。NTFS 决定了一个属性是常驻的还是非常驻的,而属性值的位置对访问它的进程而言是透明的。

当一个属性为非常驻时,如大文件的数据,它的头部包含了 NTFS 需要在磁盘上定位该属性值的有关信息。如图 2.31 显示了一个存储在两个运行中的非常驻属性。

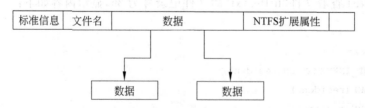

图 2.31 存储在两个运行中的非常驻属性

在标准属性中,只有可以增长的属性才是非常驻的。对文件来说,可增长的属性有数据、属性列表等。标准信息和文件名属性总是常驻的。

一个大文件目录也可能包括非常驻属性(或属性部分),如图 2.32 所示。在该例中,MFT 文件记录没有足够空间来存储大文件夹目录的文件索引。其中,一部分索引存放在索引根属性中,而另一部分则存放在"索引缓冲区"(Index Buffer)的非常驻运行中。索引根的头及部分值应该是常驻的。

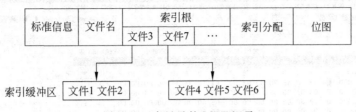

图 2.32 大目录的 MFT 记录

当一个文件(或目录)的属性不能放在一个 MFT 文件记录中,而需要分开分配时,NTFS 通过 VCN-LCN 之间的映射关系来记录运行(run)或盘区的情况。LCN 用来为整个卷中的簇按顺序从 0 到 n 进行编号,而 VCN 则用来对特定文件所用的簇按逻辑顺序从 0 到 m 进行编号。如图 2.33 显示了一个非常驻数据属性的运行所使用的 VCN 与 LCN 编号。

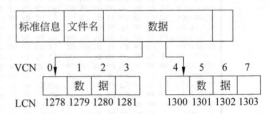

图 2.33 非常驻数据属性的 VCN 与 LCN

当该文件含有超过两个运行时,则第三个运行从 VCN8 开始,数据属性头部含有前两个运行 VCN 的映射,这便于 NTFS 对磁盘文件分配的查询。

虽然数据属性常常因太大而存储在运行中,但是其他属性也可能因 MFT 文件记录没有足够空间而需要存储在运行中。另外,如果一个文件有太多的属性而不能存放在 MFT 记录中,那么第二个 MFT 文件记录就可用来容纳这些额外的属性(或非常驻属性的头)。在这种情况下,一个叫作"属性列表"(Attribute List)的属性就加进来。属性列表包括文件属性的名称和类型代码以及属性所在 MFT 的文件引用。属性列表通常用于太大或太零散的文件,这种文件因 VCN-LCN 映射关系太大而需要多个 MFT 文件记录。具有超过 200 个运行的文件通常需要属性列表。

5. $MFT 文件结构分析

元文件 $MFT 是 NTFS 文件系统下最重要的一个文件,它记录着所有文件和目录的所有情况,包括卷的信息、启动文件、$MFT 文件本身等一切位于卷上的东西,记录着如文件名、安全属性、文件大小、存储位置等信息,类似于 FAT 文件系统下的 FAT+FDT 的功能,并存储着比 FAT+FDT 要多得多的文件属性。

元文件 $MFT 由一系列的文件记录组成,每个文件记录都由记录头和属性部分组成,由"FF FF FF FF"结束,一般大小为 1KB 或一个簇大小,其第一个扇区的内容如图 2.34 所示。

属性部分是可变长度区,以"FF FF FF FF"结束(严格来说,是当下一个属性以"FF FF FF FF"开始时表示属性部分结束),对于 1KB 长度的 MFT 记录,属性部分的起始偏移一般为 0x30。

每个文档属性除了有一个属性结构外,还有一个由该属性的实际值组成的被称为"流"的重要字节序列,元数据可访问该流。

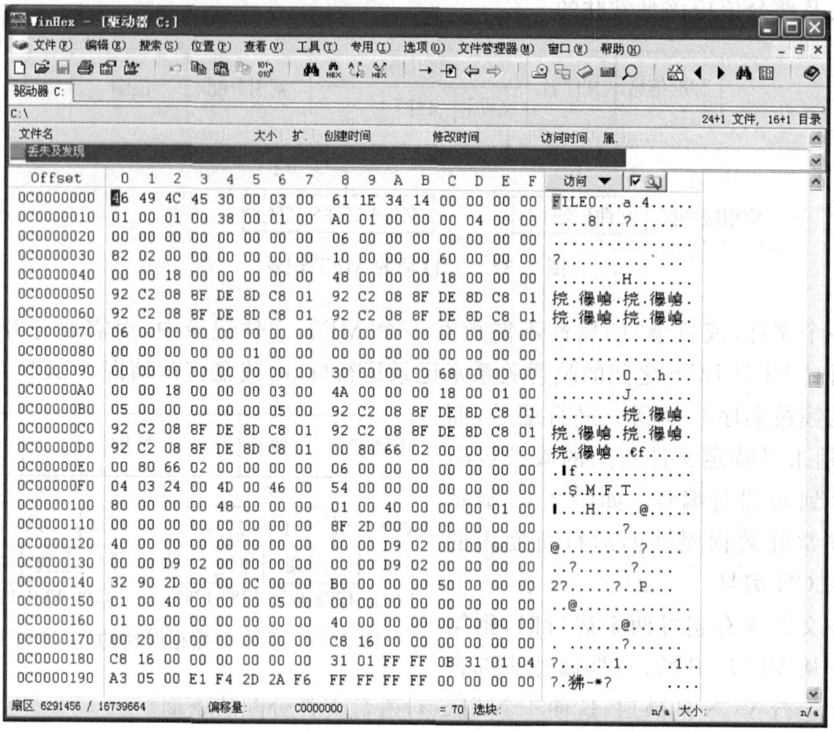

图 2.34 MFT 的首扇区

文件中的每个文件属性都可能会有一个名字,在这种情况下,在命令行方式下可以通过语法"文件名:属性名"来访问该流。为节省系统开支,Windows NT 在元数据文件 $AttrDef 中预定义有常用的文件属性,可直接使用。元数据文件 $AttrDef 的内容如图 2.35 所示。

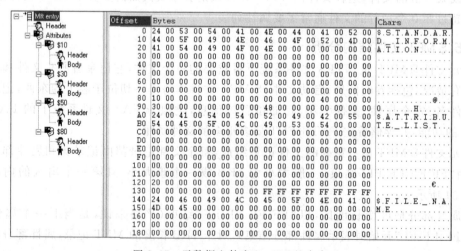

图 2.35 元数据文件 $AttrDef 的内容

从图 2.35 中可以看到,标准信息的属性名用 10H 表示,属性列表的属性名用 20H

表示,文件名的属性名用30H表示等,这样将常用属性名专门存放在一个文件中,可以大大节省系统开销。

每一个属性都分为两部分:标准的属性头和内容。

其中内容部分的结构总是以属性名开始(N字节长),在属性名之后定义该属性是否为常驻属性。当文件属性的数据流就在其属性名后时,它就是常驻属性,如果一个文件属性是非常驻的,那么其流就存储在一个或多个扩展或运行中。运行是一个在逻辑上连续的区域。为访问这些运行,NTFS紧跟在文件属性名后存储在一个称为运行列表的表中。属性头部结构如表2.8所示。

表 2.8 属性头部结构

偏移	长度(字节)	属 性
0X00	4	Type(类型)
0X04	4	Length(长度)
0X08	1	Non-residentflag
0X09	1	N=NameLength(文件名长度,00表示文件属性没有命名)
0XA0	2	Offset to the content part(相对内容部分偏移值)
0X0C	2	Compressed flag(压缩标志)
0X0E	2	Identificator(标识)
以下部分适用于常驻属性		
0X10	4	Length of the stream(流长度)
0X14	2	Offset to the stream(流偏移)
0X16	2	Indexedflag(索引标志)

(1) 文件记录头分析

首先,文件记录有一个头部,如图2.36所示,头部之后是属性流。

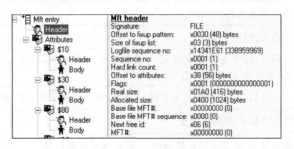

图 2.36 文件记录头部

文件记录的头部在整个文件记录中的位置如图2.37所示

文件记录由"46 49 4C 45"开始,即ASCII码的"FILE"开始,永远不变。在标志之后从偏移04H开始的两个字节"3000"表示固定头部大小,在这里为30H,即48个字节,这在一个分区里都是一致的;再之后从偏移06H开始的两个字节"0300"表示固定列表的大

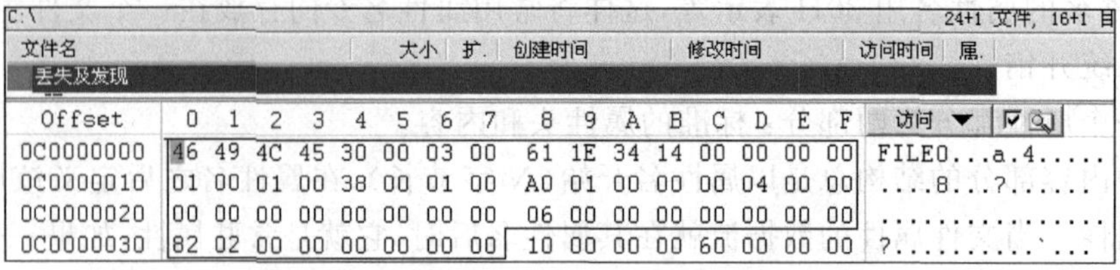

```
C:\                                                    24+1 文件, 16+1 目
文件名                    大小  扩  创建时间      修改时间      访问时间  属.
丢失及发现
Offset   0 1 2 3  4 5 6 7  8 9 A B  C D E F   访 ▼ ☑🔍
0C0000000 46 49 4C 45 30 00 03 00 61 1E 34 14 00 00 00 00 FILE0...a.4.....
0C0000010 01 00 01 00 38 00 01 00 A0 01 00 00 00 04 00 00 ....8...?.......
0C0000020 00 00 00 00 00 00 00 00 06 00 00 00 00 00 00 00 ................
0C0000030 82 02 00 00 00 00 00 00 10 00 00 00 60 00 00 00 ?...........`...
```

图 2.37 文件记录头部在文件记录中的位置

小,一般都为 3 个字节;从偏移 08H 开始的 8 个字节表示日志文件序列号;从偏移 10H 开始的两个字节表示序列号;从偏移 12H 开始的两个字节表示连接数;从偏移 14H 开始的两个字节表示第一个属性流的开始地址,这里表示第一个属性从偏移 38H 开始;从偏移 16H 开始的两个字节是标志字节,第一位是删除标志,为 0 表示删除、为 1 表示正常,第二位表示文件/目录,为 0 表示文件、为 1 表示目录,所以,00H 表示删除的文件、01H 表示正常的文件、02H 表示删除的目录、03H 表示正常的目录;从偏移 18H 开始的四个字节表示文件记录实际的大小,这里表示为 1A0H;从偏移 1CH 开始的四个字节表示文件记录分配的大小,这里表示为 400H,即 1KB;从偏移 20H 开始的四个字节表示文件记录所对应的基本文件记录的记录号,用于占用多个文件记录的记录,以及随后的四个字节,也用于多个文件记录的记录,表示本文件记录在记录序列中的序号,对于只使用一个文件记录的记录,两者都为 0,表示本记录是基本文件记录;从偏移 28H 开始的字节表示下一个自由 ID 号,如果要为文件记录增加属性,就用这个 ID 号;从偏移 30H 开始的两个字节表示本文件记录使用的两个扇区的末尾两个字节的值,即本文件记录所用两个扇区最后两个字节的值。如表 2.9 所示是 MFT 文件记录头部结构布局。

表 2.9 MFT 文件记录头部结构布局

偏移	长度	描述
0x00	4	固定值,一定是"FILE"
0x04	2	更新序列号偏移,与操作系统有关
0x06	2	固定列表大小
0x08	8	日志文件序列号
0x10	2	序列号(用于记录本文件记录被重复使用的次数,每次文件删除时加 1,跳过 0 值,如果为 0,则保持为 0)
0x12	2	硬连接数,只出现在基本文件记录中,目录所含项数要使用到它
0x14	2	第一个属性的偏移地址
0x16	2	标志字节,1 表示记录使用中,2 表示该记录为目录
0x18	4	文件记录实际大小
0x1C	4	文件记录分配大小
0x20	8	所对应的基本文件记录的文件参考号(扩展文件记录中使用,基本文件记录中为 0,在基本文件记录的属性列表 0x20 属性存储中扩展文件记录的相关信息)

续表

偏移	长度	描述
0x28	2	下一个自由 ID 号,当增加新的属性时,将该值分配给新属性,然后该值增加,如果 MFT 记录重新使用,则将它置 0,第一个实例总是 0
0x2A	2	边界,Windows XP 中使用,也就是本记录使用的两个扇区的最后两个字节的值
0x2C	4	Windows XP 中使用,本 MFT 记录号

(2) 标准属性分析

接着固定头部之后就是属性列表了,从上面的分析已经知道,第一个属性的起始偏移值是 38H,如图 2.38 所示。

```
0C0000020  00 00 00 00 00 00 00 00  06 00 00 00 00 00 00 00  ................
0C0000030  82 02 00 00 00 00 00 00  10 00 00 00 60 00 00 00  ?...........`...
0C0000040  00 00 18 00 00 00 00 00  48 00 00 00 18 00 00 00  ........H.......
0C0000050  92 C2 08 8F DE 8D C8 01  92 C2 08 8F DE 8D C8 01  挠.徫嶒.挠.徫嶒.
0C0000060  92 C2 08 8F DE 8D C8 01  92 C2 08 8F DE 8D C8 01  挠.徫嶒.挠.徫嶒.
0C0000070  06 00 00 00 00 00 00 00  00 00 00 00 00 00 00 00  ................
0C0000080  00 00 00 00 00 01 00 00  00 00 00 00 00 00 00 00  ................
0C0000090  00 00 00 00 00 00 00 00  30 00 00 00 68 00 00 00  ........0...h...
0C00000A0  00 00 18 00 00 00 03 00  4A 00 00 00 18 00 01 00  ........J.......
```

图 2.38 标准属性

相对本属性起始地址,从偏移 00H 开始的四个字节表示类型,即属性名,这里是 10H,在 $AttrDef 中,10H 表示标准属性。所有属性流都由头部和属性值组成,标准属性也一样,有一个标准的属性头,其头结构如表 2.10 所示。

表 2.10 标准属性的属性头结构

偏移	长度(字节)	值	描述
0x00	4	0x10	属性类型(10H,标准属性)
0x04	4	0x60	总长度(包括标准属性头头部本身)
0x08	1	0x00	非常驻属性
0x09	1	0x00	属性名的名称长度,00 表示文件属性没有命名
0xA0	2	0x18	属性名的名称偏移
0x0C	2	0x00	Compressed Flag(压缩标志)
0x0E	2	0x00	Identificator(标识)
0x10	4	L	属性长度
0x14	2	0x18	属性内容起始偏移
0x16	2	0x00	索引标志
0x17	1	0x00	填充
0x18	L	0xE0 …	从此处开始,共 L 字节为属性值

从偏移 04H 开始的四个字节表示本属性长度,包括头部,这里是 60H,即本属性长度为 96 个字节,从属性开始的 38H 算起,38H+60H=98H,所以下一个属性的起始偏移为

98H。接着往下看,从偏移 08H 开始的一个字节是非常驻标志,0 表示本属性值常驻,1 表示非常驻;从偏移 09H 开始的一个字节表示属性名长度,为 0 表示是 $AttrDef 中定义的标准属性;从偏移 0AH 开始的两个字节表示名称相对于本属性起始地址的偏移值,由于名称长度为 0,所以这里的值没有意义;从偏移 0CH 开始的两个字节是标志字节;从偏移 0EH 开始的两个字节是标识字;从偏移 0H 开始的四个字节表示常驻属性值的长度,此处为 48H,表示属性部分占用 48H,属性头为 18H,属性值为 48H,共计 18H＋48H＝60H,正是属性长度。第一个属性的属性头部信息如图 2.39 所示。

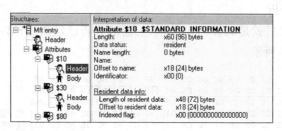

图 2.39 标准属性头

从偏移 14H 开始的两个字节表示相对属性起始地址的属性的起始偏移地址;从偏移 16H 开始的 1 个字节表示索引标志;从偏移 17H 开始的字节为填充字节;从偏移 18H 开始的 L（L 为属性长度）个字节为属性字节,所使用的偏移是相对于属性内容起始偏移的偏移,即相对于属性头起始偏移 0x18 处,相对于整个文件记录偏移 0x48 处,其意义如表 2.11 所示。

表 2.11 标准属性的属性结构

偏移	大小	操作系统	描 述
~	~		标准属性头(已经分析过)
0x00	8		CTIME　文件创建时间
0x08	8		ATIME　文件修改时间
0x10	8		MTIME　MFT 变化时间
0x18	8		RTIME　文件访问时间
0x20	4		文件属性(按照 DOS 术语来称呼,都是文件属性)
0x24	4		文件所允许的最大版本号(0 表示未使用)
0x28	4		文件的版本号(最大版本号为 0)
0x2C	4		类 ID(一个双向的类索引)
0x30	4	Windows 2000	所有者 ID(表示文件的所有者,是文件配额 $QUOTA 中 $O 和 $Q 索引的关键字,为 0 表示未使用磁盘配额)
0x34	4	Windows 2000	安全 ID 是文件 $SECURE 中 $SII 索引和 $SDS 数据流的关键字,注意不要与安全标识相混淆
0x38	8	Windows 2000	本文件所占用的字节数,它是文件所有流占用的总字节数,为 0 表示未使用磁盘配额
0x40	8	Windows 2000	更新系列号(USN),是到文件 $USNJRNL 的一个直接的索引,为 0 表示 USN 日志未使用

文件属性的含义如表 2.12 所示。

表 2.12 文件属性含义表

标志	二进制位	意义	标志	二进制位	意义
0x0001	0000000000000001	只读	0x0200	0000001000000000	稀疏文件
0x0002	0000000000000010	隐含	0x0400	0000010000000000	重解析点
0x0004	0000000000000100	系统	0x0800	0000100000000000	压缩
0x0020	0000000000100000	存档	0x1000	0001000000000000	脱机
0x0040	0000000001000000	设备	0x2000	0010000000000000	未编入索引
0x0080	0000000010000000	常规	0x4000	0100000000000000	加密
0x0100	0000000100000000	临时			

(3) 文件名属性分析

紧随标准属性之后的是文件名属性,文件名属性也一定是常驻属性,用于存储文件名。如 $AttrDef 中定义,其大小从 68B 到 578B 不等,与最大文件名的 255 个 Unicode 字符对应。

文件名属性同样由一个标准的属性头和可变长度的属性内容两部分组成,其头部结构与标准属性的头部结构相同,其内容如图 2.40 所示。

相对文件名属性的起始地址,从偏移 0x18 开始,共 0x4A 个字节的内容为文件名属性的具体内容,其结构如表 2.13 所示。

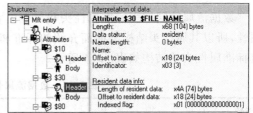

图 2.40 文件名属性头信息

表 2.13 文件名属性结构

偏 移	大 小	值
~	~	标准属性头结构
0x00	8	父目录的文件参考号(即父目录的基本文件记录号,分为两个部分,前 6 个字节 48 位为父目录的文件记录号,此处为 0x05,即根目录,所以 $MFT 的父目录为根目录,后 2 个字节为序列号)
0x08	8	文件创建时间
0x10	8	文件修改时间
0x18	8	最后一次的 MFT 更新时间
0x20	8	最后一次的访问时间
0x28	8	文件分配大小
0x30	8	文件实际大小
0x38	4	标志,如目录、压缩、隐藏等
0x3C	4	用于 EAs 和重解析点

续表

偏移	大小	值
0x40	1	以字符计的文件名长度,每字符占用字节数由下一字节命名空间确定,一个字节长度,所以文件名最大为 255 字节
0x41	1	文件名命名空间
0x42	2L	以 Unicode 方式表示的文件名

(4) 数据流属性分析

因为文件名属性总长为 0x68,所以,下一个属性的起始偏移为 0x100,从头部可知,其类型为 0x80,为数据流属性。属性长为 0x48 个字节,如图 2.41 所示。

```
0C00000E0  00 80 66 02 00 00 00 00  06 00 00 00 00 00 00 00   .€f.............
0C00000F0  04 03 24 00 4D 00 46 00  54 00 00 00 00 00 00 00   ..$.M.F.T.......
0C0000100  80 00 00 00 48 00 00 00  01 00 40 00 00 00 01 00   €...H.....@.....
0C0000110  00 00 00 00 00 00 00 00  D7 2D 00 00 00 00 00 00   ........×-......
0C0000120  40 00 00 00 00 00 00 00  00 80 DD 02 00 00 00 00   @........€Ý.....
0C0000130  00 80 DD 02 00 00 00 00  00 80 DD 02 00 00 00 00   .€Ý......€Ý.....
0C0000140  32 D8 2D 00 00 0C 00 00  B0 00 00 00 50 00 00 00   2Ø-.....°...P...
```

图 2.41 数据流属性

数据流属性同样由标准属性头和属性内容组成,由于此处的数据流为未命名非常驻属性,所以其属性头结构与前面介绍的标准属性和文件名属性的标准属性头结构不一样,其标准属性头的结构如表 2.14 所示。

表 2.14 数据流属性的属性头的结构

偏移	大小	值	意义
0x00	4	0x80	属性类型(0x80,数据流属性)
0x04	4	0x48	属性长度(包括本头部的总大小)
0x08	1	0x01	非常驻标志,此处就表示数据流非常驻
0x09	1	0x00	名称长度,$AttrDef 中定义,所以名称长度为 0
0x0A	2	0x0040	名称偏移
0x0C	2	0x00	标志,如 0x001 为压缩标志,0x4000 为加密标志,0x8000 为稀疏文件标志
0x0E	2	0x0001	标识
0x10	8	0x00	起始 VCN,此处为 0
0x18	8	0x2DD7	结束 VCN,此处为 0x2DD7
0x20	2	0x40	数据运行的偏移
0x22	2	0x00	压缩引擎
0x24	4	0x00	填充
0x28	8	0x2DD8000	为属性值分配大小(按分配的簇的字节数计算)
0x30	8	0x2DD8000	属性值实际大小
0x38	8	0x2DD8000	属性值压缩大小
0x40	…	32D82D00000C	数据运行

对照图 2.41 和表 2.14 可以看出,文件的起始 VCN 为 0,结束 VCN 为 0x2DD7＝11 735,所以文件 $MFT 共占用 11 736 个簇,由于簇的大小为 8 个扇区,所以,文件 $MFT 分配的大小应该为 11 736×512×8＝48 070 656＝0x2DD8000,与 0x28 处的值对照可以看到,两个值相等。属性值实际大小为 0x2DD8000＝48 070 656B,48 070 656/2^{20}＝45.843 75MB。

那么这些属性值到底存储在什么地方呢?这就是数据运行的事了,从属性头可知,数据运行的起始偏移为 0x40,从这里开始的 8 个字节为"32D82D00000C0000",这些运行的含义如下。

"32 D8 2D 00 00 0C"中"3"表示后面 5 个字节中后面的 3 个字节是运行的起始簇号,即运行的起始簇号为"0C0000",颠倒过来是因为高位字节在后,"2"表示前面的 2 个字节表示运行的大小,即该运行的大小为"2D D8"。所以,文件 $MFT 的数据实际上存储在起始簇号为"0C0000",即 786 432 簇的地方,共"2DDF8"即 11736 个簇。用 VCN 表示就是起始的 VCN 为 0,结束的 VCN 为 11 735,共 11 736 个簇。用 LCN 表示就是:起始 LCN＝786 432,结束 LCN＝786 432＋11 735＝798 167,因为簇因子(卷因子)是 8,所以,实际的起始扇区＝786 432×8＝6 291 456,这从前面 $MFT 的截图中就可以看到,$MFT 的第一个扇区号为 6 291 456,结束扇区号为 798 167×8＋7＝6 385 343,共 6 385 343－6 291 456＋1＝938 88 个扇区,即 93 888/8＝11 736 个簇。$MFT 的簇是连续的,所以只有一个运行。

(5)位图属性分析

$MFT 文件的最后一个属性是 0xB0 位图属性,在文件记录中的位置如图 2.42 所示。

```
0C0000130  00 80 DD 02 00 00 00 00  00 80 DD 02 00 00 00 00   .I?.....I?.....
0C0000140  32 D8 2D 00 00 0C 00 00  B0 00 00 00 50 00 00 00   2?....?..P...
0C0000150  01 00 40 00 00 00 05 00  00 00 00 00 00 00 00 00   ..@.........
0C0000160  01 00 00 00 00 00 00 00  40 00 00 00 00 00 00 00   .......@......
0C0000170  00 20 00 00 00 00 00 00  F0 16 00 00 00 00 00 00   . ......?....
0C0000180  F0 16 00 00 00 00 00 00  31 01 FF FF 0B 31 01 04   ?......1...1..
0C0000190  A3 05 00 E1 F4 2D 2A F6  FF FF FF FF 00 00 00 00   ?.猗-*?.....
```

图 2.42 位图属性

该位图属性为未命名非常驻属性,其属性头的结构与数据流属性的属性头结构类似,如表 2.15 所示。

表 2.15 位图属性头结构

偏移	大小	值	意 义
0x00	4	0xB0	属性类型(0xB0,位图属性)
0x04	4	0x50	属性长度(包括本头部的总大小)
0x08	1	0x01	非常驻标志,此处表示位图数据非常驻
0x09	1	0x00	名称长度,SAtbDef 中定义,所以名称长度为 0
0x0A	2	0x40	名称偏移

续表

偏移	大小	值	意义
0x0C	2	0x00	标志,如 0x0001 为压缩标志,0x4000 为加密标志,0x8000 为稀疏文件标 S
0x0E	2	0x05	标识
0x10	8	0x00	起始 VCN,此处为 0
0x18	8	0x01	结束 VCN,此处为 0
0x20	2	0x40	数据运行的偏移
0x22	2	0x00	压缩引擎
0x24	4	0x00	填充
0x28	8	0x2000	为属性值分配大小(按分配的簇的字节数计算)
0x30	8	0x16F0	属性值实际大小
0x38	8	0x16F0	压缩大小
0x40	…	数据运行 1:31:01FFFF0B 数据运行 2:31:0104A305	数据运行

由于下一个属性类型为"FF FF FF FF",表示属性结束,所以,$MFT 的属性已全部分析结束。

通过上面的分析,可以看出,$MFT 由一系列文件记录组成。每个记录由一个记录头和一组属性及属性的实际值(流组成)。每个属性又由一个标准属性头和一个属性内容组成,对于常驻属性,流就存储在文件记录中;对于非常驻属性,流的位置在文件记录中,流存储在数据区。

2.2.4 应用实例

某 NTFS 文件系统盘的$MFT 文件中$MFT 记录的头结构如图 2.43 所示。

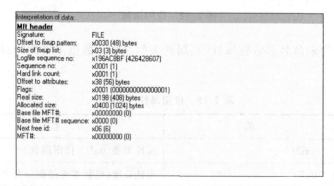

图 2.43 $MFT 记录的头结构

该记录头内容及其含义如下:

0x00~0x03 固定值:FILE;

0x04～0x05　更新序列号偏移：48 字节；
0x06～0x07　固定列表大小：3 字节；
0x08～0x0F　日志文件序列号：426428607；
0x10～0x11　序列号：1；
0x12～0x13　硬连接数：1；
0x14～0x15　第一个属性的偏移地址：56 字节；
0x16～0x17　标志：值为 1 表示记录使用中；
0x18～0x1B　MFT 实际大小：408 字节；
0x1C～0x1F　MFT 分配大小：1024 字节；
0x20～0x27　所对应的基本文件记录的文件参考号：0；
0x28～0x29　下一个自由 ID 号：6；
0x2C～0x2F　本 MFT 记录号：0。

＄MFT 记录的属性如图 2.44 所示。

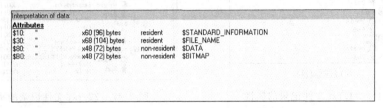

图 2.44　＄MFT 记录的属性

该记录的属性及其含义如下：

＄10：＄STANDARD_INFORMATION 属性，即为标准属性，占用 96B，是常驻属性；

＄30：＄FILE_NAME 属性，即为文件名属性，占用 104B，是常驻属性；

＄80：＄DATA 属性，即为数据属性，占用 72B，是非常驻属性；

＄B0：＄BITMAP 属性，即为位图属性，占用 72B，是非常驻属性。

2.2.5　文件的删除与恢复

建立一个小的文本文件（小于 50B）和一个大的文本文件（超过 2KB），记录并说明每个文件在＄MFT 文件中的文件头和属性，比较两个文件存储结构上的区别。

小的文本文件 11.txt 文件记录的头部如图 2.45 所示。属性包括标准属性、文件名属性和数据属性，所有属性均为常驻属性，具体内容如图 2.46 所示。

大的文本文件 22.txt 文件记录的头部如图 2.47 所示。属性包括标准属性、文件名属性和数据属性，其中标准属性、文件名属性为常驻属性，数据属性为非常

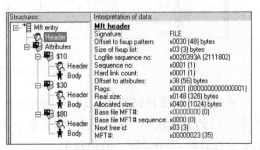

图 2.45　11.txt 文件记录的头结构

(a) 标准属性

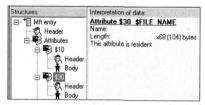

(b) 文件名属性

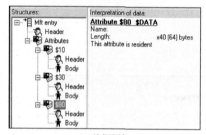

(c) 数据属性

图 2.46　11.txt 文件记录的属性

图 2.47　22.txt 文件记录的头结构

驻属性,具体内容如图 2.48 所示。

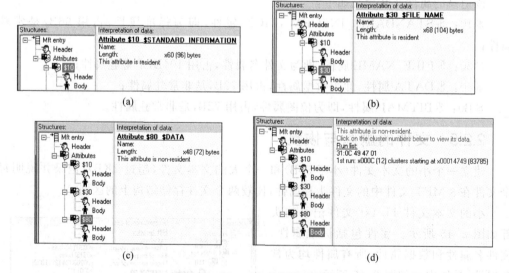

图 2.48　22.txt 文件记录的属性

通过以上两文件结构的比较,可以看出两个文件存储结构的最大区别是大的文本文件 22.txt 的数据属性是非常驻属性,存在一个 run 中,小的文本文件 11.txt 所有的属性都是常驻属性,存在 MFT 的记录中。

在 NTFS 文件系统中,删除文件时主要是对 $MFT 文件中记录头的第 23 个字节进行修改,将从原来的 01 改为 00,同时并将分配给该文件的 $MFT 记录号对应的 $Bitmap 属性中对应位置设置为 0,表示未被占用,可以分配给其他文件。下面分别删除磁盘中上述两个文本文件,对比删除前后 $MFT 记录内容的变化,结果如下:

对于小的文本文件 11.txt$MFT,删除前其 $MFT 记录头的第 23 字节处为 01,如图 2.49 所示,表示该文件是未删除文件;删除后其 $MFT 记录头的第 23 字节处为 00,如图 2.50 所示,表示该文件已被删除。

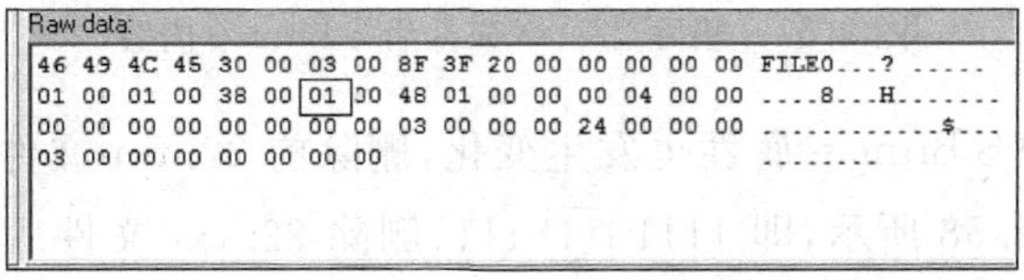

图 2.49 11.txt 文件删除前记录头第 23 个字节内容

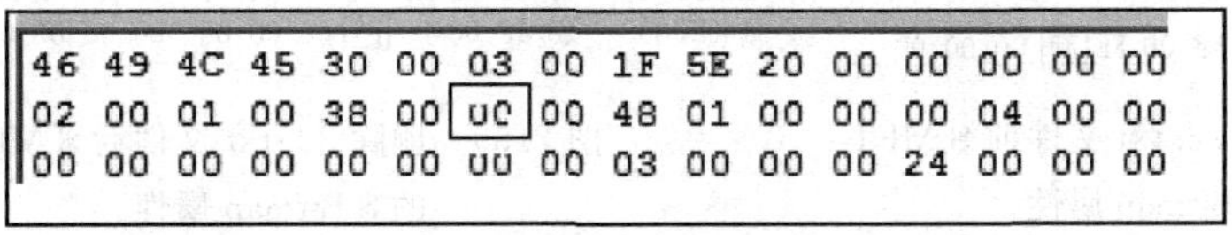

图 2.50 11.txt 文件删除后记录头第 23 个字节内容

小的文本文件 11.txt$MFT 记录号为 x24(36),删除前 $MFT 中 $Bitmap 属性值为 F7,如图 2.51 所示,表示该文件记录号是未删除文件;删除后其 $Bitmap 属性值为 E7,如图 2.52 所示,表示该文件已被删除,记录号可以再次分配。

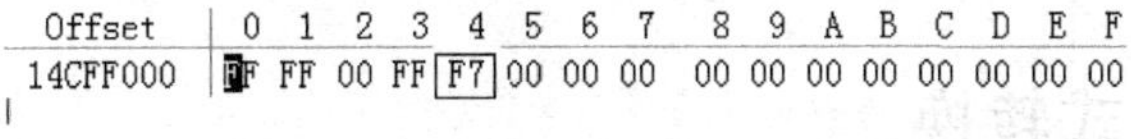

图 2.51 11.txt 文件删除前 $Bitmap 属性值 F7

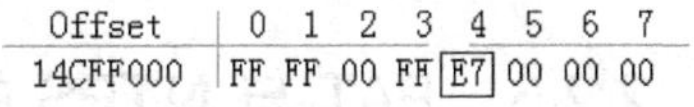

图 2.52 11.txt 文件删除后 $Bitmap 属性值 E7

大的文本文件 22.txt,删除前其 $MFT 记录头的第 23 字节处为 01,如图 2.53 所示,表示该文件是未删除文件;删除后其 $MFT 记录头的第 23 字节处为 00,如图 2.54 所示,表示该文件已被删除。

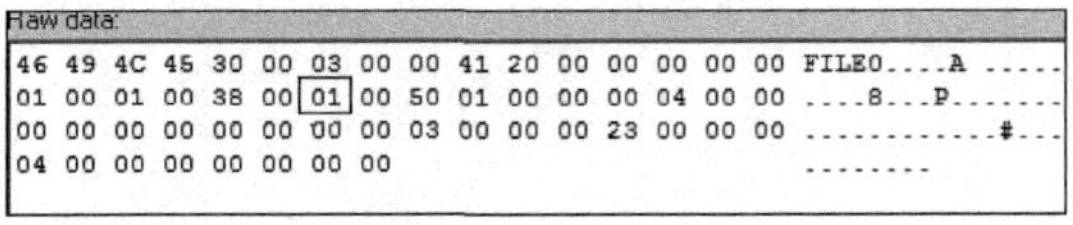

图 2.53 22.txt 文件删除前记录头第 23 个字节内容

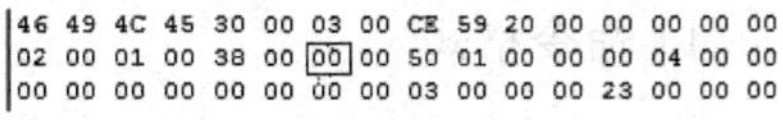

图 2.54 22.txt 文件删除后记录头第 23 个字节内容

因为该文件比较大,其数据存储到外部簇中,起始簇号为 83 785,共占用 12 个簇,如图 2.55 所示。83 785/8=10 473 余 1。$Bitmap 的内容如图 2.56 所示,具体的值为 1111111 1 000 11111。

```
Run list:
31:0C 49 47 01
1st run: x000C (12) clusters starting at x00014749 (83785)
```

```
                                          14CF88E0   FF FF FF FF FF FF FF FF   FF FF 1F 00 00
```

图 2.55　22.txt 文件的 $Data 属性　　　图 2.56　删除 22.txt 文件前 $Bitmap 的内容

当该文件被删除后，$Bitmap 属性中所占用的位置被置 0，如图 2.57 所示，具体修改结果为 0000000 1 000 00000。

```
                14CF88E0   FF FF FF FF FF FF FF FF   01 00 00 00 00 00 00 00
```

图 2.57　删除 22.txt 文件后 $Bitmap 内容

另外，$MFT 中 $Bitmap 属性也发生变化，删除前 22.txt 文件在 $MFT 中的记录号为 x23(35)，如图 2.58 所示，即 1111 1 111、删除 22.txt 文件后在 $MFT 中的记录号 x23(35) 被置为 0，如图 2.59 所示，即 1111 0 111。

```
                                          Offset     0 1 2 3 4 5 6 7  8 9 A B C D E F
14CFF000  FF FF 00 FF FF 00 00 00                14CFF000   FF FF 00 FF F7 00 00 00  00 00 00 00 00 00 00 00
```

图 2.58　删除 22.txt 文件前 $MFT　　　图 2.59　删除 22.txt 文件后 $MFT 中
　　　　　中 $Bitmap 属性　　　　　　　　　　　　　的 $Bitmap 属性

通过上述分析可以看出，NTFS 文件系统删除文件并没有将文件真正删除，而是对存储文件的 $MFT 文件的记录中的相关属性进行了修改，数据仍然存储在磁盘上，对于删除后的小文件（属性及数据均存储中 $MFT 的记录中）可以通过软件或手动的方式直接读取 $MFT 记录的内容恢复数据，而对于大的文件（数据存储在外部簇中）可以对其外部簇中的数据直接进行读取并恢复。

2.2.6　FAT 与 NTFS 的格式转换

NTFS 文件系统的安全性显然好于 FAT 文件系统，那么如何将 FAT 文件系统转换为 NTFS 文件系统呢？

1. convert.exe 命令

Windows 2000 以上的操作系统均提供了分区格式转换工具"convert.exe"。该工具是一个 DOS 命令行程序，通过这个工具可以直接在不破坏 FAT 文件系统的前提下，将 FAT 转换为 NTFS。

(1) 命令格式

convert volume/FS:NTFS[/V][/CvtArea: filename] [/NoSecurity][/X]

(2) 参数说明

Volume：指定驱动器号（后面跟一个冒号）、装载点或卷名；/FS:NTFS：指定要被转换成 NTFS 的卷；/V：指定 Convert 应该用详述模式运行；/CvtArea:filename：将根目录中的一个接续文件指定为 NTFS 系统文件的占位符；/NoSecurity：指定每个人都可以访问转换的文件和目录的安全设置；/X：如果必要，先强行卸载卷。该卷的所有打开的句柄则无效。

(3) 应用举例

将文件系统为 FAT 的 e 盘转换为 NTFA 文件系统。

convert e:/fs:ntfs

说明：所有的转换将在系统重新启动后完成。

2. 使用工具软件进行转换

第一步，打开 PartitionMagic，如图 2.60 所示，选定要进行文件系统转换的分区，在左边的操作界面中选择"转换分区"选项。弹出"转换分区对话框"，如图 2.61 所示。

图 2.60　PartitionMagic 窗口

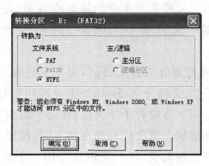

图 2.61　【转换分区】对话框

第二步，在【转换分区】的对话框中选择 NTFS 格式，单击【确定】按钮后，系统会提示重新启动计算机，并再次提示用户注意备份分区的文件，单击【确定】按钮。系统重新启动后，便会自动对分区进行转换。

3. 格式化磁盘进行转换

在【我的电脑】窗口中右击需转换文件系统的磁盘,在弹出的快捷菜单中选择"格式化"命令,在格式化窗口中选择文件系统为"NTFS",如图 2.62 所示。单击"开始"按钮即可完成文件系统转换,但此种方法将丢失原磁盘上的所有数据。

图 2.62　格式化转换文件系统窗口

2.3　Ext2/Ext3 文件系统

　　Linux 支持的文件系统主要包括 Ext2、Ext3、Minix、Ramfs、NFS、Msdos、Fat、NTFS、Hpfs、Proc、Ios9660、Ufs 以及 Hfs。Linux 下最常用的文件系统是 Ext2 与 Ext3。

　　Ext2 作为 GNU/Linux 系统中标准的文件系统,其特点为存取文件的性能极好,对于中小型的文件更显示出优势,这主要得益于其簇块取层的优良设计。其单一文件大小与文件系统本身的容量上限与文件系统本身的簇大小有关,在一般常见的 x86 计算机系统中,簇最大为 4KB,则单一文件大小上限为 2048GB,而文件系统的容量上限为 16 384GB。

　　Ext2 文件系统将整个磁盘划分成若干分区,每个分区被当作独立的设备对待;一般需要一个主分区 Native 和一个交换分区 Swap。主分区用于存放文件系统,交换分区用作虚拟内存。主分区内的空间又分成若干个块组,在每个块组里再分成若干个块,并且同一个块组中的所有块都是连续的。当文件存储在块上时,按照文件占用块的状况,文件也被划分成与块大小相同的若干逻辑块,每个逻辑块占用一个块。由于文件的逻辑块就是文件的数据,所以又称为数据块。

　　一个 Ext2 文件系统上的每个块都是一样大小的。典型的块大小是 1024B 或者 4096B。这个大小在创建 Ext2 文件系统的时候被决定,它可以由系统管理员指定,也可以由文件系统自动创建。程序会根据磁盘分区的大小,自动选择一个较合理的值。一个分区的所有块都有一个从 0 开始计数的全局块号,这些块被聚在一起分成几个大的块组,块组的数量是由分区大小和数据块大小决定的。Ext2 文件系统的磁盘布局结构如图 2.63 所示。

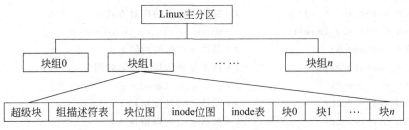

图 2.63　Ext2 文件系统磁盘布局结构

通过图 2.63 可以看出,Ext2 文件系统把每个分区分成多个块组,对于同一分区中的块组,除了数据区外都包含着用于管理和控制的 5 种管理信息:超级块、组描述符表、块位图、inode 位图和 inode 表。当系统发生灾难或者文件系统需要恢复的时候,这些复制的信息是十分必要的。对于同一分区中的块组,其超级块和组描述符表的内容是一致的,因为控制结构在各个块组中是重复的,所以恢复被损坏的文件系统就会相对容易。另外,之所以将 inode 表与数据块相邻接存放,目的在于通过减少 inode 表与数据块之间的距离,降低磁头寻道操作的时间。

2.3.1　超级块

超级块(Super Block)是用来描述 Ext2 文件系统整体信息的数据结构,主要包括文件在逻辑分区中的静态分布情况,以及文件系统的各种组成结构的大小、数量等。

Ext2 文件系统的超级块存储在引导块的后面。引导块位于文件卷最开始的第一扇区,这 512 个字节是文件系统的引导代码,为根文件系统所特有,其他文件系统这 512 个字节为空。如果块的大小是 1024B,那么超级块就存储在 block 1 中,否则超级块就存储在 block 0 中。在 Linux 启动时,根设备中的超级块被读入内存,存放在 ext2_super_block 结构中:

```
struct ext2_super_block {
    __u32 s_inodes_count;              /* inodes 计数 */
    __u32 s_blocks_count;              /* blocks 计数 */
    __u32 s_r_blocks_count;            /* 保留的 blocks 计数 */
    __u32 s_free_blocks_count;         /* 空闲的 blocks 计数 */
    __u32 s_free_inodes_count;         /* 空闲的 inodes 计数 */
    __u32 s_first_data_block;          /* 第一个数据 block */
    __u32 s_log_block_size;            /* block 的大小 */
    __u32 s_blocks_per_group;          /* 每 block group 的 block 数量 */
    __u32 s_inodes_per_group;          /* 每 block group 的 inode 数量 */
    __u32 s_mtime;                     /* 挂载时间 */
    __u32 s_wtime;                     /* 写入时间 */
```

```
    __u16 s_mnt_count;              /* 可挂载数目 */
    __s16 s_max_mnt_count;          /* 最大挂载数目 */
    __u16 s_magic;                  /* Magic 签名 */
    __u16 s_state;                  /* 文件系统状态 */
    __u16 s_errors;                 /* 探测到错误的应对方式 */
    __u16 s_minor_rev_level;        /* minor revision level */
    __u32 s_lastcheck;              /* 最后一次检测时间 */
    __u32 s_checkinterval;          /* 两次检测的最大间隔时间 */
    __u32 s_rev_level;              /* Revision level */
    __u16 s_def_resuid;             /* 默认 uid 的保留块 */
    __u16 s_def_resgid;             /* 默认 gid 的保留块 */
    __u32 s_first_ino;              /* 第一个非保留的 inode */
    __u16 s_inode_size;             /* inode 数据结构的尺寸 */
    __u16 s_block_group_nr;         /* 此超级块的组块 */
    __u32 s_feature_compat;         /* compatible feature set */
    __u32 s_feature_ro_compat;      /* read-only-compatible feature set */
    __u8  s_uuid[16];               /* 128-bit uuid for volume */
    char  s_volume_name[16];        /* volume name */
    char  s_last_mounted[64];       /* 最后一次挂载点 */
    __u32 s_last_orphan;            /* 被删除 inode 列表的开始 */
};
```

超级块由前后两个部分组成,前一部分是基本块,它的内容是 Ext2 文件系统的整体信息;后一部分是扩充块,它的内容反映了超级块所属块组的某些动态信息。

在超级块中,第一个要关心的字段是 magic 签名。对于 Ext2 文件系统来说,这个字段的值应该正好等于 0xEF53。如果不等的话,那么这个磁盘分区上肯定不是一个正常的 Ext2 文件系统。

在超级块中另一个重要的字段是 s_log_block_size。从这个字段,可以得出真正的块大小。举例来说,如果这个字段是 0,那么块的大小就是 1024B,这正好就是最小的块大小;如果这个字段是 2,那么块的大小就是 4096B。从这里就得到了块大小这一非常重要的数据。

2.3.2 组描述符

Ext2 文件系统的每一个块组都用一个称为 ext2_group_desc 的组描述符(Group Descriptors)结构进行描述,一个分区所有块组的描述符集中到一起形成组描述符表。

```
struct ext2_group_desc {
    __u32 bg_block_bitmap;          /* block 指针指向 block bitmap */
    __u32 bg_inode_bitmap;          /* block 指针指向 inode bitmap */
    __u32 bg_inode_table;           /* block 指针指向 inodes table */
    __u16 bg_free_blocks_count;     /* 空闲的 blocks 计数 */
    __u16 bg_free_inodes_count;     /* 空闲的 inodes 计数 */
    __u16 bg_used_dirs_count;       /* 目录计数 */
```

```
    __u16 bg_pad;                    /*可以忽略*/
    __u32 bg_reserved[3];            /*可以忽略*/
};
```

组描述符用于存储文件系统中某个块组的一些重要信息的位置以及该块组的空间使用情况,主要包括块组的数据块分配位图所在的数据块编号、块组的 inode 分配位图所在的数据块编号和该块组的 inode 表所存放的第 1 个数据块的编号,同时组描述符中也存储了该块组的空闲数据块数、空闲 inode 数和目录数。

首先注意到超级块是从第 1024 字节开始的,一共有 1024B 那么大。而组描述符是从超级块后面的第一个块开始。如果一个块正好是 1024B 那么大的话,组描述符表就是紧跟在超级块后面,没有留一点空隙。而如果一个块是 4096B 那么大的话,那么组描述符表就从第 4096B 开始,这样组描述符表和超级块的结尾之间,就有一定的空隙(2048~4096B)。

超级块中的 s_blocks_count 属性记录了磁盘分区上块的总数,而 s_blocks_per_group 记录了每个块组中有多少个块,从中可以知道磁盘分区上一共有多少个块组,或者说一共有多少个组描述符。

磁盘分区上所有的这些组描述符表必须存储在一个块里,每个描述符结构的大小是 32bytes,所以如果块大小是 1024B,则块组数最多为 32 个;如果块大小是 4096B,则块组数最多为 128 个。

2.3.3 位图

Ext2 文件系统用位图(Bitmap)来管理逻辑块和 inode 的使用情况,因此位图分为块位图和 inode 位图。块位图占用一个磁盘块,当某位为"0"时,表示对应磁盘块空闲,为"1"时表示对应磁盘块被占用。inode 位图也占用一个磁盘块,当它为"0"时,表示组内某个对应的 inode 空闲,为"1"时表示已被占用。位图能使系统快速地分配 inode 和数据块,并保证同一文件的数据块尽量能在磁盘上连续存放,大大地提高了系统的实时性能。

在创建文件时,文件系统必须在块位图中查找第 1 个空闲的 inode,把它分配给这个新创建的文件。在该空闲 inode 分配使用后,就需要修改指针,使它指向下一个空闲 inode。同样地,inode 被释放后,则需修改指向第 1 个空闲 inode 的指针。

2.3.4 索引节点

Ext2 文件系统中的每一个文件都用一个称为 inode 的结构来描述,其中记录着文件的管理信息。同一个块组中的文件所对应 inode 组合到一起形成一个块组的 inode 表。在 inode 中存储了对应文件的属性、访问控制信息以及文件所占用的逻辑块在块组中的编号。

Linux 文件系统中的每一个文件都可以在其中的一个 inode 中找到描述。inode 的数据结构在"/include/linux/ext2_fs_i.h"中,如下:

```
struct ext2_inode {
    __u16 i_mode;                    /*文件访问权限*/
```

```
    __u16 i_uid;                    /* 所有者用户 id */
    __u32 i_size;                   /* 文件大小,单位是 byte */
    __u32 i_atime;                  /* 文件最后一次访问时间 */
    __u32 i_ctime;                  /* 文件 inode 状态最后一次改变时间 */
    __u32 i_mtime;                  /* 文件最后一次修改时间 */
    __u32 i_dtime;                  /* 文件被删除的时间 */
    __u16 i_gid;                    /* 所有者组 id */
    __u16 i_links_count;            /* 链接计数 */
    __u32 i_blocks;                 /* 块计数 */
    __u32 i_flags;                  /* File flags */
    __u32 l_i_reserved1;            /* 可以忽略 */
    __u32 i_block[ext2_n_blocks];   /* 一组块指针 */
    __u32 i_generation;             /* 可以忽略 */
    __u32 i_file_acl;               /* 可以忽略 */
    __u32 i_dir_acl;                /* 可以忽略 */
    __u32 i_faddr;                  /* 可以忽略 */
    __u8  l_i_frag;                 /* 可以忽略 */
    __u8  l_i_fsize;                /* 可以忽略 */
    __u16 i_pad1;                   /* 可以忽略 */
    __u16 l_i_uid_high;             /* 可以忽略 */
    __u16 l_i_gid_high;             /* 可以忽略 */
    __u32 l_i_reserved2;            /* 可以忽略 */
};
```

当有新文件被创建时,系统会根据 inode 位图,为其分配一个未被使用的 inode,并在其中填入描述新文件属性的详细信息,同时根据块位图为其分配空闲数据块以存放真正的文件内容。当要访问一个文件或目录时,系统通过文件名或目录名首先找到与之对应的 inode,然后通过 inode 得到文件或目录的信息以及磁盘上的具体存储位置;而当有文件被删除时,系统便回收其 inode,将该文件所占有的数据块状态由已分配修改为空闲,并把链接数 i_links_count 减 1 至 0,同时将当前时间赋给 i_dtime(文件被删除的时间)。

在超级块中有一个字段 s_inodes_per_group 记载了每个块组中有多少个 inode。假设 s_inodes_per_group=32 767,现要去确定 inode=213 886 的位置,可以用 213 886 除以 32 767,所得的商是 inode 所在的块组,余数是 inode 在该块组里面的位置,即 213 886 在第 6 块组的第 17 283 字节处。(注意余数要减 1,因为 inode 是从 0 计数的)。一个 inode 里面实际有多少个 block,这是由 inode 字段 i_size 再通过计算得到的。i_size 记录的是文件或者目录的实际大小,用它的值除以块大小,就可以得出这个 inode 一共占几个块。

2.3.5 Ext3 文件系统

Ext2 的设计者主要考虑的是文件系统的效率和性能方面的问题。Ext2 在写入文件内容的同时并没有同时写入文件的 meta-data(和文件有关的信息,例如权限、所有者以及创建和访问时间)。换句话说,Linux 先写入文件的内容,然后等到有空的时候才写入文件的 meta-data。如果在写入文件内容之后但在写入文件的 meta-data 之前,突然断电了,文件系统就会处于不一致的状态。在一个需要大量文件操作的系统中(例如,像 Hotmail 这样的免费的 Web E-mail),出现这种情况会导致很严重的后果。日志文件系统可以帮助解决这个问题。日志文件系统比传统的文件系统安全,因为它用独立的日志文件跟踪磁盘内容的变化。就像关系型数据库(RDBMS),日志文件系统可以用事务处理的方式,提交或撤销文件系统的变化。

Ext3,顾名思义,它就是 Ext2 的下一代,也就是在保有目前 Ext2 的格式之下再加上日志功能。因此,Ext3 称得上是一种日志式文件系统。日志式文件系统最大的特色是它会将整个磁盘的写入动作完整记录在磁盘的某个区域上,以便有需要时可以回溯追踪。由于资料的写入动作包含许多的细节,像是改变文件标头资料、搜寻磁盘可写入空间、依次写入资料区段等,每一个细节进行到一半若被中断,就会造成文件系统的不一致,因而需要重整。然而,在日志式文件系统中,由于详细纪录了每个细节,故当在某个过程中被中断时,系统可以根据这些记录直接回溯并重整被中断的部分,而不必花时间去检查其他的部分,故重整的工作速度相当快。

重新启动的时候,Linux(就像其他的 UNIX)会运行一个叫做"fsck"(File System Check)的程序,扫描整个文件系统,保证所有的文件块都被正确地分配或使用。它将找到这个被损坏的目录项并试图修复它,但是不能够保证 fsck 一定能够修复损坏。所以,当出现上面那种情况,目录项中所有的文件项可能会丢失,也就造成文件的丢失。

如果文件系统很大,fsck 扫描要费很长时间。在一个有数十亿个文件的计算机上,fsck 可能要运行 10 个小时以上。在这段时间内,系统是不可用的,也就导致了很长的宕机时间。日志文件系统可以避免这种情况。文件系统通过为每个文件分配文件块的方式把数据存储在存储设备中。这样就要维护每一个文件的文件块的分配信息,而分配信息本身也要存在磁盘上。不同的文件系统用不同的方法分配和读取文件块。

有两种常用的文件系统的分配策略:块分配(block allocation)和扩展分配(extent allocation)。块分配是当文件变大的时候每一次都为这个文件分配磁盘空间,而扩展分配则是当某个文件的磁盘空间不够的时候,一次性为它分配一连串连续的块。传统的 UNIX 文件系统使用的块分配机制提供了一个灵活而高效的文件块分配策略。磁盘上的文件块根据需要分配给文件,这样可以减少存储空间的浪费。当一个文件慢慢变大的时候,就会造成文件中文件块的不连续。这就导致了过多的磁盘寻道时间,当读取一个文件的时候有可能要随机而不是连续地读取文件块,这样的效率很低。可以通过优化文件块的分配策略(尽可能为文件分配连续的块)来避免文件块的随机分配。通过使用聪明的块分配策略,可以实现块的连续分配。这样就可以减少磁盘的寻道时间。但是,当整个文件系统的文件块的分配形成碎片的时候,就再也不可能连续分配了。每一次当文件扩展的时候,块分配的算法就要写入一些关于新分配的块所在位置的信息。如果每一次文件扩展的时候只增加一个块,那么就需要很多额外的磁盘 I/O 用来写入文件块的结构信息,文件块的结构信息也就是上面说的 meta-data。meta-data 总是同时写入存储设备的,这就意味着改变文件大小的操作要等到所有的 meta-data 的操作都完成之后才能进行。因此,meta-data 的操作会显著地降低整个文件系统的性能。扩展分配方式一次性为文件分配很多连续的块。当创建一个文件的时候，很多文件块同时被分配；当文件扩展的时候，也一次分配很多块。文件系统的 meta-data 在文件创建的时候被写入，当文件的大小没有超过所有已分配的文件块的大小，就不用写入（直到需要再分配文件块的时候）。这样可以优化磁盘寻道的方式，可以成组地分配块，有利于一次写一大批数据到存储设备中，这样就可以减少 SCSI 设备写数据的时间。

基于扩展分配的文件系统在读取顺序文件的时候有很好的性能，因为文件块都是成组连续分配的。但是，如果 I/O 操作是随机的，基于扩展分配的文件系统的好处就非常有限了。例如，当要连续地读取一个基于扩展分配的文件的时候，只要读起始块号和文件长度就行了。然后，就可以连续地读取所有的文件块了，这样在顺序读取文件的时候，读 meta-data 的开销就很小。反之，如果随机地读取文件，就要先查找每一个所需块的块地址然后再读取块的内容，这样就和块分配方式很相似了。

在 Ext2 文件系统中，对写性能的增强是通过尽量延迟写的时间，这样就能一次写一大批数据而不是每次写一小点。随之而来的就是系统效率的提高。同样，当读的时候，Ext2 也是一次读取一整组的块，也就是采用预读策略。这样就能提高 Ext2 文件系统的读性能，大量减少每次读取少量数据的 I/O 操作。

文件块的组或块簇（block cluster）的大小是在编译的时候确定的。簇的大小对文件系统的性能确实有很大的影响，而且簇的大小也是文件系统设计的时候需要考虑的一个很重要的方面。像 Veritas 这样的扩展分配的文件系统和像 Ext2 这样的"成簇写"（write-clustering）的文件系统，在默认情况下都使用 512B 的块而不用 1KB 的块。如果 Ext2 用 4KB 而不是 1KB 的块，大概会有 20% 的性能提升。但是，为了减少被浪费的空间，Ext2 文件系统的设计者建议使用 1KB 的块。

日志文件的设计思想是跟踪文件系统的变化而不是文件系统的内容。为了更好地解释这个问题，下面用 Ext2 文件系统和日志文件系统举一个例子。

当改变文件"lwh.file"的内容的时候会出现什么情况？先假定"lwh.file"的 inode 有四个数据块，其块号分别为 3110、3111、3506 和 3507（因为在 3111 和 3506 之间的块已经分配给其他文件了，所以这些块不连续）。当然硬盘要先找到 3100，读两块，再跳到 3500，再读两块，才能读取整个文件。假定改变了第三块，文件系统会读取第三块，改变它，然后重新写入第三块，这一块还在 3506 这个位置。如果往文件中添加了一些内容，就要从别的地方另外分配一些空余的块。

如果在日志文件系统中，情况就有所不同。日志文件系统不会改变第 3506 块的内容，它会把"lwh.file"的 inode 的一个拷贝和新的第三块保存到磁盘上。在内存中的 inode 列表需要更新，让"lwh.file"使用新的 inode。所有的变化、添加和改变需要被记录到在一个文件系统中被称为"日志"的那部分中去。每隔一段时间，文件系统在"检查点"（Check Point）会更新在磁盘上的 inode，并且释放文件中用不到的那些旧块（例如"lwh.file"文件最初的第三块）。在系统崩溃之后，日志文件系统很快就能恢复。它需要恢复的只是日志中记录下来的很少的几块。当断电之后，"fsck"只要用几秒钟的扫描时间。

但是，文件系统为得到额外的安全也是要付出代价的，这就是系统开销。每一次更新和大多数的"日志"操作都需要写同步，这样就需要更多的磁盘 I/O 操作。系统管理员就面临这样一个问题：为了有一个更安全的文件系统值不值得牺牲一部分性能？

大多数系统管理员会根据实际情况作出决定。没有必要把"/usr"目录放在日志文件系统上是因为"/usr"目录大部分是只读的操作。但是，可以考虑把"/var"或包含 E-mail spool 文件的目录放在日志文件系统上。在 Linux 系统中可以根据需要混合使用这些文件系统。日志文件系统还有一个问题就是更容易产生碎片。因为它的文件分配方式与众不同，很容易在文件系统中到处产生碎片。Ext2 文件系统也会产生碎片但是可能不会有这么严重。每个月定期把文件系统备份到磁带中然后重新恢复，不仅可以解决这问题，而且可以检查备份/恢复的过程是否正确。

2.3.6 Ext2/Ext3 文件系统的应用

在 Linux 操作系统中，可使用 dumpe2fs 命令显示目标磁盘介质的超级块与块组描述表信息，如图 2.64 所示。

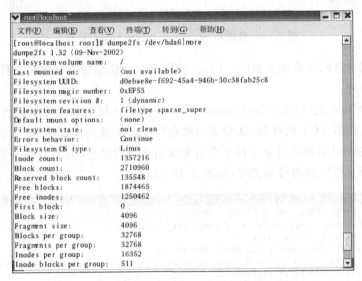

图 2.64 利用 dumpe2fs 命令显示超级块信息

超级块与块组描述表提供的信息多为文件系统物理结构方面的，若要获得更多的逻辑结构方面的信息则需查看上文提到过的索引节点表。在目录文件下使用 ls 命令配以 -i 与 -a 参数，可获得该目录文件下所有文件索引节点的部分信息。但是 ls 命令并不能提供给被检文件系统足够的可见度，此时有必要使用 debugfs 查看索引节点全部信息，如图 2.65 所示。

使用 debugfs 显示的索引节点信息中，包括文件所有者标识（User）、文件所在组的标识（Group）、文件大小（Size）、修改时间（mtime）、访问时间（atime）、索引节点状态改变时间（ctime）、文件访问权限（Mode）、引用计数（Links）以及文件所占数据块（BLOCKS）等信息。这些都是在数据恢复过程中需要着重注意的内容。其中，引用计数、文件大小和文件所占数据块三项尤其重要。正常文件的引用计数是非零值，当其被复制时引用计数加 1；而当被删除时，Linux 将引用计数减 1。即使引用计数被置为 0，其 i 节点所指向的物理

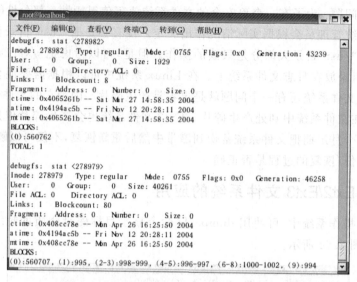

图 2.65 利用 debugfs 工具查看索引节点信息

磁盘上的数据也并没有被真正删除。因此,使用这三项信息便能够重构文件,达到恢复被删除文件的目的。

另外,还可以通过 TCT(The Coroners Toolkit)软件包对被删除数据进行分析,部分版本的 Linux 自带 TCT 软件包,从相关网站也可免费下载到该软件包。

ils 命令用于显示指定目录文件下含有的所有 i 节点信息,其参数部分需指定文件系统为 EXT2 以及所针对的目录文件,如图 2.66 所示。

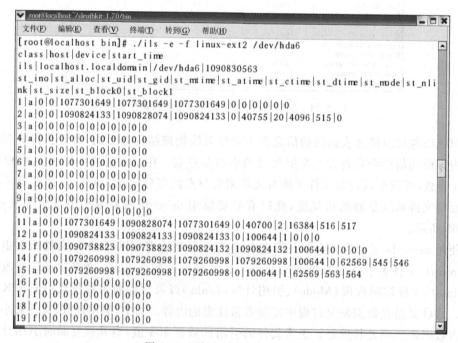

图 2.66 利用 ils 获得 i 节点信息

输出的具体信息说明如下：

st_ino——文件的 i 节点号；st_alloc——文件的状态，a 代表未删除，f 代表已删除；st_uid——文件所有者标识；st_gid——文件所在组的标识；st_mtime——最后一次修改时间；st_atime——最后一次访问时间。st_ctime——文件 i 节点状态最后一次改变时间；st_dtime——文件被删除的时间；st_mode——文件访问权限；st_nlink——引用计数；st_size——文件长度（以字节为单位）；st_block0，st_block1——文件磁盘数据区列表。

在数据恢复过程中，有时需要对文件系统进行物理层的分析，即查看磁盘数据区上的原始数据，这可通过 dcat 命令完成，如图 2.67 所示。

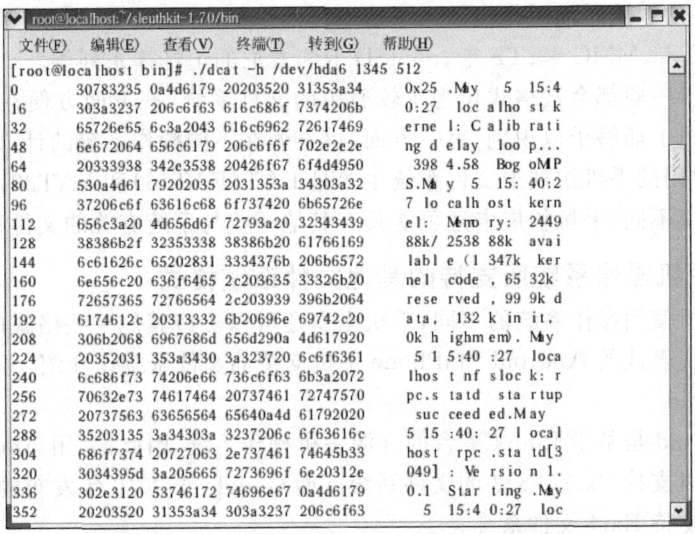

图 2.67 使用 dcat 命令查看磁盘原始数据

对于图片、音频和视频等非文本类型的被删除文件，需要使用 icat 命令将其恢复后再对其进行分析。icat 命令使用 i 节点信息进行文件重构，具体格式为：

icat 目录文件 i 节点号>目标文件

如

icat/dev/hda6 13>recover13

恢复成功后，对目标文件 recover13 进行分析操作即可。

2.4 其他文件系统

文件系统是操作系统用于明确磁盘或分区上文件的方法和数据结构，即在磁盘上组织文件的方法。除了前面介绍的常用文件系统之外，还有一些其他操作系统所采用的文件组织方法，本节分别对手机操作系统和 Mac 操作系统的文件组织方式予以介绍。

2.4.1 手机文件系统

随着智能手机及其操作系统的出现和发展,手机机身及其扩展存储卡上要存储和管理的文件也越来越多,下面就来介绍一下常见智能手机操作系统的文件组织方法。本节从手机扩展卡和手机两个方面论述其所支持的文件系统。

1. 手机扩展卡常用文件系统格式

手机扩展卡也叫存储卡,是用来扩展手机的物理空间的。目前支持外接存储卡的手机越来越多,支持扩展内存也是手机的发展趋势之一。当前,智能手机一般都支持外接扩展卡,越来越多的娱乐时尚手机也加入了这一行列。目前,比较普遍的在手机上使用的扩展卡类型有 SD 卡、MMC 卡、TF 卡、miniSD 卡和索尼的记忆棒系列等。

手机扩展卡一般都会被格式化为比较通用的文件系统,一方面方便在采用不同手机操作系统的手机上能够予以识别,另一方面,也方便在不同操作系统的计算机上来完成文件的存取,最常用的手机扩展卡文件系统主要是 FAT(FAT16)和 FAT32,有些时候根据手机的操作系统不同,手机扩展卡还可能具有其他一些与系统有关的文件系统格式。

2. 智能手机操作系统所支持的其他文件系统格式

由于手机所使用操作系统的不同,手机本身还可以支持其他一些格式的文件系统,下面就对比较有代表性的 Android 和 iPhone 手机支持的文件系统作介绍。

(1) Android

由于 Android 是基于 Linux 平台的开源手机操作系统,因此,采用 Android 操作系统的手机一般可以支持 Ext2、Ext3 的文件系统。而 Google 于 2010 年发布的 Nuxes S 智能手机则还可以支持 Ext4 文件系统。

而对于采用 Android 的手机扩展卡,则主要是采用 FAT 格式。

Android 手机的软件为了安全性和稳定性都是默认安装到手机内存里,但是手机内存有限,所以有时会做 App2sd 操作,以使安装的软件放到 SD 卡上,而 Google 的 Android 系统是基于 Linux 的,所以存储卡上本身的 Fat 格式是不会被识别的,所以要分区(第二分区)出来,格式化成 Linux 认识的 Ext2/3/4 格式。再用链接命令,把这个分区映射成一个系统文件夹"system/sd",把所有的软件装到这个"文件夹"下。

Ext4 是一种针对 Ext3 系统的扩展日志式文件系统,是专门为 Linux 开发的原始的扩展文件系统(Ext 或 Extfs)的第四版。Linux kernel 自 2.6.28 开始正式支持新的文件系统 Ext4。Ext4 是 Ext3 的改进版,修改了 Ext3 中部分重要的数据结构,而不仅仅像 Ext3 对 Ext2 那样,只是增加了一个日志功能而已。Ext4 可以提供更佳的性能和可靠性,还有更为丰富的功能。

(2) iPhone OS

苹果的手机是基于苹果特有的操作系统而设计,因此,它所支持的文件系统也是其特有的。目前,苹果手机一般是不支持扩展卡的,其内存所支持的文件系统主要有 HFS 和 HFS+。

2.4.2 MAC 文件系统

运行在 Mac 机器上的系统不像 Windows 那么常见,但是随着 Mac OS X 系统(一种基于 UNIX 的操作系统)的引入使得它们逐渐受到人们的欢迎。随着 Mac 计算机使用者数量的增加,在取证鉴定工作中也越来越多地会接触到 Mac 计算机设备,因此,本节简要介绍 Mac 所使用的文件系统。

1. Mac 计算机的文件存放

在 Windows 系统中,文件都存放在【我的电脑】中。而在 Mac 计算机中,启动计算机后,就会在桌面上看到当前机器上连接的所有已识别的存储介质。如图 2.68 所示为 Mac OS XMac OS X Leopard 的桌面。图 2.68 中右上角的类似磁盘的图标,分别为系统的硬盘和连接在此机器上的 U 盘。其中 Mac OS X 图标内存放着这个 Mac 系统的所有数据(如果该硬盘被分成多个卷,此处会出现多个硬盘的图标,名称一般为 Mac OS X 后加数字的形式),包括操作系统、应用程序以及所有的文件。

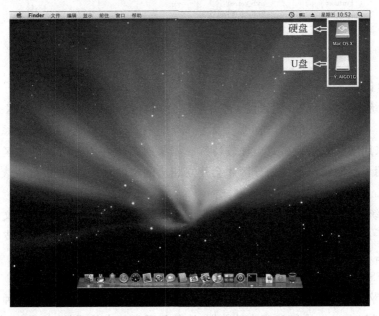

图 2.68　Mac OS XMac OS X Leopard 的桌面

在 Mac 计算机的这个硬盘图标所代表的文件夹下,主要有 4 个文件夹——【使用者】、【系统】、【资源库】和【应用程序】。(可参看图 2.68 所示的界面)。其中,各文件夹存储内容如下:

(1) 用户

该文件夹内一般有多个子文件夹(个人专用文件夹),用于存放这台 Mac 上每个用户的专用数据,并且每个文件夹都设置了存取的权限,一般只能进入属于自己的文件夹。不过在这个文件夹内还有一个名为【公用】的文件夹,则是每个用户都可以存取,以方便用户之间交流文件的。

(2) 系统

这个文件夹是用来存放与系统运行相关的核心组件与扩充套件的。

(3) 资源库

这里存放的是和系统相关以及应用程序所需的各种文件。

(4) 应用程序

这个文件夹是用来存放各种应用程序的,所有系统内置的以及下载的应用程序都存放在这里。一般在安装程序时,Mac 机的文件管理功能会自动帮助用户进行文件管理,建议不要更改或移动,以免在使用该应用程序时出现错误。

Mac OS X 采用的是基于 UNIX 的内核,所以其内所有文件都挂在根目录/下面。如图 2.69 所示为通过 ls 命令查看到的其根目录下文件的情况。

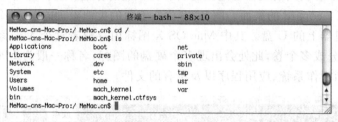

图 2.69　ls 命令查看到的其根目录下文件的情况

2. Mac 的文件系统

Mac 系统是苹果机的专用系统,它由苹果公司自行开发,是基于 UNIX 内核的图形化操作系统。一般情况下在普通 PC 上无法安装此操作系统。也由于 Mac 系统是自行开发的,它所采用的文件系统格式也比较特殊。苹果磁盘中并不是所有的分区都有文件系统的,只有用于存储用户数据的分区才会建立相应的文件系统,但是在分区表中存有所有分区的信息。

Mac 系统下常用的文件系统主要有 HFS、HFS+ 和 HFSX,其中 HFS 文件系统现已基本淘汰,不再使用。而 HFSX 与 HFS+ 几乎完全一样,只是在 HFSX 中支持大小写敏感,即文件名区分大小写,所以这里仅介绍 HFS+ 文件系统。

(1) HFS+ 文件系统的发展历程

早期的苹果电脑使用 MFS(Macintosh File System)文件系统,它是一种平面文件系统。但由于 Macintosh 电脑所产生的数据,比其他通常的文件系统,如 DOS 使用的 FAT 或原始 UNIX 文件系统所允许存储的数据更多。因此,1985 年 9 月 17 日苹果电脑开发了一种新式的更适用的文件系统——HFS 文件系统。

HFS(Hierarchical File System),即分层文件系统。是一种由苹果电脑开发,并使用在 Mac OS 上的文件系统。HFS+ 是 HFS 的升级版本,也被称为 Mac OS Extended(Mac OS 扩展系统)。它支持更大的文件,是苹果于 1998 年 1 月 19 日在其最新发布的 Mac OS 8.1 系统中推出的,称作 HFS Plus 文件系统,也写作"HFS+"。HFS+ 文件系统改善了 HFS 对磁盘空间地址定位效率低下的问题,并用 Unicode 来命名文件或文件夹,代替了 Mac OS Roman 或其他一些字符集。HFS+ 文件系统用 32-bit 记录分配块的数量,因此,最多可以管理 2^{32} 个分配块。一般情况下,分配块的大小为 4KB。所有的文件结构,包括卷头,都包含在一个或者几个分配块中。为了减少文件碎片的产生,HFS+ 在为文件分配存储空间的时候,会尽可能地为其分配一组连续的分配块或块组。块组的大小通常为分配块大小的整数倍,这个值在卷头中说明。

(2) HFS+文件系统总体结构

HFS+卷一般由 7 种类型的区域组成：用户文件、分配文件、目录文件、域溢出文件、属性文件、启动文件和未使用空间。由图 2.70 可以看出，HFS+卷的前两个扇区是保留不用的，一般为空扇区，没有任何数据，但这两个保留不用的扇区所在的块在分配文件内会被标记为"已使用"。卷的第三个扇区也就是 2 号扇区称为"卷头"，用来描述文件系统结构的数据性数据和属性的 5 个文件——目录文件、域溢出文件、属性文件、分配文件和启动文件，它们没有被存放在一起，而是在卷中分布存储，它们的地址在卷头中有具体的描述。卷的倒数第二个扇区，是卷头的一个备份，最后一个扇区则保留不用。为了保护备份卷头和卷尾最后一个扇区的保留空间，卷的最后一个块也在分配文件中被标记为"已使用"。如果块大小刚好为 512 个字节，则最后两个块均被标记为"已使用"。如果卷所包含的扇区数不是块大小的整数倍，那么在卷的最后一个块的后面就会有不够一个块大小的几个扇区，这几个扇区不在文件系统的块计数之内，这时备份卷头的位置就会在最后一个块之外。在这种情况下，最后一个块也会被保留而不被占用。

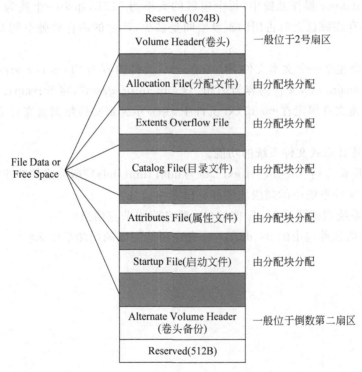

图 2.70　HFS+文件系统布局

习题 2

1. 什么是文件系统？
2. 硬盘的物理结构和逻辑结构由哪几部分组成？

3. 什么是寻址？简述硬盘的寻址方式类型及寻址过程。
4. 简述 C/H/S 地址与 LBA 的地址的转换方法。
5. 某文件的 C/H/S 地址为 100/1/2，则 LBA 地址是多少？
6. 将 LBA 地址 125 转换为 C/H/S 的地址。
7. 简述硬盘引导过程。
8. FAT 文件系统由哪几部分组成，每部分的作用是什么？
9. 简述在 FAT 文件系统中删除文件与恢复文件的原理。
10. 简述 NTFS 文件系统的主要特性。
11. NTFS 文件系统由哪几部分组成，每部分的作用是什么？
12. 什么是主文件表（MFT），它由哪几部分组成？
13. 简述 NTFS 文件系统中元文件名称及功能。
14. 简述将 FAT 文件系统转换为 NTFS 文件系统的常用方法。
15. 什么是松弛空间、未分配空间、自由空间？
16. 在 Windows 操作系统中，每个扇区的大小为 512B，如果一个簇为 4KB，请计算 9.6KB 的文件存在磁盘上时占用的磁盘空间是多少，产生的内存松弛空间及磁盘松弛空间各是多少？
17. 用命令建立一个文本文件 Stream1.txt，文件内容为"This is a stream"，再建立一个文本文件 main.txt，文件内容为"This is a main program"，将 Stream1.txt 文件作为一个交换数据流文件绑定在 main.txt 文件中，并显示绑定交换数据流文件后的 main.txt 文件内容。
18. 请简述日志式文件系统的功能。
19. 请说明命令行"mount-r-t ext2/dev/hda1/mnt/hda1"所完成的功能？
20. Ext2 文件系统中的超级块能够提供哪些信息？
21. 文件系统调试器 debugfs 能够显示哪些索引节点信息？
22. TCT 的软件包中的 ils、dcat、icat 命令所能完成的功能是什么？

第 3 章 文 件 基 础

文件是存储介质(磁盘、光盘、闪存、磁带)上具有符号名字的一组相关信息的集合。电子物证实践中出现的证据类型就包括文档文件、声音文件、图像文件、数据库文件、网页文件、电子邮件、视频文件、即时通信类文件等。因此,对于文件基础知识的介绍对于电子物证实践来说是十分必要的。

3.1 文件类型

3.1.1 Windows 环境下的主要文件类型

总体来讲,Windows 操作系统支持的文件类型基本上可以分为两种:ASCII(也称纯文本)文件和二进制文件。

ASCII 文件是指以 ASCII 码方式(也称文本方式)存储的文件。ASCII 文件中除了存储文件有效字符信息(包括能用 ASCII 码字符表示的回车、换行等信息)外,不能存储其他任何信息,因此 ASCII 文件不能存储声音、动画、图像、视频等信息。该类型文件是一种由若干行字符构成的,存在于计算机系统中,能够用文字处理程序阅读的简单文本文件,通常在其最后一行放置文件结束标志。

广义的二进制文件即指文件,由文件在外部设备的存放形式为二进制而得名。狭义的二进制文件即除文本文件以外的文件。图形文件及文字处理程序等计算机程序都属于二进制文件。这些文件中均含有特殊的格式及计算机代码。

3.1.2 UNIX/Linux 环境下的主要文件类型

UNIX/Linux 则将其支持的文件划分为普通文件、目录、字符设备文件、块设备文件、符号链接文件等多种类型,现在进行简要的说明。

1. 普通文件

```
[root@localhost ~]#ls -lh system.log
-rw-r--r--1 root root 53K 03-16 08:54 system.log
```

用 ls -lh 查看某个文件的属性,可以看到有类似-rw-r--r--,值得注意的是第一个符号是-,这样的文件在 Linux 中称为普通文件。这些文件一般是用一些相关的应用程序创建,例如图像工具、文档工具、归档工具或 cp 工具等。这类文件可以用 rm 命令删除。

2. 目录文件

```
[root@ localhost ~]#ls -lh
-rw-r--r--1 root root 53K 03-16 08:54 system.log
-rw-r--r--1 root root 14M 03-16 07:53 1234.rpm
drwxr-xr-x 2 root root 4.0K 04-19 10:53 lwhdir
drwxr-xr-x 2 root root 4.0K 03-17 04:25 Public
```

当在某个目录下执行 ls-lh 命令时，看到有类似 drwxr-xr-x，这样的文件被称为目录文件，目录文件在 Linux 是一个比较特殊的文件。注意它的第一个字符是 d。创建目录的命令可以用 mkdir 命令或 cp 命令，cp 可以把一个目录复制为另一个目录；删除则用 rm 或 rmdir 命令。

3. 字符设备或块设备文件

如进入/dev 目录，列出文件，会看到类似如下的：

```
[root@ localhost ~]#ls -la/dev/tty
crw-rw-rw-1 root tty 5,0 04-19 08:29/dev/tty
[root@ localhost ~]#ls -la/dev/hda1
brw-r-----1 root disk 3,1 06-04 -19/dev/hda1
```

可以看到/dev/tty 的属性是 crw-rw-rw-，注意前面第一个字符是 c，这表示字符设备文件，例如 modem 等串口设备。而/dev/hda1 的属性是 brw-r-----，前面的第一个字符是 b，这表示块设备，例如硬盘、光驱等设备。这种类型的文件可以用 mknode 来创建，用 rm 来删除。

4. 套接口文件

当启动 MySQL 服务器时，会产生一个 mysql.sock 的套接口文件。注意这个文件的属性的第一个字符是 s。

```
[root@ localhost ~]#ls -lh mysql.sock
srwxrwxrwx 1 mysql mysql 0 04-19 11:12 mysql.sock
```

5. 符号链接文件

```
[root@ localhost ~]#ls -lh setup.log
lrwxrwxrwx 1 root root 11 04-19 11:18 setup.log->install.log
```

当查看文件属性时，会看到有类似 lrwxrwxrwx，注意第一个字符是 l，这类文件是链接文件，是通过"ln-s 源文件名 新文件名"建立的。上例表示 setup.log 是 install.log 的软链接文件，这和 Windows 操作系统中的快捷方式有点相似。

符号链接文件的创建方法举例：

```
[root@ localhost ~]#ls-lh kernel-2.6.15-1.2025_FC5.i686.rpm
-rw-r--r--1 root root 14M 03-16 07:53 kernel-2.6.15-1.2025_FC5.i686.rpm
[root@ localhost ~]#ln-s kernel-2.6.15-1.2025_FC5.i686.rpm kernel.rpm
```

```
[root@ localhost ~]#ls -lh kernel*
-rw-r--r-- 1 root root 14M 03-16 07:53 kernel-2.6.15-1.2025_FC5.i686.rpm
lrwxrwxrwx 1 root root 33 04-19 11:27 kernel.rpm ->
kernel-2.6.15-1.2025_FC5.i686.rpm
```

3.2 文件扩展名

文件扩展名是操作系统用来标志文件格式的一种机制。每个文件的名中最后一个分隔符后边的部分(文件可以无扩展名)就是文件的扩展名。通常文件扩展名由3个或4个不同的字符组成,可以是数字、字母或符号。例如,"abc.123.txt"的文件名中,abc.123 即为主文件名,txt 为扩展名,表示这个文件被标识为纯文本文件。文件扩展名可以帮助计算机使用者辨别文件的类型,也可以帮助计算机将文件分类,并标识这一类扩展名的文件用何种程序去打开。

3.2.1 Windows 环境下的文件扩展名

在【我的电脑】或【资源管理器】窗口中,单击菜单栏上的【工具】→【文件夹选项】,在出现的【文件夹选项】对话框中单击【查看】选项卡,之后可以使用鼠标拖动滚动条找到【隐藏已知文件类型的扩展名】选项,勾选即为隐藏、不勾选即为不隐藏已知文件类型的扩展名(如图 3.1 所示)。

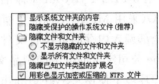

图 3.1 【查看】选项卡中的扩展名相关选项

需要指出的是,有些木马文件(可运行,扩展名为 exe)会伪装成图片文件或其他类型的文件。如某一木马文件名为【美女写真.jpg.exe】,其图标也被更换为 jpg 图片图标。在【隐藏已知文件类型的扩展名】的情况下,其文件名会显示为【美女写真.jpg】,极容易使用户误认为其就是图片文件。双击运行后,虽然可能会显示图片,但木马程序却已经悄悄在后台安装运行,因此建议一般情况下显示文件扩展名为好。

Windows 支持的文件扩展名数量较多,常见的系统文件扩展名主要包括 DLL(动态链接库文件)、MPD(驱动程序 FOXBASE 或 FOXPRO 过程文件)、CHM(编译过后的 HTML 文件,常用于制作帮助文件和电子文档)、VXT(网卡驱动程序文件)、HLP(Windows 应用程序帮助文件)、DRV(设备驱动程序文件)、VXD(虚拟设备驱动程序)、FON(系统字体文件)、SCP(用于 Windows 系统中 Internet 拨号用户,自动拨号登录用的脚本文件)、INF(Windows 下的软件安装信息,Windows 的标准安装程序根据此文件内的安装信息对软件、驱动程序等进行安装)、TIF(标签图像文件格式位图)、SYS(系统文件、驱动程序等)、MSN(Microsoft 网络文档)、CNT(联机帮助文件目录索引文件,通常和同名的.hlp 文件一起保存)、ICM(图像配色描述文件)、BAT(批处理文件,由一系列命令构成,可以包含对其他程序的调用)、CMD(用于 Windows NT/2000 等系列的批处理文件)、KBD(键盘布局文件)、SCR(Windows 屏幕保护文件)、PBK(Microsoft

PhoneBook)、INI(Windows 中的初始化信息文件)、CPL(控制面板扩展文件)、LOG(日志文件)、PWL(Windows 口令文件)、TMP(临时文件,一般是系统和应用程序产生的临时使用的文件,当系统和应用程序退出时,会自动地删除其建立的临时文件;如果非正常退出,临时文件可能保留在磁盘上)等。

常见的应用程序扩展名主要包括 AIF(音频文件,使用 Windows Media Player 播放)、ARJ(压缩文件,可以使用 WinZip、WinRAR、PKARC 等软件打开)、ASP(Active Server Page,服务器端脚本,常用于大型网站开发,支持数据库连接)、AVI(使用 Microsoft RIFF 规范的 Windows 多媒体文件格式,用于存储声音和移动的图片)、BAK(备份文件,一般是被自动或是通过命令创建的辅助文件,包含某个文件的最近一个版本,并且具有与该文件相同的文件名)、BIN(二进制文件,其用途依系统或应用而定)、BMP(Bitmap 位图文件)、DAT(VCD 中的图像声音文件)、DOC(Microsoft Office 中的字处理软件 Word 创建的文档)、DOT(Microsoft Word 文档模板文件)、EXE(可执行文件)、HTM(保存超文本描述语言的文本文件,用于描述各种各样的网页,可使用各种浏览器打开)、ICO(Windows 图标文件)、IMG(磁盘映像文件)、JPG(静态图像专家组制定的静态图像压缩标准,具有较高的压缩比)、LNK(快捷方式文件)、MDB(Microsoft Access 使用的数据库格式)、MEN(内存应用文件,存在于 Dbase、Foxbase、Foxpro 系列软件环境下)、MP3(采用 MPEG-1 Layout 3 标准压缩的音频文件,具有极高的压缩率和失真低的特点)、MPG(采用 MPEG-1 标准压缩的视频文件)、OVL(由于软件功能多,内存偏小,不能一次性全部调入内存的可执行文件可能有同文件名的 OVL 文件)、PDF(图文多媒体文件,Adobe 公司定义的电子印刷品文件格式)、SQL(查询文件,在 Dbase、Foxbase、Foxpro 系列软件环境下使用)、SWF(Flash 制作出的动画文件)、URL(Internet 上 URL 地址的快捷方式)、VCD(虚拟光驱工具制作的光盘镜像文件)、RAR(压缩文件)、FAX(传真类型图像)、GHO(Norton 克隆磁盘映像)、NLB(Oracle 数据库文件)、SFX(RAR 自解压档案)、TXT(文本文件)、PPT(Microsoft Powerpoint 演示文稿)、XLS(Microsoft Excel 文件)、ZIP(压缩文件)等。

3.2.2 UNIX/Linux 环境下的文件扩展名

在 Windows 系统中可以把文件的扩展名理解为文件的"身份证",扩展名决定了文件类型和作用,系统通常会根据扩展名选择对应的应用程序。但在 UNIX/Linux 环境下,扩展名并没有太大的实际意义。在 Linux 下扩展名是一个可选项,很多文件根本没有扩展名,所以纯粹采用文件扩展名的方式来判断文件类型是不行的。为了准确判断文件类型,Linux 一般采用两种方式:优先采用 Magic 方式,其次才采用文件扩展名方式。所谓 Magic 方式,就是根据文件内容(特别是文件头)来判断。绝大多数文件,内部都有一些特定的标记,这些标记称为 Magic。例如 BMP 图片文件通常以 BM 两个字符开头,BM 就是该类型文件的 Magic。

虽然在 UNIX/Linux 中扩展名没有什么实际的帮助,但是可以通过扩展名了解文件的种类,所以 Linux 通常还是会以适当的扩展名来表示该文件的类型,下面枚举几个常用的文件扩展名:

.sh:批处理文件(Scripts,脚本),因为批处理文件使用 shell 写成,所以扩展名为

.sh；.html：标准网页相关的文件；.php：网页 PHP 文件；.bz2：bzip2 的压缩文件；.gz：gzip 的压缩文件；.tar：tar 打包文件（是包文件不是压缩文件）；.tbz：tar 打包并用 bzip 压缩的文件；.tgz：tar 打包并用 gzip 压缩的文件；.au：audio 文件；.gif：gif 图像文件；.jpg：JPEG 图像文件；.pdf：电子文档（PDF 格式的）；.png：PNG 图像文件；.ps：postscinpt 文件（打印格式文件）；.txt：纯文本文件；.wav：audio 文件；.xpm：图像文件；.conf：配置文件；.lock：LOCK 文件（用来判断一个文件或设备是否被使用）；.rpm：Package 文件（套件包或软件包）；.c：C 源程序代码文件；.cpp：C++ 源程序代码文件；.h：C 或 C++ 程序的头文件；.o：程序目标文件；.pl：perl 脚本文件；.so：类库文件。

3.3 文件访问控制

3.3.1 Windows 操作系统的文件访问控制机制

目前，Windows 操作系统主要通过 NTFS 文件系统实现文件的访问控制。在使用 NTFS 文件系统的驱动器上，利用 Windows XP 中的访问控制列表，可以对访问计算机数据或网络数据的人加以限制。访问控制功能可用于对特定用户、计算机或用户组的访问权限进行限制。

设置权限，即定义了授予用户或组的权限类型或访问级别。例如，可以向某个组授予对某一特定文件夹的读写权限；也可以允许某个用户读取某个文件的内容，而允许另一个用户更改该文件，并禁止其他用户访问该文件。对打印机也可以设置类似的权限，从而使某些用户能配置打印机，而其他用户则只能利用它进行打印。若要更改对某个文件或文件夹的权限，则必须是该文件或文件夹的所有者，或者必须具有进行这种更改的权限。

Windows 操作系统下如要进行文件访问控制，首先需要清除【文件夹选项】→【查看】选项卡【高级设置】中的【使用简单文件共享（推荐）】选项，如图 3.2 所示。

这样在 NTFS 文件系统下，右键单击文件或文件夹，弹出的【属性】窗口中便会出现【安全】选项卡（如图 3.3 所示）。从中可以看出对话框上半部分列出了与所选文件或文件夹相关的用户或组，下半部分列出了所选组或用户对所选文件或文件夹所具有的权限。

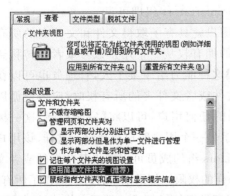

图 3.2　清除【使用简单文件共享（推荐）】设置

图 3.3　"安全"选项卡示例

从图 3.3 所示可以看出，Windows 系统环境下的文件或文件夹访问权限主要有以下几种：

（1）完全控制

（2）修改

（3）读取和运行

（4）列出文件夹目录

（5）读取

（6）写入

（7）特别的权限

值得一提的是第 7 项【特别的权限】。标准 NTFS 权限通常可满足一般的需求，但如果用户要更精确地指派权限，以便满足各种不同的权限需求，就需要借助于特别访问权限。在文件或文件夹属性的【安全】选项卡中单击【高级】按钮。在【高级】对话框中的【权限】选项卡中，选择要设置的账户，单击【编辑】按钮，打开如图 3.4 所示的【权限项目】对话框，可以更精确地设置用户的权限。从图 3.4 中可以看出"特别的权限"共有 13 项（不含【完全控制】），组合在一起就构成了标准的 NTFS 权限。例如，标准的【读取】权限包含【读取数据】、【读取属性】、【读取权限】和【读取扩展属性】4 种特别访问权限。有两个特别访问权限对于管理文件和文件夹的访问来说特别有用：【更改权限】与【取得所有权】。

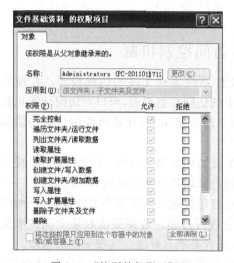

图 3.4 "特别的权限"设置

更改权限：为某用户授予该权限，该用户就具有了针对文件或者文件夹修改权限的功能。借助于更改权限，可以将针对某个文件或者文件夹修改权限的能力授予其他管理员和用户，但是不授予他们对该文件或文件夹的【完全控制】权限。通过这种方式，这些管理员或者用户不能删除或者写入该文件或者文件夹，但是，可以为该文件或者文件夹授权。为了将修改权限的能力授予管理员，将针对该文件或者文件夹的【更改权限】权限授予 Administrators 组即可。

取得所有权：为某用户授予这一权限，该用户就具有了取得文件和文件夹的所有权的能力。借助于该权限，可以将文件和文件夹的拥有权从一个用户账号或者组转移到另一个用户账号或者组。也可以将【取得所有权】这种能力给予某个人，管理员也可以获得某个文件或者文件夹的所有权。在取得某个文件或者文件夹的所有权时，应当遵循以下规则：当前的拥有者或者具有【完全控制】权限的任何用户，可以将【完全控制】这一标准权限或者【取得所有权】这一特殊访问权限，授予另一个用户账户或者组。这样，该用户账户或者该组的成员就能获得所有权。Administrators 组的成员可以取得某个文件或者文件夹的所有权，而不管该文件夹或者文件授予了怎样的权限。如果某个管理员取得了所有权，则 Administrators 组也取得了所有权。因而该管理员组的任何成员都可以修改针对该文件或者文件夹的权限,并且可以将"取得所有权"这一权限授予另一个用户账号或者组。

如果要为【组或用户名】列表框中未出现的组或用户设置权限,单击【添加】,出现如图 3.5 所示的对话窗口。在图 3.5 的输入框中输入要为其设置权限的组或用户的名称,单击【确定】按钮即可。需要指出的是,添加新用户或组时,该用户或组将默认具有读取和执行、列出文件夹内容及读取权限。如果要更改或删除现有组或用户对所选文件或文件夹所拥有的权限,可以单击组或用户的名称,并执行下列操作之一:若要允许或拒绝某种权限,选中或清除【权限】列表框中的相应权限的【允许】和【拒绝】复选框。单击【确定】按钮,即可完成;若要删除组或用户名称框中的组或用户,则单击【组或用户名称】列表框中欲删除的组或用户,然后再单击【删除】按钮即可。

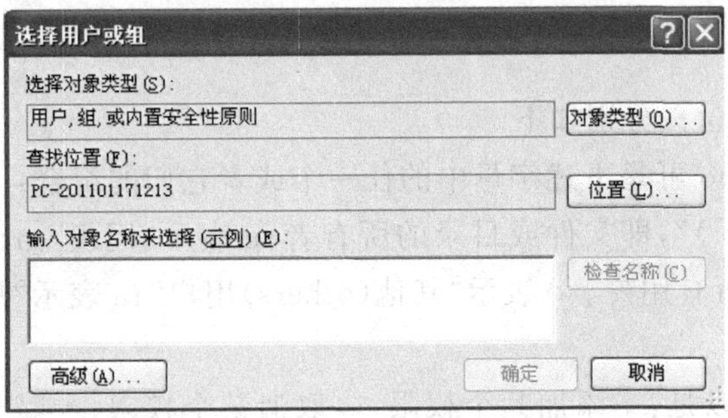

图 3.5 为文件访问控制添加组或用户

3.3.2 Linux 操作系统的文件访问控制机制

UNIX/Linux 系统中的每个文件和目录都有访问许可权限,用它来决定哪个用户可以通过何种方式对文件和目录进行访问和操作。文件或目录的访问权限分为只读、只写和可执行三种。以文件为例,只读权限表示只允许读其内容,而禁止对其做任何的更改操作。可执行权限表示允许将该文件作为一个程序执行。文件被创建时,文件所有者自动拥有对该文件的读、写和可执行权限,以便于对文件的阅读和修改。用户也可根据需要把访问权限设置为需要的任何组合。

有三种不同类型的用户可对文件或目录进行访问:文件所有者、同组用户、其他用户。所有者一般是文件的创建者。所有者可以允许同组用户访问文件,还可以将文件的访问权限赋予系统中的其他用户。在这种情况下,系统中每一位用户都能访问该用户拥有的文件或目录。

每一文件或目录的访问权限都有三组,每组用三位表示,分别为文件属主的读、写和执行权限;与属主同组的用户的读、写和执行权限;系统中其他用户的读、写和执行权限。当用 ls -l 命令显示文件或目录的详细信息时,最左边的一列为文件的访问权限。例如:

```
$ ls-l luowenhua.tgz
-rw-r--r--1 root root 483997 Jul 15 17:31 luowenhua.tgz
```

横线代表空许可。r 代表只读,w 代表写,x 代表可执行。这里共有 10 个位置。第一个字符指定了文件类型。通常意义上,一个目录也是一个文件。如果第一个字符是横线,表示是一个非目录的文件;如果是 d 则表示是一个目录。根据上述描述可知,luowenhua. tgz 是一个普通文件;luowenhua. tgz 的属主有读写权限;与 luowenhua. tgz 属主同组的用户只有读权限;其他用户也只有读权限。

确定了一个文件的访问权限后,用户可以利用 Linux 系统提供的 chmod 命令来重新设定不同的访问权限,也可以利用 chown 命令来更改某个文件或目录的所有者,或利用 chgrp 命令来更改某个文件或目录的用户组。

chmod 命令用于改变文件或目录的访问权限。该命令有两种用法:一种是包含字母和操作符表达式的文字设定法;另一种是包含数字的数字设定法。

1. 文字设定法

chmod [who] [+|-|=] [mode] 文件名

命令中各选项的含义分别如下。

(1) 操作对象 who 可是下述字母中的任一个或者它们的组合:

u 表示"用户(user)",即文件或目录的所有者;g 表示"同组(group)用户",即与文件属主有相同组 ID 的所有用户。o 表示"其他(others)用户";a 表示"所有(all)用户",它是系统默认值。

(2) 操作符号可以是:+添加某个权限;-取消某个权限;=赋予给定权限并取消其他所有权限(如果有的话)。

(3) 设置 mode 所表示的权限可用下述字母的任意组合:

r 可读,w 可写,x 可执行。需要注意的是,只有目标文件对某些用户是可执行的或该目标文件是目录时才追加 x 属性;s 在文件执行时把进程的属主或组 ID 置为该文件的文件属主。方式"u+s"设置文件的用户 ID 位,"g+s"设置组 ID 位;t 保存程序的文本到交换设备上;u 与文件属主拥有一样的权限;g 与和文件属主同组的用户拥有一样的权限;o 与其他用户拥有一样的权限。

(4) 文件名:需要改变访问权限的文件列表,支持通配符。命令 chmod g+r,o+r example 所完成的功能就是使同组和其他用户对文件 example 有读权限。

2. 数字设定法

首先需要了解用数字表示的属性的含义:0 表示没有权限,1 表示可执行权限,2 表示可写权限,4 表示可读权限,然后将其相加。所以数字属性的格式应为三个从 0 到 7 的八进制数,其顺序是(u)(g)(o)。

例如,如果想让某个文件的属主有"读/写"两种权限,则 4(可读)+2(可写)=6(读/写)。数字设定法的一般形式为 chmod[mode]文件名。例如命令 chmod 744 example 所完成的功能就是使同组和其他用户对文件 example 有读权限。

chown 命令则用于更改某个文件或目录的属主和属组。例如 root 用户把自己的一个文件拷贝给用户 LWH,为了让用户 LWH 能够存取这个文件,root 用户应该把这个文件的属主设为 LWH,否则用户 LWH 无法存取这个文件。

语法:

chown [选项] 用户或组 文件

说明：chown将指定文件的拥有者改为指定的用户或组,用户可以是用户名或用户ID,组可以是组名或组ID。文件是以空格分开的要改变权限的文件列表,支持通配符。该命令的各选项含义如下：-R 递归式地改变指定目录及其下的所有子目录和文件的拥有者;-v 显示chown命令所做的工作。如"chown LWH：luowenhua 1. txt"是将文件1. txt的属主设为luowenhua,属组设为LWH;"chown -R LWH：users *"是将当前目录下的所有文件与子目录的属主皆设为users,属组设为LWH。

chgrp命令则用于改变文件或目录所属的组。

语法：

chgrp [选项] group filename

说明：该命令改变指定文件所属的用户组。其中group可以是用户组ID,也可以是/etc/group文件中用户组的组名。文件名是以空格分开的要改变属组的文件列表,支持通配符。如果用户不是该文件的属主或超级用户,则不能改变该文件的组。"chgrp LWH test. txt"功能是将文件test. txt的属组改为更改为LWH。

3.4 文件时间属性

时间信息是电子物证的基础检查部分,因为案件的焦点常常会集中到时间问题上,时间是连接现实世界的实质,通过时间可以确认可疑文件何时被建立、修改和最后访问。通过对文件时间属性的研究分析,可以收集犯罪证据和为破案提供依据,从而确定侦查范围,制定侦查计划,采取侦查措施。因此,文件时间属性的研究分析在电子物证中具有极为重要的作用。

3.4.1 Windows 环境下的文件时间属性

1. Windows 系统时间提取

在对Windows时间信息的分析中有两种方法可以提取系统时间,但是两者有所差别。第一种方法可以通过终端输入date,查看系统日期,通过time查看系统时间,上述操作中可以对系统时间进行提取,同时也可以修改系统时间,如图3.6所示。

第二种方法是直接单击【开始】|【控制面板】|【时钟语言和区域】|【日期和时间】,如图3.7所示。

图3.6 使用time命令提取系统时间

实践中,这样提取的时间不一定准确,因为嫌疑人有可能将系统时间修改,以至系统时间和文件的创建时间、访问时间、修改时间可能不一样,所以在计算机犯罪现场提取时间信息时必须小心谨慎。以免造成证据的丢失。

图 3.7 利用控制面板提取系统时间

2. 常见文件时间属性

当文件被建立、修改和访问的时候,系统就会在文件系统中记录时间。FAT 时间格式则是基于当地时间(local time)存储的,所以它们不会因为时区或者夏时制被改变,而 NTFS 文件系统以 UTC 格式存储,因此容易因为时区更改或者夏时制的原因被改变。常见文件系统中的时间属性一般分为如下三种,分别为创建时间、修改时间、访问时间。

(1) 创建时间(Create time)

文件第一次被创建或者写到磁盘上的时间,如果文件复制于其他的地方,创建时间就是复制的时间。

(2) 修改时间(Modified time)

应用软件对文件内容作最后修改的时间(打开文件,任何方式的编辑,然后写回磁盘),如果文件复制于其他的地方,这个时间不变。

(3) 访问时间(Accessed time)

某种操作最后施加于文件上的时间,包括单击查看属性、复制、用查看器查看、应用程序打开或打印。几乎所用的操作都会重置这个时间(包括资源管理器,但 dir 命令不会)。

3. 常用文件系统中的时间提取

(1) FAT 文件系统下时间信息提取

结合 FAT 文件系统存储格式,在 WINHEX 软件中打开检查,如图 3.8 所示。

在根目录中可以看到名为"1_070130085829"的文件夹。运行十六进制编辑软件找到图 3.8 中创建时间的 10 毫秒位与创建时间位置,可以得到图 3.9 中 0x084E 所显示的信息,然后将选中区域进行格式转换,提取到文件的具体创建时间、最后访问和修改时间分别为 2010-6-11 16:01:44、2010-6-11 16:01:46、2010-6-11 16:01:46。

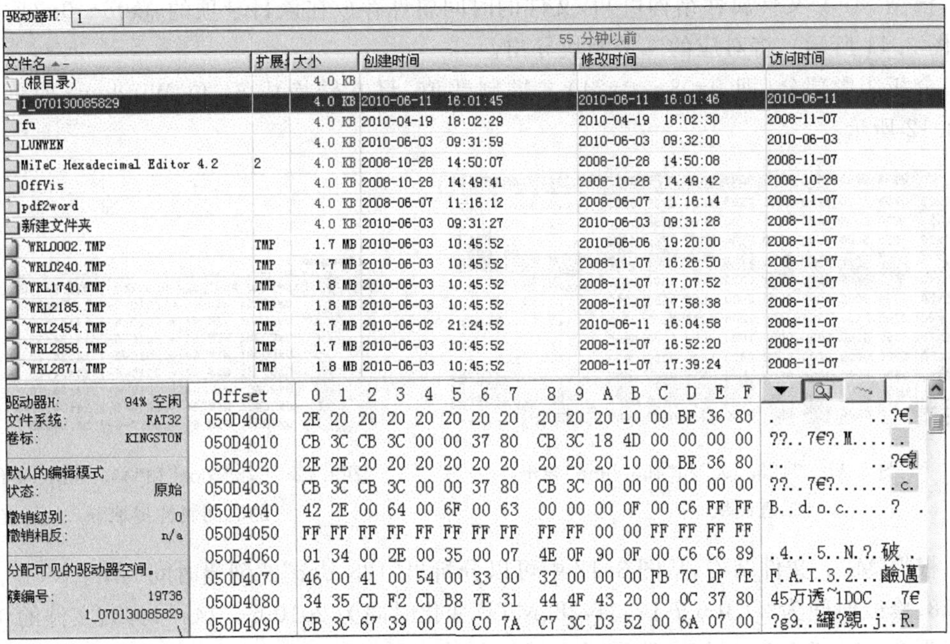

第 3 章 文件基础

图 3.8 检查 FAT 文件系统目录结构

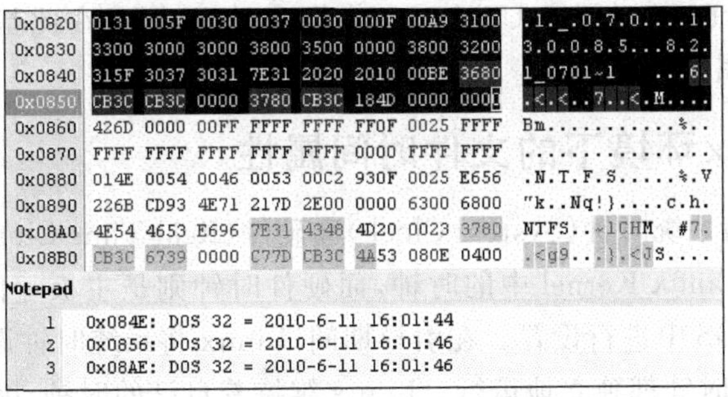

图 3.9 "1_070130085829"文件夹的文件时间属性提取

（2）NTFS 文件系统下时间信息提取

使用 WINHEX 打开 NTFS 格式待检盘，在 MFT 文件表中找到待检盘中存有 123.doc 和 456.bmp 两个文件的对应目录项，如图 3.10 所示。

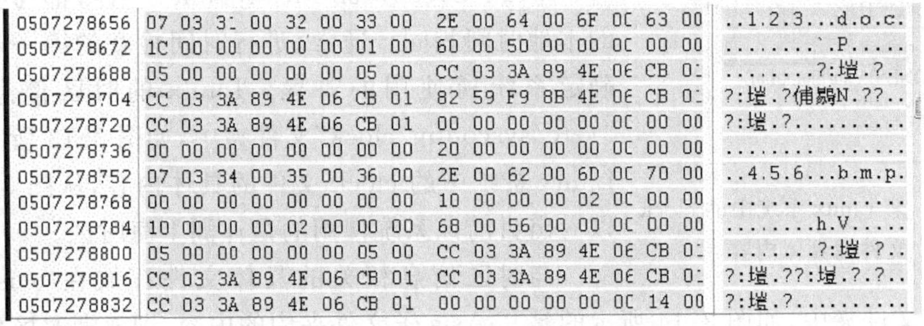

图 3.10 "123.doc"和"456.bmp"目录项

根据 MFT 文件属性结构可知，文件的时间属性存放在该目录项的 0x08～0x24 之间（如图 3.11 所示），将对应的二进制块导出。

分析阴影部分（即 0x08～0x24）二进制数值，将其转换成 64 位 Windows 时间，如图 3.12 所示。

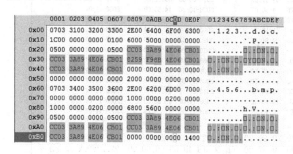

图 3.11 "123.doc"和"456.bmp"导出二进制块

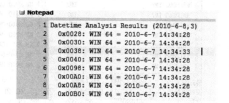

图 3.12 "123.doc"和"456.bmp"文件的时间属性提取

根据 MFT 文件结构，从图 3.12 中可以分析出"123.doc"的创建时间为 2010-6-7 14：34：28、修改时间为 2010-6-7 14：34：28、MTF 变化时间为 2010-6-7 14：34：33、文件的访问时间为 2010-6-7 14：34：28。"456.bmp"的创建时间为 2010-6-7 14：34：28、修改时间为 2010-6-7 14：34：28、MTF 变化时间为 2010-6-7 14：34：28、文件的访问时间为 2010-6-7 14：34：28。由于 win64 位时间以 UTC 时间为标准时间，因此在此基础上加上时区 8 小时即为真实的文件属性时间。

3.4.2　Linux 环境下的文件时间属性

Linux 时钟分为系统时钟（System Clock）和硬件（Real Time Clock，简称 RTC）时钟。系统时钟是指当前 Linux Kernel 中的时钟，而硬件时钟则是主板上由电池供电的时钟，硬件时钟可以在 BIOS 中进行设置。在引导期间，Linux 将系统时钟设置成与硬件时钟同步。在这以后，两个时钟都独立地运行。Linux 维持着自己的时钟，因为读取硬件时钟速度较慢并且也比较复杂。Linux 的内核时钟总以世界时钟（UTC）的方式显示。整个地球分为 24 个时区，每个时区都有自己的本地时间。在国际无线电通信场合，为了统一起见，使用一个统一的时间，称为通用协调时（UTC：Universal Time Coordinated）。UTC 与格林尼治平均时（GMT：Greenwich Mean Time）一样，都与英国伦敦的本地时间相同。通常，进行时间检查的第一步就是要确定系统所使用的时区。Linux 的时区信息存放在"/etc/sysconfig/clock"文件夹中，如图 3.13 所示即为某 Linux 系统中的 clock 文件的具体内容，从图 3.13 中可以看出目前该系统使用的是亚洲上海时区。

图 3.13 某 Linux 系统中的 clock 文件的具体内容

与时区信息相关的具体文件存放在"/usr/share/zoneinfo"文件夹中，如图 3.14 所示的是其 Asia 子文件夹中的内容，即亚洲时区信息。若

要将某系统设置为亚洲上海时区,可以使用如下命令设置时区并使设置生效:

#cp/usr/share/zoneinfo/Asia/Shanghai/etc/localtime
#hwclock

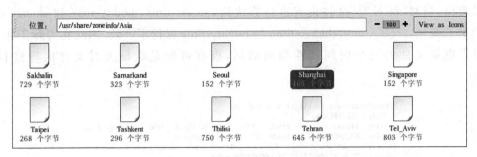

图 3.14　Asia 文件夹中的内容

除了系统时区外,针对文件时间属性的检查也十分重要。UNIX/Linux 文件系统为每个文件或目录保存了三个不同的时间属性,分别为 access time、modify time 和 change time,如图 3.15 所示即为使用 stat 命令获得的名为"练习题.doc"文件的时间属性信息。

图 3.15　使用 stat 命令获得文件的时间戳信息

access time 是文档最后一次被读取的时间,因此阅读一个文档会更新它的 access time,但它的 modify time 和 change time 并没有变化。系统命令 cat、more、less、grep、tail、head 等都会修改文件的 access time。另外,把一个文件作为输入文件进行复制、用 file 命令来查看文件类型、可执行文件被执行、音频视频文件被播放等操作都会更新相关文件的 access time(空文件除外),纯粹的 access 操作不会影响 modify time 和 change time,但会受到 modify 行为的影响。对于目录而言,只是进入目录并不会改变目录的 access 时间,但如果用 ls 查看此目录的内容,这个目录的 access time 就会被更新。如图 3.16 所示为访问"练习题"文件后,access time 的变化情况。

图 3.16　访问文件后 access time 的变化情况

modify time 则是文本本身的内容发生变化的时间。creat、mknod、pipe、utime、write 等命令可以改写该属性。modify 意思是"更改(内容)"或者"写入",当更改了一个文件内容的时候,此文件的 modify 的时间记录会被更新。用 ls-l 看到的文件时间是最近一次 modify 的时间。modify 的行为是三个行为中最有影响力的行为,它发生以后,通常会使文件的 access time 与 change time 也同时得到更新,对于目录也是如此。从图 3.17 可以看出,当对"练习题"文件内容进行修改后,access time、modify time 和 change time 均发生了变化,access time、change time 与 modify time 保持了一致,因此在实际工作中,如果发现某文件的三个时间属性相同的话,极有可能是嫌疑人对文件内容进行了修改。

```
[root@localhost home]# stat 练习题.doc
  File: 练习题.doc'
  Size: 14848        Blocks: 32         IO Block: 4096   Regular File
Device: 802h/2050d   Inode: 211935      Links: 1
Access: (0600/-rw-------)  Uid: (    0/    root)   Gid: (    0/    root)
Access: 2008-12-01 15:15:34.000000000 +0800
Modify: 2008-12-01 15:15:34.000000000 +0800
Change: 2008-12-01 15:15:34.000000000 +0800
```

图 3.17 修改文件内容后时间属性的变化情况

change time 是文档的索引节点(inode)发生了改变(例如位置、用户属性、组属性等)的时间,chmod、chown、creat、link、mknod 等命令可以改写该时间。change time 常被误解为 create time(创建时间),其实 Linux 文件系统不会记录 create time。文件创建后,如果文件内容本身没有改变,则文件的创建时间就是文件的 modify time;如果 inode 属性没有被改变过,则文件的创建时间则是文件的 change time。chmod、chown、create、mv 等命令会将文件的 change time 修改为系统当前时间。当对文件进行复制操作后,源文件只有 access time 发生了变化,而复制生成的文件的 access time 与 change time 均发生了变化。图 3.18 表示的是复制前"练习题.doc"的 change time 情况,然后将该文件复制到根目录下,图 3.19 表示的则是根目录下的"练习题.doc"的 change time 情况。

```
[root@localhost root]# stat 练习题.doc
  File: 练习题.doc'
  Size: 43520        Blocks: 88         IO Block: 4096   Regular File
Device: 802h/2050d   Inode: 211935      Links: 1
Access: (0600/-rw-------)  Uid: (    0/    root)   Gid: (    0/    root)
Access: 2008-12-01 15:08:08.000000000 +0800
Modify: 2008-12-01 15:05:29.000000000 +0800
Change: 2008-12-01 15:05:34.000000000 +0800
```

图 3.18 复制前文件的 change time 情况

```
[root@localhost /]# stat 练习题.doc
  File: 练习题.doc'
  Size: 43520        Blocks: 88         IO Block: 4096   Regular File
Device: 802h/2050d   Inode: 13          Links: 1
Access: (0600/-rw-------)  Uid: (    0/    root)   Gid: (    0/    root)
Access: 2008-12-01 15:09:28.000000000 +0800
Modify: 2008-12-01 15:05:29.000000000 +0800
Change: 2008-12-01 15:09:28.000000000 +0800
```

图 3.19 根目录下文件的 change time 情况

从图 3.20 可以看出,对文件进行剪切操作后,文件的 access time 与 change time 均发生了变化,但 modify time 保持不变。

```
[root@localhost /]# stat 练习题.doc
  File: 练习题.doc'
  Size: 43520       Blocks: 88        IO Block: 4096   Regular File
Device: 802h/2050d  Inode: 13         Links: 1
Access: (0600/-rw-------) Uid: (    0/    root) Gid: (    0/    root)
Access: 2008-12-01 15:09:28.000000000 +0800
Modify: 2008-12-01 15:05:29.000000000 +0800
Change: 2008-12-01 15:09:28.000000000 +0800

[root@localhost /]# cd home
[root@localhost home]# stat 练习题.doc
  File: 练习题.doc'
  Size: 43520       Blocks: 88        IO Block: 4096   Regular File
Device: 802h/2050d  Inode: 211935     Links: 1
Access: (0600/-rw-------) Uid: (    0/    root) Gid: (    0/    root)
Access: 2008-12-01 15:14:00.000000000 +0800
Modify: 2008-12-01 15:05:29.000000000 +0800
Change: 2008-12-01 15:14:00.000000000 +0800
```

图 3.20　剪切操作后时间属性的变化情况

通过上文分析,如果发现某文件的 access time 与 change time 相同,但与 modify time 不同,则该文件很有可能是剪切或复制后生成的文件。

可以使用带有-atime、-ctime 或-mtime 选项的可信 find 命令进行上述时间属性信息的查询,如 find/-type f-atime 0 完成的功能是寻找根目录下最近 24 小时之内有过 access 行为的文件;而命令 find/-type f-ctime 0 完成的功能则是寻找根目录下最近 24 小时之内有过 change 行为的文件。

3.5 系统文件夹功能

3.5.1 Windows 系统文件夹功能

Windows 系统文件夹指的是存放操作系统主要文件的文件夹,一般在安装操作系统过程中自动创建并将相关文件存放在对应的文件夹中,操作系统文件夹中的文件直接影响系统的正常运行,多数都不允许随意改变。

通常在 Windows 安装后,默认会生成三个文件夹:WinNT(对 Windows XP 和 Windows 7 而言则是 Windows)、Documents and Settings 和 Program Files。本章结合目前应用比较普遍的 Windows XP 和 Windows 7 操作系统为例介绍系统文件夹的主要文件夹名字、属性、存放位置、包括的内容及主要功能等。

1. Windows 文件夹

在整个 Windows 操作系统中,最重要的莫过于 Windows 文件夹,该文件夹的基本结构如图 3.21 所示。对计算机进行的任何操作几乎均与该文件夹有关,由于此文件夹的特殊性,不要轻易删除此文件夹下的任何文件。鉴于该文件中涉及的文件夹内容较多,下面只介绍部分重要的文件夹。

```
├─Windows
│  ├─system32(存放 Windows 的系统文件和硬件驱动程序)
│  │  ├─config(用户配置信息和密码信息)
│  │  │  └─systemprofile(系统配置信息,用于恢复系统)
│  │  ├─drivers(用来存放硬件驱动文件,不建议删除)
│  │  ├─spool(用来存放系统打印文件,包括打印的色彩、打印预存等)
│  │  ├─wbem(存放 WMI 测试程序,用于查看和更改公共信息模型类、实例和方法等)
│  │  ├─IME(用来存放系统默认安装的输入法文件)
│  │  ├─CatRoot(计算机启动测试信息目录,包括计算机启动时检测的硬软件信息)
│  │  ├─Com(用来存放组件服务文件)
│  │  ├─ReinstallBackups(计算机中硬件的驱动程序备份)
│  │  ├─DllCache(用来存放系统缓存文件)
│  │  ├─GroupPolicy(组策略文件夹)
│  │  └─Restore(存放系统还原文件文件夹)
│  ├─system(系统文件夹,用来存放系统虚拟设备文件)
│  ├─$hf_mig$(系统更新补丁的卸载文件)
│  ├─$NtUninstall$(每给系统打一个补丁,系统就会自动创建这样的一个目录)
│  ├─security(系统安全文件夹,用来存放系统重要的数据文件)
│  ├─srchasst(搜索助手文件夹,用来存放系统搜索助手文件,与 msagent 文件夹类似)
│  ├─repair(系统修复文件夹,用来存放修复系统时所需的配置文件)
│  ├─Downloaded Program Files(下载程序文件夹)
│  ├─inf(用来存放 INF 文件,INF 文件最常见的应用是为硬件设备提供驱动程序服务)
│  ├─Help(Windows 帮助文件)
│  ├─Config(系统配置文件夹,用来存放系统的一些临时配置的文件)
│  ├─msagent(微软助手文件夹)
│  ├─Cursors(鼠标指针文件夹)
│  ├─Media(声音文件夹,开关机等 wav 文件存放于此)
│  ├─Mui(多语言包文件夹,用来存放多国语言文件)
│  ├─java(存放 Java 运行的组件及其程序文件)
│  ├─Web
│  │  └─Wallpaper(存放桌面壁纸的文件夹)
│  ├─addins(系统附加文件夹,用来存放系统附加功能的文件)
│  ├─Connection Wizard(连接向导文件夹)
│  ├─Driver Cache(驱动缓存文件夹,用来存放系统已知硬件的驱动文件)
│  │  └─i386(Windows 操作系统自带的已知硬件驱动文件)
│  ├─TEMP(系统临时文件夹)
│  ├─tasks(计划任务文件夹)
│  ├─twain_32(扫描仪相关)
│  ├─AppPatch(应用程序修补备份文件夹,用来存放应用程序的修补文件)
│  ├─Debug(系统调试文件夹,用来存放系统运行过程中调试模块的日志文件)
│  ├─Resources(系统资源文件夹,用来存放系统 SHELL 资源文件)
│  │  └─Themes(桌面主题都存放于此,可删除无用主题)
│  ├─WinSxS(存储各个版本的 Windows XP 组件,减少因为 DLL 文件而引起的配置问题)
│  ├─ime(输入法信息)
│  ├─PCHealth(用来存放协调、配置和管理计算机正常运行的文件)
│  │  └─HelpCtr(帮助和支持)
│  │     └─Binaries(常用的 msconfig 文件存放于此)
│  ├─Offline Web Pages(脱机浏览文件存放于此)
│  ├─Prefetch(预读取文件夹)
│  ├─ShellNew
│  ├─Fonts(字体文件夹。要安装某种字体只需将字体文件复制到该目录下即可)
│  ├─pss(用来备份系统启动配置文件)
│  ├─Registration(注册文件夹)
```

图 3.21 Windows 文件夹结构

(1) system32 文件夹

该文件夹是 32 位系统文件夹,用来存放系统重要文件的,同时一些应用程序在安装时也会将其相应的支持文件复制到这个文件夹里来。由于此文件夹下的文件和文件夹众多,这里只介绍该文件夹中部分重要的文件夹。

① Com 文件夹:该文件夹用来存放组件服务文件,运行其中的 comexp.msc 文件就会打开组件服务控制台。

② config 文件夹:该文件夹中用来存放用户配置信息和密码信息,还有可通过事件查看器查看的系统、安全以及应用程序日志文件。如 AppEvent.Evt、default、default.LOG、SAM、SAM.LOG、SecEvent.Evt、SECURITY、SECURITY.LOG、software、software.LOG、SysEvent.Evt、system、system.LOG。

③ DllCache 文件夹:该文件夹用来存放系统缓存文件,当系统本来的文件被替换时,文件保护机制会复制这个文件夹下的备份系统文件去覆盖非系统文件。可以用【开始】→【运行】→sfc/scannow 命令扫描系统文件进行修复系统。该文件夹的属性是"系统隐藏"。

④ oobe 文件夹:该文件夹用来存放系统的激活信息,可以用【开始】→【运行】→oobe/msoobe/a 命令帮助用户完成产品激活和注册。

⑤ Restore 文件夹:该文件夹用来存放系统还原文件。双击运行 rstrui.exe 文件,就会调用系统还原功能。

⑥ spool 文件夹:打印系统用它临时存放打印任务以及相关文件,其中 Printers 子文件夹用于临时存储缓冲文件,其他文件夹大都是跟打印机驱动和配置有关的。

⑦ MSC 类文件(服务控制台类文件):在运行对话框中输入 MSC 类文件名,即可启动相应的管理和服务,其中主要的文件及功能如下。

certmgr.msc:证书服务;ciadv.msc:索引服务;compmgmt.msc:计算机管理;devmgmt.msc:设备管理器;dfrg.msc:磁盘碎片整理;diskmgmt.msc:磁盘管理;eventvwr.msc:事件查看器;fsmgmt.msc:共享文件夹;gpedit.msc:组策略;lusrmgr.msc:本地用户和组;ntmsmgr.msc:可移动存储;ntmsoprq.msc:可移动存储管理员操作请求;perfmon.msc:计算机性能;rsop.msc:组策略的结果集;secpol.msc:本地安全设置;services.msc:服务;wmimgmt.msc:Windows 管理体系结构(WMI)。

⑧ 可执行类文件:在运行对话框中输入可执行类文件名,即可启动相应程序,其中主要的文件及功能如下。

accwiz.exe:辅助功能向导;cleanmgr.exe:磁盘清理工具;clipbrd.exe:剪贴簿查看器;cmd.exe:命令行解释器;drwtsn32.exe:Windows 调试器;dxdiag.exe:DirectX 诊断工具;eventvwr.exe:事件查看器;mmc.exe:控制台;mplay32.exe:媒体播放器;msg.exe:消息管理;mspaint.exe:画图;notepad.exe:记事本;nslookup.exe:IP 地址查看器;ntbackup.exe:备份还原;odbcad32.exe:ODBC 数据源管理器;osk.exe:屏幕键盘;osuninst.exe:系统卸载工具;progman.exe:程序管理器;rasphone.exe:网络连接;regedt32.exe:注册表编辑器;regedit.exe:注册表编辑器;shrpubw.exe:创建共享文件夹;sndrec32.exe:录音机;sigverif.exe:文件签名验证;shutdown.exe:系统关闭工具;syskey.exe:系统加密工具;syncapp.exe:我的公文包;sysedit.exe:系统配置编辑器;

taskmgr.exe：任务管理器；winhlp32.exe：系统帮助；write.exe：写字板；sfc.exe：系统文件扫描器。

(2) ＄hf_mig＄文件夹

该文件夹中存放的是系统更新补丁的卸载文件，文件名以 KB 开头，文件夹中的文件夹和文件的数量多少视补丁文件的多少而定。若不打算卸载补丁的话，可将该文件夹中的所有内容删除，以节省磁盘空间。

(3) ＄NtUninstall＄文件夹

在使用 Windows XP 一定时间后，系统内会多出很多以＄NtUninstall 开头的文件夹，它们用来卸载升级文件用的备份。尤其是在升级过 SP2 后，在"C:\Windows\"目录下的"SoftwareDistribution\download"文件夹和＄NtUninstall＄文件夹就有数百兆字节之多。不过，这些文件夹是可以安全删除的，把"SoftwareDistribution\download"目录下的所有文件和以＄NtUninstall 开头的所有文件夹删除后可以释放超过 300MB 的磁盘空间。需要注意的是，执行以上步骤后，将不能在【添加或删除程序】里卸载以前的升级补丁。

(4) Repair 文件夹

该文件夹是系统修复文件夹，其中存放的是系统的基本配置文件。当系统无法进入桌面的情况下，可以通过该文件夹中的文件修复系统。需要指出的是，采用 GHOST 方式安装的操作系统，一般情况下此文件夹为空。

(5) Downloaded Program Files 文件夹

该文件夹是下载程序文件夹，用来存放扩展 IE 功能的 Active X 等插件。例如能让 IE 播放 Flash 动画的控件、Java 虚拟机控件等。

(6) Offline Web Pages 文件夹

该文件夹存放的是脱机浏览的文件。当某个站点被设成允许脱机使用时，就会在该文件夹中生成对应的文件。可以删除这里的文件，不过相应站点的脱机浏览功能就会失效。

(7) Prefetch 文件夹

该文件夹是预读取文件夹，用来存放系统已访问过的文件的预读信息，此信息是系统在访问时自动生成的新信息，以加快文件的访问速度，其扩展名为 PF。可以将此文件夹中的文件删除。

(8) pss 文件夹

该文件夹用来备份系统启动配置文件，一般对 Boot.ini、System.ini 和 Win.ini 三个文件进行备份，扩展名为 backup。如果系统原有的这三个文件损坏的话，可以从这里进行恢复。

(9) Registration 文件夹

该文件夹是注册文件夹，用来存放用于系统 COM＋或者其他组件注册的相关文件。

(10) tasks 文件夹

该文件夹是计划任务文件夹，主要存放计划任务的定制程序和定制的运行计划。合理利用计划任务，可以提高工作的效率。例如可以根据需要设置定时关机等。

(11) WinSxS 文件夹

为解决应用程序和 DLL 兼容性以及 DLL 共享的问题，Windows 引入了程序集的概念。一个程序集是由一组资源构成的,包括一些 DLL 和一个描述该程序集及其内容的清单文件(manifest)。通常共享的程序集被存放在 WinSxS 文件夹下。一个程序集的清单文件通常有这样一个名称:它包含了程序集的名称、版本信息,以及一些文本表达了一个唯一的签名,最后是扩展名".manifest"。此清单被存放在"WinSxS\Manifests"中。程序集的其他资源则存放在 WinSxS 的其他子目录中,子目录的名称与对应的清单文件同名(不含扩展名)。

2. Documents and Settings 文件夹(或 USERS 文件夹)

Documents and Settings 文件夹是 Windows NT/2000/XP/2003 操作系统(Windows 7 使用 USERS 文件夹)中用来存放用户配置信息的文件夹。默认情况下在系统分区根目录下,该文件中包括 All Users、Default User、用户文件夹(如 LWH)。另外还有两个具有系统隐藏属性的 LocalService、NetworkService 文件夹,如图 3.22 所示。

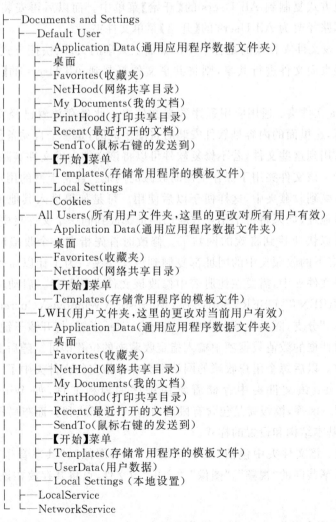

```
├──Documents and Settings
│  ├──Default User
│  │  ├──Application Data(通用应用程序数据文件夹)
│  │  ├──桌面
│  │  ├──Favorites(收藏夹)
│  │  ├──NetHood(网络共享目录)
│  │  ├──My Documents(我的文档)
│  │  ├──PrintHood(打印共享目录)
│  │  ├──Recent(最近打开的文档)
│  │  ├──SendTo(鼠标右键的发送到)
│  │  ├──【开始】菜单
│  │  ├──Templates(存储常用程序的模板文件)
│  │  ├──Local Settings
│  │  └──Cookies
│  ├──All Users(所有用户文件夹,这里的更改对所有用户有效)
│  │  ├──Application Data(通用应用程序数据文件夹)
│  │  ├──桌面
│  │  ├──Favorites(收藏夹)
│  │  ├──NetHood(网络共享目录)
│  │  ├──【开始】菜单
│  │  └──Templates(存储常用程序的模板文件)
│  ├──LWH(用户文件夹,这里的更改对当前用户有效)
│  │  ├──Application Data(通用应用程序数据文件夹)
│  │  ├──桌面
│  │  ├──Favorites(收藏夹)
│  │  ├──NetHood(网络共享目录)
│  │  ├──My Documents(我的文档)
│  │  ├──PrintHood(打印共享目录)
│  │  ├──Recent(最近打开的文档)
│  │  ├──SendTo(鼠标右键的发送到)
│  │  ├──【开始】菜单
│  │  ├──Templates(存储常用程序的模板文件)
│  │  ├──UserData(用户数据)
│  │  └──Local Settings(本地设置)
│  ├──LocalService
│  └──NetworkService
```

图 3.22 Documents and Settings 文件夹

该文件夹存放了有关用户当前桌面环境、应用程序设置和个人数据的信息。用户配置文件还包含了用户登录计算机时所建立的所有诸如网络连接、桌面大小、颜色数、鼠标设置、【开始】菜单和网络服务器等配置。当登录到 Windows XP/2003/7 时系统会自动建立配置文件。同时,通过向每个用户提供同他们最近一次登录计算机时相同的桌面,用户配置文件可以为每个用户提供一致的桌面环境。

All Users 文件夹存放所有用户共享的配置。存放在该文件夹里的信息,无论当前用户是谁,都可以看到。如果多个用户想共同使用计算机中的程序和文件,可以通过 All Users 文件夹进行设置。

【开始】菜单文件夹:该文件夹中存放着各个用户共用的程序。如果希望每个用户的开始菜单中都显示计算机中所有程序的快捷方式,只需将共享程序的快捷方式复制到"All Users\【开始】菜单"文件夹中即可。随后再将"用户名"文件夹中【开始】菜单文件夹下的所有程序的快捷方式复制到 All Users 的【开始】菜单中。而以后再安装程序时,只要将快捷方式的复制路径改为 All Users 的【开始】菜单文件夹。

【桌面】文件夹:该文件夹存放的是各个用户桌面上共享的文件、快捷方式和文件夹,如果希望各个用户的桌面文件进行共享,则将共享文件复制到 All Users 的【桌面】文件夹中。

Application Data 文件夹:通用应用程序数据文件夹。此处存放着已经安装的一些应用程序的专用数据,这里面的内容是软件安装时自动生成的,是一个自动备份。如果修复出问题的软件就需用到这些文件,若不修复软件可以将该文件夹的文件删除。

Favorites 文件夹:该文件夹用于保存上网时收藏的网址。经常上网的用户都会将自己喜欢的网站地址收藏到收藏夹中,这样便于以后使用。可是如果进入其他用户后还需要重新收藏所需网站地址,如果将每个用户收藏的网址都放到同一个文件夹中,这样就可以在任何用户下都可以快速找到喜欢的网站了。修改时首先指定一个收藏网址的文件夹,然后将其他用户名下的收藏夹中的网址都复制到该文件夹。为了让以后每个用户收藏的网址都保存到该文件夹中,需要在注册表中修改该文件夹的路径。启动注册表编辑器,展开"KEY_CURRENT_USER\Software\Microsoft\Windows\CurrentVersion\Explorer\Shell Folder"分支,随后在该分支中双击 Favorites 子键,打开该子键的【编辑字符串】对话框,在该对话框的数值数据项中输入指定收藏夹的位置即可。随后其他用户也按照此方法进行修改。以后每个用户收藏的网站都会保存指定的文件夹中了。

Templates 文件夹:该文件夹中存储着常用程序的模板文件,如 Winword.doc、Powerpnt.ppt、Excel.xls 等,模板就是包含有段落结构、字体样式和页面布局等元素的样式,它决定了文档的基本结构和设置的样式。

共享文档文件夹:该文件夹中包括"共享视频"、"共享图像"、"共享音乐"三个文件夹。若每个用户需共享共同的"视频"、"图像"、"音乐"等文件,可将其存放在该文件夹下。

3. 用户文件夹

Windows 支持多用户操作,每个用户都需要用自己的用户名和密码登录。并且各个用户都会在 Documents and Settings 目录下产生一个以用户名为名的文件夹,在该文件夹中存储着当前用户的程序设置和系统配置信息。例如在当前计算机上有一用户名为"LWH"，该文件夹包括内容如图 3.23 所示。

该文件夹中与"All Users"文件夹中名字相同的文件夹作用基本相同，其中包含的信息均与是当前用户相关的信息。不同文件夹的名字及作用如下。

（1）Cookies 文件夹

该文件夹中保存的是用户浏览某网站时，由网站服务器置于用户硬盘上的一些非常小的文本文件，文件内容包括用户 ID、密码、浏览过的网页、停留的时间等信息。硬盘中的 Cookies 文件可以被 Web 浏览器读取，它

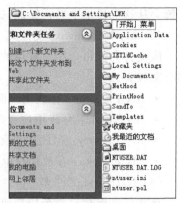

图 3.23 "用户名"文件夹

的命令格式为：用户名@网站地址[数字].txt。要注意的是，硬盘中的 Cookies 属于文本文件，不是程序。Cookies 文件内容大多数经过了加密处理，因此一般用户看来只是一些毫无意义的字母数字组合，可以通过服务器的 CGI 处理程序（或专用软件）知道它们真正的含义。如图 3.24 所示即为使用专用软件 IECookiesView 查得的某主机 Cookies 记录。

网站	点数	访问日期	访问日期	创建日期	大小
fr.11hy.info	19,253	2011-12-12 14:37:26	2011-12-11 15:34:05	2011-12-11 15:34:05	157
baidu.com	12,457	2012-1-3 16:06:48	2012-1-3 15:31:09	2012-1-3 15:31:09	352
atpanel.com	10,180	2012-1-3 15:01:57	2012-1-2 19:07:57	2012-1-2 19:07:57	389
tianya.cn	9,261	2012-1-2 18:05:38	2012-1-2 18:05:37	2012-1-2 18:05:37	1,385
news.sina.com.cn	7,852	2012-1-3 15:04:04	2012-1-3 15:04:04	2012-1-3 15:04:04	1,809
sina.com.cn	5,890	2012-1-3 18:01:58	2012-1-3 15:04:19	2012-1-3 15:04:19	1,495
qq.com	5,841	2012-1-3 16:07:04	2012-1-3 16:03:17	2012-1-3 16:03:17	854
163.com	5,738	2012-1-3 15:44:48	2012-1-3 15:44:48	2012-1-3 15:44:48	741
126.com	5,658	2012-1-3 15:44:46	2012-1-3 15:44:46	2012-1-3 15:44:46	498
1.qq.com	4,751	2012-1-3 16:03:00	2012-1-3 16:03:00	2012-1-3 16:03:00	332
taobao.com	4,187	2012-1-3 15:32:23	2012-1-3 15:31:38	2012-1-3 15:31:38	1,123

图 3.24 使用 IECookiesView 查看 Cookies 记录

（2）Local Settings 文件夹

该文件夹保存了当前用户应用程序数据、历史和临时文件（如图 3.25 所示）。其中包括 4 个文件夹，每个文件夹的作用如下。

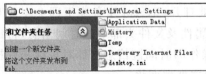

图 3.25 Local Settings 文件夹

Application Data 文件夹：该文件夹是用户应用程序数据文件夹，在运行系统中安装程序时，程序会自动提取该文件夹中应用程序的数据。

History 文件夹：该文件夹是历史记录文件夹。当在 IE 浏览器浏览过一个网页时，IE 默认会创建一个历史记录信息存放在该文件夹中。为了节省硬盘空间或不想让他人知道浏览过的网页信息，可以将该文件夹中的内容删除。

TEMP 文件夹：该文件夹是系统的临时文件夹，用来存放系统或应用程序运行时产生的临时文件，为节省可用空间，可以将该文件夹中有内容删除，也可以单击【C 盘】→【属性】→【常规】→【磁盘清理】就可以将临时文件清理了。

Temporary Internet Files 文件夹：该文件夹是 IE 下载文件缓冲区。使用 IE 浏览器浏览网页时，系统会自动将浏览过的网页内容放在这个目录中，当再次打开相同的网页时

系统会从这个目录中进行提取,这样可以加快浏览的速度。

(3) My Documents 文件夹

该文件夹是每个用户常用的【我的文档】文件夹,默认情况下【我的文档】中包括以下四个文件夹。

- My Pictures：存放用户图片文件,默认会把图片下载到这里。
- My Music：存放用户音乐文件,默认会把音乐文件保存到这里。
- My Library：存放用户文库文件。
- My eBooks：存放用户电子书文件。

(4) NetHood 文件夹

该文件夹保存着每个用户使用网络邻居时保存在网络邻居中的共享文件夹的快捷方式,有了这些快捷方式,用户可以快速地打开需要的共享文件夹。如果将每个用户访问网上邻居的快捷方式都保存到指定的文件夹中,这样就可以在任何用户环境中快速地访问同一网段内计算机的共享文件夹了,给文件共享带来了方便。

(5) PrintHood 文件夹

该文件夹是打印共享文件夹。

(6) Recent 文件夹

Recent 文件夹(Windows XP 下中文名称为"我最近的文档",Win 7 下为"最近使用的项目")是 Windows 操作系统为方便计算机用户快速查找最近使用过的文件而设置的。该文件夹默认存放路径为"\Documents and Settings\UserName\Recent(Win 7 下则为\Users\UserName\AppData\Roaming\Microsoft\Windows\Recent"),由于其为隐藏属性,需要在【我的电脑】(Win 7 下为【计算机】)→【工具】→【文件夹选项】→【查看】中取消【隐藏受保护的操作系统文件】并勾选【显示所有文件和文件夹】选项之后才能正常查看。Recent 文件夹下实际存放的是文件(或是文件夹及应用程序)的快捷方式文件(扩展名为 lnk),此类文件中包含有目标文件属性及用户操作信息,并会跟随用户行为产生改变。

与其他文件一样,Recent 文件夹下的快捷方式文件同样具有创建时间、修改时间和访问时间等标准时间属性。通常情况下,目标文件被打开,Recent 文件夹下即会生成对应的快捷方式文件。基于快捷方式文件的标准时间属性及文件头部中的时间信息,再比对目标文件的标准时间属性,可以梳理出用户文件操作的时间链信息。针对目标文件执行特定操作后,快捷方式文件的标准时间属性也会随之发生变化。

(7) SendTo 文件夹

该文件夹中的内容对应于鼠标右键菜单中发送项中的内容。用户可以在这里进行添加或修改发送菜单中的项目。添加发送菜单的项目,方法是将发送的位置的快捷方式复制到 SendTo 文件夹中,以后再单击右键选择"发送到"命令时,就可以看到该菜单下多出了发送位置。

(8) UserData 文件夹

该文件夹中包括四个子文件夹和一个 index.dat 文件。是专门为 IE 在系统中开辟的一块存储空间。每个文件夹中可能有 0 个或多个扩展名为"xml"的文件,记录访问 IE 的相关信息。

(9) NTUSER.DAT 和 NTUSER.DAT.LOG 文件

上述两个文件是注册表部分文件,它存储了当前用户的资源管理器、任务栏、网络打印机、控制面板中用户设置、附件设置等内容。

4. Default User 文件夹

该文件夹用于对初次登录的用户进行配置初始化。当新创建一个用户时,在 Documents and Settings 文件夹下没有用户文件夹,当新用户登录系统的时候,系统会在 Documents and Settings 文件夹下创建新用户文件夹,然后把文件夹 Documents and Settings 中 Default User 文件夹下的所有子文件夹复制到 Documents and Settings 文件夹的新建用户文件夹中,系统根据 Documents and Settings 中的新用户文件夹下的配置文件进行系统的界面启动。可见 Default User 是非常重要的,基于它的重要性,系统已经默认把它设置为隐藏状态。如果将此文件夹删除对现有用户没有影响,但创建新用户时将会发现少了许多默认配置。该文件夹中的内容与【用户】文件夹中的项目基本相同。

另外,在 Documents and Settings 文件夹中还有 LocalService 和 NetworkService 两个文件夹,它们是 Windows XP 中的【服务管理】程序所创建的,提供给那些作为服务的程序用。

5. Program Files 文件夹

该文件夹是程序文件夹,安装程序时均默认安装在此文件夹中。该文件夹中除了有按默认设置安装到此的文件夹以外,还有一些是操作系统相关的文件夹,相关文件夹及功能如图 3.26 所示。

```
├──Program Files
│  ├──Common Files(共享的应用程序文件存放于此)
│  ├──Internet Explorer(IE 浏览器)
│  ├──ComPlus Applications(COM+组件的配置和跟踪,一般为空)
│  ├──Windows Media Player(Windows 媒体播放器)
│  ├──WindowsUpdate(用于 Windows 的升级,可删除)
│  ├──InstallShield Installation Information(InstallShield 打包的安装程序留下的安装及卸载信息等)
│  ├──Uninstall Information(存放软件反安装信息,删除后可能会导致部分软件无法卸载)
```

图 3.26　Program Files 文件夹

6. System Volume Information 文件夹

System Volume Information 文件夹是系统还原文件夹,具有系统隐藏属性,只要系统开启了系统还原功能,还原分区里就会多出一个名为 System Volume Information 的文件夹,这里存放和记录着设置还原点之后用户对此分区的所有操作信息。系统还原功能可以跟踪更正用户对计算机进行的有害更改。

(1) 查看系统还原文件夹

在 FAT32 文件系统中,只要已设置为可显示"系统隐藏"状态,在每个分区的根目录下就会看到此文件夹,双击该文件夹即可直接进行浏览文件夹内容。但在 NTFS 文件系统中,如果用户的权限不是最高的 System 账户,则双击该文件夹时将出现如图 3.27 所

图 3.27　【拒绝访问】对话框

示的提示。为了解决上述问题,则右击该文件选择【属性】,找到【安全】选项卡,单击【添加】,将用户添加后单击【确定】即可。

打开 System Volume Information 文件夹,将会看到多个类似"_restore{87029AF5-3111-4A48-9FA7-E2AE0083DDF0}"的文件名。打开此类文件夹,将会看到一些名为 RP*(*代表连续的数字)的文件夹,这些文件夹按照数字的大小表示还原文件据现在的时间长短,另外几个文件分别为:扩展名为 CFG 的是配置文件,Drivetable.txt 记录的是驱动器信息,FiFo.log 是 Fifo 的记录。

(2) 系统还原方法

方法一:在 Windows 操作系统下进行还原。

第一步:单击左下角的【开始】→【程序】→【附件】→【系统工具】→【系统还原】,弹出【系统还原】对话框,如图 3.28 所示。

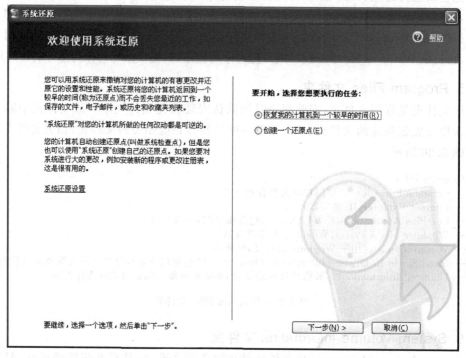

图 3.28 【系统还原】对话框

第二步:选择【恢复我的计算机到一个较早的时间】,单击【下一步】按钮进入【选择一个还原点】状态。选择还原到的日期,如果此列表框中当天没有创建还原点,可以从左侧的日期里选择字体较黑的时间进行其他时间点,单击【下一步】按钮开始还原;还原结束后,重新启动计算机后单击【完成】结束还原操作。

方法二:命令行命令进行还原。

在 Windows 操作系统下还原失败时,可以在系统启动的时候按 F8 键,进入【高级菜单】,在【安全模式】中使用系统还原。如果【安全模式】也无法还原,那么可以以管理员身份登录【带命令行的安全模式】,在命令行提示符后输入"%systemroot%\system32\

restore\rstrui.exe",回车后跟随屏幕上的向导将系统恢复到以前的正常状态。

(3) 关闭系统还原

系统还原功能占用很大磁盘空间,若不需用系统还原功能,可以将该功能关闭,以释放所占用的磁盘空间。在 Windows XP 操作系统中,关闭系统还原功能的方法比较简单。只需单击【开始】→【所有程序控制面板】,双击系统图标;也可以右击【我的电脑】的【属性】命令,弹出【系统属性】对话框,如图 3.29 所示。

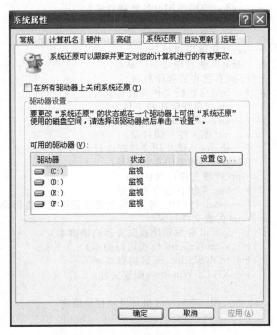

图 3.29 【系统属性】对话框

在【系统属性】对话框上选择【系统还原】选项卡,勾选【在所有驱动器上关闭系统还原】选项,单击【确定】按钮,则在所有的驱动器上禁止使用系统还原功能。其中的备份文件就会被自动删除,System Volume Information 文件夹也将自动消失。

3.5.2 Linux 系统文件夹功能

当使用 UNIX/Linux 的时候,会发现在"/"下包含很多的目录,例如 etc、usr、var、bin 等目录,而在这些目录中还存在有很多的目录或文件。整个文件系统看上去就像一棵树,因此把 Linux 文件系统结构形象地称为树形结构,也称目录树。查看目录树结构,可以通过 tree 命令(部分 Linux 不支持该命令)来实现:

[root@ localhost ~]#tree

tree 命令的输出结果,最顶端是"/",称"/"为 Linux 的 root。Linux 文件系统的入口就是"/",所有的目录、文件、设备都在"/"之下,"/"就是 Linux 文件系统的组织者,也是最上级的领导者。"/(根目录)"目录的基本结构如图 3.30 所示。

图 3.30 "/(根目录)"目录结构

1. /

Linux 文件系统的入口,也是处于最高一级的目录。/目录是启动时系统第一个载入的分区,所以所有启动过程会用到的文件应该都放在这个分区中。

2. /bin

基础系统所需要的那些命令位于此目录,也是最小系统所需要的命令,例如 ls、cp、mkdir 等命令;功能和/usr/bin 类似,这个目录中的文件都是可执行的、普通用户都可以使用的命令。

3. /boot

Linux 的内核及引导系统程序所需要的文件,例如 vmlinuz initrd.img 文件都位于这个目录中。在一般情况下,GRUB 或 LILO 系统引导管理器也位于这个目录。

4. /dev

/dev 目录中有大量的设备文件,主要是块设备文件和字符设备文件。过去,在添加新磁盘后,往往需要手动增加块设备文件。现在通常不需要手动增加块设备文件,运行一下 service kudzu start,系统就会自动配置相应的设备。块设备的主要特点是可以随机读写,而最常见的块设备就是磁盘,如/dev/hda1、/dev/sda2、/dev/fd0 等。同块设备一样,一般都可以用 service kudzu start(需安装 kudzu 工具)命令来自动增加、删除或修改字符设备。最常见的字符设备是打印机和终端,它们可以接受字符流。/dev/null 是一个非常有用的字符设备文件,送入这个设备的所有东西都被忽略。如果将任何程序的输出结果重定向到/dev/null,则看不到任何输出信息。甚至可以将某一用户的 shell 指向/dev/null 以禁止其登录。"cat/dev/zero>/tmp/zero"命令会创建一个新文件/tmp/zero。这个文件的大小会持续增加直到用户按 Ctrl-C 来中断命令。/dev/zero 文件是一个特殊的、永不停止的、包含零的文件。只需让这个文件运行一段时间,恶意用户就能够占用磁盘上的所有空间。

5. /etc

系统配置文件的所在地,主要的设置文件几乎都放在这个目录内,例如人员的账号密码文件、各种服务的起始文件等。一般来说,这个目录下的各文件属性是可以让一般用户查看的,但只有 root 有权修改。并且,在此目录下的文件几乎都是 ASCII 的纯文本文件。建议不要在这个目录中放置可执行文件。比较重要的文件有/etc/inittab、/etc/init.d/、/etc/modprobe.conf、/etc/X11、/etc/fstab、/etc/sysconfig 等。

6. /home

普通用户家目录默认存放目录。在新增一般用户账号时,默认的用户家目录都会放到这里。家目录有两种代号:~表示当前用户的家目录,而~LWH 则表示 LWH 的家目录。

7. /lib

库文件存放目录。程序在运行过程中,可能会调用一些额外的功能参数,这需要函数库的协助,这些函数库就放在此处。例如/lib/modules 目录内会存放核心的相关模块。

8. /lost+found

在 Ext2 或 Ext3 文件系统中,当系统意外崩溃或机器意外关机,会产生一些文件碎片放在这里;当系统启动的过程中 fsck 工具会检查这里,并修复已经损坏的文件系统;有时系统发生问题,会有很多的文件被移到这个目录中。

9. /media

存放即插即用型存储设备的挂载点,例如 USB 盘系统自动挂载后,会在这个目录下产生一个目录;CDROM/DVD 自动挂载后,也会在这个目录中创建一个目录,类似 CDROM 的目录。

10. /mnt

这个目录一般是用于存放挂载存储设备的挂载目录的,例如有 CDROM 等目录,可以参看/etc/fstab 的定义。有时可以设置系统开机自动挂载文件系统,把挂载点放在该目录也是可以的。

11. /opt

表示的是可选择的意思,有些软件包也会被安装在这里,也就是自定义软件包。

12. /proc

操作系统运行时,进程(正在运行中的程序)信息及内核信息(例如 CPU、硬盘分区、内存信息等)存放在这里。

13. /root

Linux 超级权限用户 root 的家目录。

14. /sbin

大多是涉及系统管理的命令的存放,是超级权限用户 root 的可执行命令存放地,普通用户无权限执行这个目录下的命令,这个目录和/usr/sbin、/usr/X11R6/sbin 或/usr/local/sbin 目录是相似的。凡是目录 sbin 中包含的都是 root 权限才能执行的。

15. /tmp

临时文件目录,有时用户运行程序的时候,会产生临时文件,/tmp 就是用来存放临时文件的,/var/tmp 目录和这个目录相似。

16. /usr

这个是系统存放程序的目录,例如命令、帮助文件等。这个目录下有很多的文件和目录。当安装一个 UNIX/Linux 发行版官方提供的软件包时,大多安装在这里。如果有涉及服务器配置文件的,会把配置文件安装在/etc 目录中。/usr 目录下包括涉及字体目录/usr/share/fonts,帮助目录/usr/share/man 或/usr/share/doc。普通用户可执行文件目录/usr/bin 或/usr/local/bin 或/usr/X11R6/bin,超级权限用户 root 的可执行命令存放在目录/usr/sbin 或/usr/X11R6/sbin 或/usr/local/sbin 等中,还有程序的头文件存放在目录/usr/include 中。

17. /var

这个目录的内容是经常变动的,/var 下有/var/log,用来存放系统日志的目录;/var/www 目录是定义 Apache 服务器站点的存放目录;/var/lib 用来存放一些库文件,例如 MySQL 数据库;/var/spool 是队列数据存放目录,例如主机收到电子邮件后,就会放到/var/spool/mail 中,若信件暂时发不出去,则会放到/var/spool/mqueue 目录下,用户工作任务分配(cron)则是放在/var/spool/cron 中。

18. /etc/init.d

这个目录是用来存放系统或服务器以 System V 模式启动的脚本,这在以 System V 模式启动或初始化的系统中常见,例如 Fedora/RedHat。

19. /etc/xinit.d

如果服务器是通过 xinetd 模式运行的,它的脚本要放在这个目录下。有些系统没有这个目录,例如 Slackware,有些老的版本也没有。比较新的版本中存在目录 Redhat/Fedora 中。

20. /etc/rc.d

Slackware 发行版中的一个目录,是 BSD 方式启动脚本的存放地,例如定义网卡、服务器开启脚本等。

21. /etc/X11
X-Windows 相关的配置文件存放地。

22. /usr/bin
可执行程序的目录,普通用户有权限执行。当从系统自带的软件包安装一个程序时,可执行文件大多会放在这个目录,例如安装 gaim 软件包时。相似的目录是/usr/local/bin,有时/usr/bin 中的文件是/usr/local/bin 的链接文件。

23. /usr/sbin
这个目录也是可执行程序的目录,但大多存放涉及系统管理的命令。只有 root 权限才能执行。相似目录是/sbin 或/usr/local/sbin 或/usr/X11R6/sbin 等。

24. /usr/local
这个目录一般是用来存放用户自编译安装软件的,一般是通过源码包安装的软件,如果没有特别指定安装目录的话,一般是安装在这个目录中。

25. /usr/lib
和/lib 目录相似,是库文件的存储目录。

26. /usr/share
系统共用文件存放地,例如/usr/share/fonts 字体目录。

27. /usr/share/doc
帮助文件。

28. /usr/share/man
帮助文件。

29. /usr/src
内核源码存放的目录,例如下面有内核源码目录,例如 Linux、Linux-2.xxx 目录等。有的系统也会把源码软件包安装在这里。例如 Fedora/Redhat,当安装 file.src.rpm 的时候,这些软件包会安装在/usr/src/redhat 相应的目录中。

30. /var/log
系统日志存放目录。

31. /var/spool
打印机、邮件、代理服务器等假脱机目录。

习题 3

1. 采用 NTFS 的 Windows 操作系统,文件或文件夹的访问权限主要包括哪几种?
2. Linux 环境下使用 ls -lh 命令查看文件属性,表示文件类型的字符位可能会出现哪些字符,分别代表什么文件类型?

3. 如何在 Windows 操作系统环境下设置文件或文件夹访问的"特别权限"?
4. Linux 操作系统会采取哪些方式用以正确地判断文件类型?
5. 请解释说明命令"chmod g+r,o+r LWH"所完成的功能。
6. 请解释说明命令"chmod 774 LWH"所完成的功能。
7. 若要将文件 1.txt 的属主设为 luowenhua,属组设为 LWH,请问应该使用怎样的命令?
8. 请说明"Windows\system32"文件夹下,以 ＄NtUninstall 开头的文件夹所完成的功能?
9. 描述 Windows 环境下如何通过修改注册表设定 Favorites 文件夹的存放路径。
10. 说明如何利用 Windows 环境下的还原点文件获取文件信息。
11. Windows 操作系统利用 Recent 文件夹实现何种功能?
12. 请说明 Linux 操作系统的 dev 文件夹的主要功能。

第 4 章 内存管理基础

随机访问内存(Random-access Memory,RAM)一般简称为内存,是计算机系统在运行过程中用来存储应用程序、数据以及操作系统的存储区域。所有的程序在运行前必须将程序代码装入内存(部分或全部)。正在运行程序的活动数据,如在记事本输入的文本字符,也驻留在内存中。与硬盘所存储的信息不同,内存信息断电后一般会完全丢失,属于易失信息。因此,针对内存相关知识的介绍对于电子物证实践具有重要和特殊的意义。

4.1 内存管理机制

4.1.1 Windows 内存管理机制

1. 内存管理实现

Windows 的内存管理主要有两个任务:将一个进程的虚拟地址空间转译或映射到物理内存中,这样当一个在该进程的环境中运行的线程读写虚拟地址空间时,它可以引用到正确的物理地址;当内存被过度提交时(运行线程或系统代码试图使用比当前可用内存更多的物理内存)时,将内存中的有些内容转移到磁盘上,并且在以后需要这些内容时,再将它们读回到物理内存中。

Windows 的内存管理主要由以下机制实现。

(1) 工作集管理:优先级 16,每秒钟被平衡集管理器(一个内核创建的系统线程)调用一次。负责驱动总体内存管理策略,例如工作集修剪、页面变老以及已修改页的写出等。系统会每隔固定时间段调用它,或当空闲内存数量降低到某特定阈值下也会调用该机制。

(2) 进程(线程)交换机制:优先级 23,负责执行进程(线程)的换入和换出操作。

(3) 已修改页面写出机制:优先级 17,将已修改页面列表上的脏页面写回到适当的页面文件中。

(4) 映射页面写出机制:优先级 17,将映射页面中的脏页面写到磁盘上。

(5) 废弃段线程:优先级 18,负责系统高速缓存和页面文件的扩大和缩小。

(6) 零页线程:优先级 0,将空闲列表中的页面清零。

另外,在 Win32 环境下,32 位的地址空间转化为 4GB 的虚拟内存。默认情况下,将一半(2GB)分配给用户进程,另一半(2GB)分配给操作系统。Windows 2000/XP Advanced Server 版本和 Windows 2000/XP Data Center 版本支持一个引导选项(Boot.ini 中通过/3GB 标识激活),允许用户拥有 3GB 地址空间,留 1GB 给操作系统。Windows 在 x86 系统地址空间(32 位)分布如下所示:

0x80000000～0x9FFFFFFF：引导系统(Ntoskrnl.exe 和 Hal.dll)和非分页缓冲池初始部分的系统代码。

0xA0000000～0xA3FFFFFF：系统映射视图(如 Win32k.sys)或者会话空间。

0xA4000000～0xBFFFFFFF：附加系统页表项(PTE)或附加系统高速缓存。

0xC0000000～0xC03FFFFF：进程页表和页目录，描述虚拟地址映射的结构。

0xC0400000～0xC07FFFFF：超空间和进程工作集列表。

0xC0800000～0xC0BFFFFF：未使用区域，不可访问。

0xC0C00000～0xC0FFFFFF：系统工作集链表，描述系统工作集的工作集链表数据结构。

0xC1000000～0xE0FFFFFF：系统高速缓存，用来映射在系统高速缓存中打开的文件的虚拟空间。

0xE1000000～0xEAFFFFFF：分页缓冲池，可分页系统内存堆。

0xEB000000～0xFFBDFFFF：系统页表项和非分页缓冲池。

0xFFBE0000～0xFFFFFFFF：系统性故障转储信息和硬件抽象层(HAL)使用区域。

Windows 系统自带的任务管理器提供了有关计算机性能的信息，并显示了计算机上所运行的程序和进程的详细信息；它的用户界面提供了文件、选项、查看、关机、帮助等五大菜单项，其下还有应用程序、进程、性能、联网、用户等五个标签页，窗口底部则是状态栏，从这里可以查看到当前系统的进程数、CPU 使用率等信息。单击 Ctrl＋Alt＋Delete 或是 Ctrl＋Shift＋Esc 组合键启动 Windows 任务管理器。在【性能】选项卡上显示有内存相关信息，如图 4.1 所示。【物理内存】中的【总数】表示系统实际可用的物理内存数，【可用数】表示备用列表、空闲列表和零(页)列表的总大小值，【系统缓存】表示备用列表与系统工作集的内存总和。所谓零页是指用零初始化后的页面,如果进程需要零页,则首先访问零页列表,若为空,则从空闲列表中选取一页并零初始化,若空闲列表也为空,则从备用列表中选取一页并零

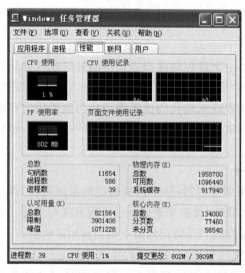

图 4.1 【性能】选项卡上显示的内存相关信息

初始化；当不需要零页时，则首先访问空闲列表，若为空，则访问备用列表。【核心内存】中的【总数】是其下【分页数】与【未分页】的总和，【分页数】表示换页池的虚拟大小，【未分页】表示非换页池的物理大小。非换页池由"可保证总是驻留在物理内存"的虚拟地址范围构成，由于这些地址范围总是驻留在内存中，因此任何时候都可以访问它，而不会导致页面错误。换页池是指系统空间中的一段虚拟内存区域，它可以被换入和换出系统。

2. 虚拟内存设置

计算机中所运行的程序均需经由内存执行，若执行的程序很大或很多，则会导致内存消耗殆尽。为解决该问题，Windows 操作系统采用了虚拟内存技术，即匀出一部分硬盘

空间来充当内存使用。当由所有运行的进程使用的内存超过了可用的 RAM 数量时，操作系统将开始把内存空间页面移出虚拟地址空间，移向硬盘，从而释放 RAM 以备他用。这种内存页面的移动称为交换技术，而且页面文件经常被称为交换文件。这种交换技术需要许多额外支出。然后这些页面被存储在根分区的一个名为 Pagefile.sys（交换文件）的文件中，如图 4.2。而当需要再次运行那些被释放的程序时，Windows 会到 Pagefile.sys 中查找内存页面的交换文件，同时释放其他程序的内存页面，再完成当前程序的载入过程。

图 4.2　C 盘根目录下的 Pagefile.sys 文件

虚拟内存即交换文件的大小可以根据计算机的实际使用情况进行设置。鼠标右击【我的电脑】图标，在弹出的菜单中选择【属性】，也可以从【控制面板】中打开该窗口。在【高级】选项卡窗口中，选择【性能】标签，单击下面的【虚拟内存】按钮，弹出【虚拟内存】设置窗口，如图 4.3 所示。

手动设置虚拟内存，先选择【自定义大小】，然后在【驱动器】栏中设置虚拟内存交换文件所在的分区，一般选择一个剩余空间较大的、不常使用的分区，然后在【最小值】中设置最小值（可以不设）、在【最大值】栏中设置最大值，最大值可以设置为硬盘的最大剩余空间。

通过修改注册表中的相关键值可以达到设置交换文件大小的目的。如通过重新设置注册表项 HKEY_LOCAL_MACHINE\SYSTEM\CurrentControlSet\Control\Session Manager\Memory Management\PagingFiles 键值（如图 4.4 所示），也可以修改交换文件的大小。另外，通过设置 HKLM\SYSTEM\CurrentControlSet\Control\SessionManager\MemoryManagement 的 Nonpaged PoolSize 和 PagedPoolSize 的值可以改变非分页/分页缓冲池的大小。

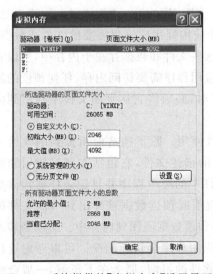

图 4.3　系统提供的【虚拟内存】设置界面　　图 4.4　通过注册表项设置交换文件大小

3. 预读与映射

为了让整个预读(Prefetch)操作切实地提高系统性能，Windows XP 缓存管理器在系统启动过程中以及在各种应用程序被导入的时候，监视数据在磁盘和 RAM 之间以及在 RAM 和虚拟内存之间的移动。当缓存管理器监视这些事件时，它构造目录和每个应用程序或进程引用的所有文件的映射。这些映射被保存到\Windows\Prefetch 文件夹扩展名为.pf 的文件中。在这些映射文件被创建之后，缓存管理器将在系统启动以及导入应用程序的时候使用它们以提高效率。更明确地，缓存管理器会拦截将被导入的每一个进程或应用程序并且查看\Windows\Prefetch 文件夹以确定是否存在相应的映射。如果存在，缓存管理器将指派文件系统立即访问映射中的目录或文件引用；然后缓存管理器将警告内存管理器并告诉它使用映射文件中的信息向内存中导入数据或代码。当这个预读操作完成之后，缓存管理器将允许应用程序或进程继续导入。在应用程序或进程这样做的过程中，它会发现需要的大部分文件和数据已经存在于内存中，因此减少了磁盘访问量并且使得应用程序或进程导入或响应得更迅速。

为了进一步提高这个预读操作的效率，Windows XP 会定期地分析映射文件的内容，编辑一个目录和文件列表，以导入的顺序组织它们，并且将这些信息保存在\Windows\Prefetch 文件夹下的名为 Layout.ini 的文件中。然后它会安排磁盘碎片整理程序定期运行并且使用 Layout.ini 文件中的信息以重新部署所有目录文件，让它们排列在磁盘中临近的区域，如图 4.5 所示。

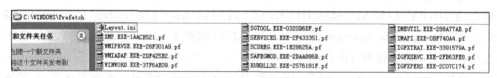

图 4.5 C:\Windows\Prefetch 文件夹下的内容

在 Windows 7 中则采用了 SuperFetch 技术以克服 Windows XP Prefetch 的不足。正如前面介绍的，Prefetch 由内存中导入大部分一个应用程序或进程需要的文件或数据，所以可以在需要时更迅速地访问它们。然而，由于这些文件和数据存在于内存中，所以它们受控制虚拟内存的规则支配。换句话说，当其他应用程序需要访问内存，任何预读的数据会被移出到硬盘上的页面文件中。当再次需要它时，必须将它从页面文件中移回到内存，这当然抵消了性能增强。

SuperFetch 更进一步地保证性能增强的最有效使用。除了构造前面提到的映射文件之外，SuperFetch 还会构造正在使用的应用程序的描述文件，它包括在何时使用和使用的频率等信息。然后，SuperFetch 将跟踪描述文件中的应用程序并且记录任何预读数据在何时被移出到页面文件中。SuperFetch 将监视引起预读数据被移出到页面文件的应用程序描述文件，并且应用程序一旦完成，它就将预读数据取回到内存中。所以当转到访问应用程序，预读数据将在内存中再次可用而且应用程序会快速响应。可以考虑这样一个例子，假设用户有在工作的午休时间运行杀毒软件的习惯，那么在下班前，一般会停止处理工作程序，然后运行杀毒软件，此时，如果使用的是 Windows XP，那么操作系统会将工作程序所占用的内存页面写入硬盘交换文件中,并读取杀毒软件的文件载入内存。午休过后,杀毒软件已经运行完毕,但是在重新开始使用工作程序的时候,系统仍然需要经历杀毒软件和工作程序的硬盘交换文件与内存页面的交换过程,此时程序的响应速度明显降低。如果系统能够进一步自动记录下这些经常性的操作行为所发生和结束的时间,当时运行的前台和后台软件等详细情况,那么在内存有空闲空间的时候,就可以在预定的时机预先将一部分文件载入到内存中,这样就避免了上面例子中发生的性能降低的情况。这就是SuperFetch带来最切实际的好处。

预读由注册表键 HKLM\SYSTEM\ControlSet00x\Control\Session Manager\Memory Management\PrefetchParameters 控制,该键下有一名为 EnablePrefetcher 的子键如图4.6所示,用于定义预读的方式,其中0表示预读被禁止、1和2分别代表程序和启动预读启用、3则表示程序和启动预读都启用。

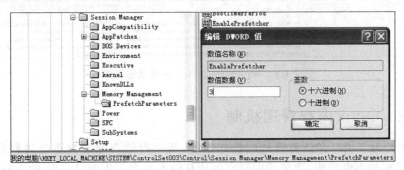

图4.6 与预读相关的注册表键

Prefetch目录中.pf文件对于调查是极其有用的。文件偏移90HB处4字节内容为该程序被运行的次数,偏移78HB处的8字节内容对应程序最后运行的时间,该值以UTC(Universal Time Coordinated,协调世界时)形式存储。如图4.7所示为IEXPLORE.EXE-27122324.pf文件的十六进制编码信息,偏移78H处的"01 CD C2 D7 95 60 CB 68"(小字节序,下同)即为IEXPLORE.EXE程序最后一次运行的时间,利用数据解释器解析可知其为2012年11月15日02时19分04秒。由于该时间采用UTC格式,因此若要获得本地时间,还需在解析时间基础上加上本地时区(以北京时间为例,该运行时间实际为2012年11月15日10时19分04秒)。另外从偏移90处"00 00 00 03"可知该程序运行的次数为3。

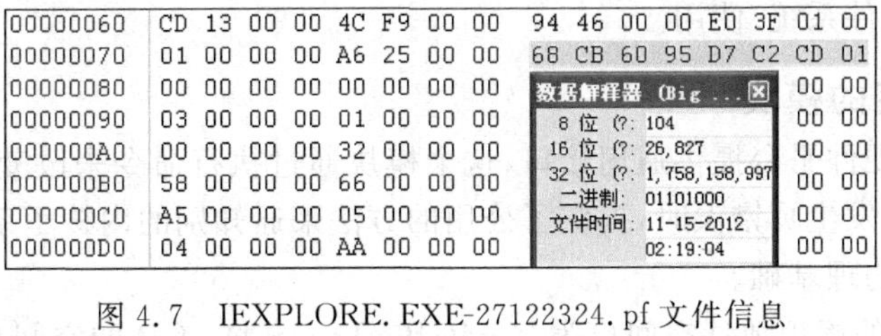

图4.7 IEXPLORE.EXE-27122324.pf 文件信息

必须指出的是,实验发现计算机系统运行一段时间之后,由于.pf文件中已经存储了用户常用的应用程序引用映射,新的可执行文件操作可能不会改变相应.pf文件中的内容,此时.pf 文件中的最后运行时间和运行次数信息便不再可靠。鉴于操作系统安装后,杀毒软件往往会自动升级,用户也通常选择在第一时间使用 IE 浏览器或即时通信工具等软件,因此在用户未删除过 Prefetch 目录内容的情况下,可以依据这些最为常用软件映射文件的创建时间推测操作系统大致的安装时间。然后再依据最后运行时间与系统安装时间的跨度,判断其是否可靠。另外,运行程序的路径及所需相关文件信息以 Unicode 编码格式存储在.pf 文件中,即使用户安装、运行特定程序后将其删除,痕迹也会留在 Prefetch 目录中。如图 4.8 所示为可用于映射文件调查的 WinPrefetchView 软件运行界面,该软件能够解析出最后运行时间、程序存放路径、映射文件创建时间、所需相关文件等信息,为取证分析提供极大的方便。

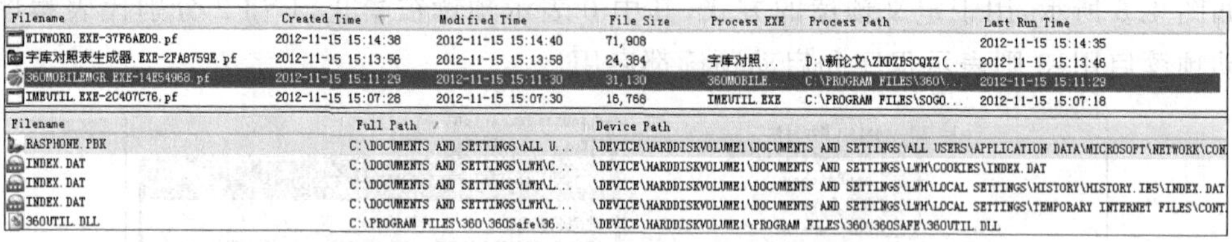

图 4.8 WinPrefetchView 软件功能截图

4.1.2 Linux 内存管理机制

Linux 是为多用户多任务设计的操作系统,所以存储资源要被多个进程有效共享。由于程序规模的不断膨胀,要求的内存空间比从前大得多。因此,Linux 的内存管理主要体现在对虚拟内存的管理。Linux 主要通过以下模块实现虚拟内存的组成模块。

1. 内存映射模块(mmap)

负责把磁盘文件的逻辑地址映射到虚拟地址,以及把虚拟地址映射到物理地址。

2. 交换模块(swap)

负责控制内存内容的换入和换出,它通过交换机制,使得在物理内存的页面(RAM页)中保留有效的页,即从主存中淘汰最近没被访问的页、保存近来访问过的页。

3. 核心内存管理模块(core)

负责核心内存管理功能,即对页的分配、回收、释放及请页处理等,这些功能将被别的内核子系统(如文件系统)使用。

4. 结构特定的模块

负责给各种硬件平台提供通用接口,这个模块通过执行命令来改变硬件 MMU 的虚拟地址映射,并在发生页错误时,提供了公用的方法来通知别的内核子系统。这个模块是实现虚拟内存的物理基础。

32 位 Linux 的虚拟地址空间也为 0~4GB。Linux 将 4GB 的空间分为两部分,最高的 1GB(虚拟地址 0xC0000000~0xFFFFFFFF)供内核使用,称为"内核空间";较低的 3GB(虚拟地址 0x00000000~0xBFFFFFFF)供用户进程使用,称为"用户空间"。因为每个进程可以通过系统调用进入内核,因此 Linux 内核由系统内的所有进程共享。从具体进程角度看,每个进程可以拥有 4GB 的进程空间。

  Linux 虚拟内存的实现需要各种机制的支持,主要包括内存分配和回收机制、地址映射机制、缓存和刷新机制、请页机制、交换机制、内存共享机制。具体过程如下:首先内存管理程序通过映射机制把用户程序的逻辑地址映射到物理地址,在用户程序运行时如果发现程序中要用的虚拟地址没有对应的物理内存时,就发出了请页要求;如果有空闲的内存可供分配,就请求分配内存(于是用到了内存的分配和回收),并把正在使用的物理页记录在页缓存中(使用了缓存机制)。如果没有足够的内存可供分配,那么就调用交换机制,腾出一部分内存。另外在地址映射中要通过 TLB(翻译后援存储器)来寻找物理页;交换机制中也要用到交换缓存,并且把物理页内容交换到交换文件中后也要修改页表来映射文件地址。

4.2 系统进程功能

4.2.1 Windows 系统进程功能

1. Windows 操作系统的基本系统进程

  在 Windows 操作系统中,系统进程又分为基本系统进程和附加系统进程,基本系统进程是操作系统运行的必备条件,只有这些进程处于活动状态,系统才能正常运行,一般情况下,此类进程不能结束;而附加系统进程则不是必需的,可以根据需要新建或结束。本小节将重点介绍操作系统的基本系统进程。

  (1) winlogon.exe 进程

  该进程文件是 winlogon.exe,是用户登录程序,管理用户登录和退出。正常情况下有且只有一个 winlogon.exe 进程,其用户名为 SYSTEM。如果出现了两个 winlogon.exe,且其中一个为大写,用户名为当前系统用户的话,表明可能存在木马。

  (2) csrss.exe 进程

  该进程文件是 csrss.exe,是用户模式 Win32 子系统的一部分。csrss 代表客户/服务器运行子系统,用于维持 Windows 的控制、创建或者删除线程和一些 16 位的虚拟 MS-DOS 环境。

  (3) System Idle Process 进程

  该进程文件是 System Idle Process,是 Windows 页面内存管理进程,拥有 0 级优先。它作为单线程运行在每个处理器上,并在系统不处理其他线程的时候分派处理器的时间。它的 CPU 占用率越大表示可供分配的 CPU 资源越多,数字越小则表示 CPU 资源紧张。

  (4) smss.exe 进程

  该进程文件是 smss 或者 smss.exe。这是一个会话管理子系统,负责启动用户会话。这个进程是通过系统进程初始化的,并且对许多活动作出反映,例如对正在运行的 Winlogon、Win32(Csrss.exe)线程和设定的系统变量作出反映。在它启动这些进程后,它等待 Winlogon 或者 Csrss 结束。如果这些过程是正常的,系统就关掉了。如果发生了什么不可预料的事情,smss.exe 就会让系统停止响应(就是挂起)。

（5）services.exe 进程

该进程文件是 services 或 services.exe，是一个系统服务管理工具，包含很多系统服务。打开管理工具中的服务，可以看到有很多服务都是在调用"％systemroot％\system32\service.exe"。

（6）lsass.exe 进程

该进程文件是 lsass 或 lsass.exe，是一个本地的安全授权服务，管理 IP 安全策略以及启动 ISAKMP/Oakley(IKE)和 IP 安全驱动程序。并且它会为使用 winlogon 服务的授权用户生成一个进程，这个进程是通过使用授权的包，例如默认的 msgina.dll 来执行的。如果授权是成功的，lsass 就会产生用户的进入令牌，其他的由用户初始化的进程会继承这个令牌的。

（7）svchost.exe 进程

该进程文件是 svchost.exe，是 NT 核心系统中非常重要的进程，对于 Windows 2000/XP/7 来说，不可或缺。不同版本的 Windows 系统，存在不同数量的 Svchost 进程，用户使用【任务管理器】可查看其进程数目。一般来说，Windows 2000 有两个 Svchost 进程，Windows XP 中则有四个或四个以上的 Svchost 进程，而 Windows 2003 server 中则更多。这些 Svchost 进程提供很多系统服务，如 rpcss 服务（Remote Procedure Call）、dmserver 服务（Logical Disk Manager）、dhcp 服务（dhcp Client）等。

如果要了解每个 Svchost 进程到底提供了多少系统服务，可以在 Windows 2000 的命令提示符窗口中输入"tlist-s"命令来查看，该命令是 Windows 2000 Support Tools 提供的。在 Windows XP 则使用"tasklist/svc"命令。

之所以设置有 Svchost.exe 进程，主要是因为 Windows 系统服务不断增多，为了节省系统资源，微软把很多服务作成共享方式，交由 Svchost.exe 进程来启动。Svchost 进程只作为服务宿主，并不实现任何服务功能，即它只能提供条件让其他服务在这里被启动，而它自己却不能给用户提供任何服务。系统服务是通过动态链接库（dll）形式实现的，它们把可执行程序指向 Svchost，由 Svchost 调用相应服务的动态链接库来启动服务。在 SvcHost 进程中运行的服务有电话（TapiSrv）服务、远过程调用（RpcSs）服务和远程访问连接管理器（RasMan）服务。Svchost 通过系统服务在注册表中的参数获知某个系统服务应该具体调用哪个动态链接库。在【控制面板】中依次双击【管理工具】→【服务】，打开【服务控制台】。在右侧窗格中双击 Remote Procedure Call（RPC）服务项，打开其【属性】对话框，可以看到 RpcSs 服务的可执行文件的路径为"C:\Windows\system32\svchost-k rpcss"，这说明 RpcSs 服务是依靠 Svchost 启动的，"-k rpcss"表示此服务包含在 Svchost 的 Rpcss 服务组中。在 HKEY_LOCAL_MACHINE\SOFTWARE\Microsoft\Windows NT\CurrentVersion\SvcHost（如图 4.9 所示）键下可以查看由 Svchost 负责启动的相关服务。这个注册表项下的每个值都代表单独的 Svchost 组，并在用户查看活动进程时作为单独的实例显示；键值均为 REG_MULTI_SZ 类型，包含有该 Svchost 组里运行的服务名称。

（8）explorer.exe 进程

该进程文件是 explorer.exe，主要负责显示系统桌面上的图标以及任务栏。在

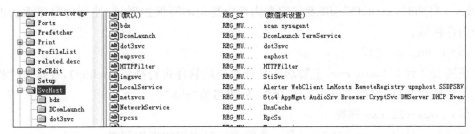

图 4.9　注册表信息中的 Svchost 启动服务

Windows 9x 中,这个进程是运行系统时所必需的。在 Windows 2000/XP/7 和其他 Windows NT 内核的系统中,Explorer.exe 进程并不是系统运行时所必需的,所以可以用任务管理器来结束它,并不影响系统的正常工作。在【任务管理器】中选择【进程】选项卡,在窗口中选择 Explorer.exe 进程,单击【结束进程】按钮,则桌面上除了壁纸(活动桌面 Active Desktop 的壁纸除外),所有图标和任务栏都消失了。

(9) spoolsv.exe 进程

该进程文件是 spoolsv 或 spoolsv.exe,Windows 打印任务控制程序,管理缓冲区中的打印和传真作业,将文件加载到内存中以便迟后打印。

2. Windows 操作系统附加的系统进程

Windows 操作系统附加的系统进程不是操作系统运行必需的进程,此类进程可以根据需要新建或结束。本小节将重点介绍 Windows 操作系统附加的系统进程。

(1) alg.exe 进程

该进程文件是 alg 或 alg.exe,是一个应用层网关服务,用于网络共享,为 Internet 连接共享服务和 Internet 连接防火墙服务提供第三方协议插件的支持。

(2) dllhost.exe 进程

该进程文件是 dllhost 或 dllhost.exe,是运行 COM+ 的组件,即 COM 代理,运行 Windows 中的 Web 和 FTP 服务器就会有该进程。

(3) inetinfo.exe 进程

该进程文件是 inetinfo 或 inetinfo.exe,是 Microsoft Internet Information Services (IIS)的一部分,用于 Debug 调试除错。

(4) internat.exe 进程

该进程文件是 internat.exe,主要是用来控制输入法的,该进程在启动的时候开始运行。它加载由用户指定的不同的输入点,输入点是从注册表的这个位置"HKEY_USERS \.DEFAULT\Keyboard Layout\Preload"加载内容的。internat.exe 加载【EN】图标进入系统的图标区,允许使用者可以很容易地转换不同的输入点。当进程停掉的时候,图标就会消失,但是输入点仍然可以通过控制面板来改变。当任务栏没有【EN】图标,而系统有 internat.exe 进程,不妨结束掉该进程,在运行里执行 internat 命令即可。

(5) kernel32.dll 进程

该进程文件是 kernel32.dll,是 Windows 9x/Me 中非常重要的 32 位动态链接库文件,属于内核级文件。它控制着系统的内存管理、数据的输入输出操作和中断处理,当

Windows 启动时，kernel32.dll 就驻留在内存中特定的写保护区域，使别的程序无法占用这个内存区域。

（6）mdm.exe 进程

该进程文件是 mdm.exe，主要功能是针对应用软件进行排错（Debug），在排错过程中产生一些暂存文件，这些文件以"fff"开头，后缀名为"chk"。

（7）msgsrv32.exe 进程

该进程文件是 msgsrv32.exe，是一个管理信息窗口的应用程序。

（8）mstask.exe 进程

该进程文件是 mstask.exe，是 Windows 计划任务，用于设定任务在什么时间或者什么日期备份或者运行。它通过注册表自动启动。因此，通过计划任务程序实现自启动的程序在系统信息中看不到它的文件名，一旦把它从注册表中删除或禁用，那么通过计划任务启动的程序全部不能自动运行。攻击者在攻击过程中，也经常用到计划任务，包括上传文件、提升权限、种植后门、清扫脚印等。

（9）regsvc.exe 进程

该进程文件是 regsvc.exe，主要用于远程注册表服务，启动该进程后可以访问远程计算机的注册表。

（10）rpcss.exe 进程

该进程文件是 rpcss.exe，是 Windows 的 RPC 端口映射进程，处理 RPC 调用（远程模块调用），然后把它们映射给指定的服务提供者。

（11）snmp.exe 进程

该进程文件是 snmp.exe，是 Windows 简单的网络协议代理（SNMP），负责接收 SNMP 请求报文，根据要求发送响应报文并处理与 WinsockAPI 的接口。

（12）spool32.exe 进程

该进程文件是 spool32.exe，是 Windows 打印任务控制程序。

（13）taskmgr.exe 进程

该进程文件是 taskmgr.exe，是 Windows 任务管理器。它显示用户系统中正在运行的进程。该程序使用 Ctrl＋Alt＋Del 打开，这不是纯粹的系统程序，但是如果结束它，可能会导致不可知的问题。

（14）winmgmt.exe 进程

该进程文件是 winmgmt.exe，是 Windows 2000 客户端管理的核心组件。winmgmt.exe（CIM 对象管理器）和知识库（Repository）是 WMI 两个主要构成部分，其中知识库是对象定义的数据库，它是存储所有可管理静态数据的中心数据库，对象管理器负责处理知识库中对象的收集和操作并从 WMI 提供程序收集信息。

（15）system 进程

该进程文件是 system，是 Microsoft Windows 系统进程。在任务管理器中会看到这项进程，属于正常系统进程。

3. Windows 操作系统中能够引起危害的其他进程

在操作系统中，有一些关于系统服务的进程，很有可能会成为黑客攻击的一些漏洞，为此在开启这些服务时要慎重,避免给系统带来危害。本节列出了部分容易引起危害的系统服务进程。

(1) tcpsvcs.exe 进程

该进程提供在 PXE 可远程启动的客户计算机上远程安装 Windows 2000 Professional 的能力。支持以下 TCP/IP 服务:Character Generator,Daytime,Discard,Echo,以及 Quote of the Day。

(2) ismserv.exe 进程

该进程允许在 Windows Advanced Server 站点间发送和接收消息。

(3) ups.exe 进程

管理连接到计算机的不间断电源(UPS)。

(4) wins.exe 进程

为注册和解析 NetBIOS 型名称的 TCP/IP 客户提供 NetBIOS 名称服务。

(5) ntfrs.exe 进程

在多个服务器间维护文件目录内容的文件同步。

(6) RsSub.exe 进程

控制用来远程存储数据的媒体。

(7) locator.exe 进程

管理 RPC 名称服务数据库。

(8) lserver.exe 进程

注册客户端许可证。

(9) dfssvc.exe 进程

管理分布于局域网或广域网的逻辑卷。

(10) clipsrv.exe 进程

支持"剪贴簿查看器",以便可以从远程剪贴簿查阅剪贴页面。

(11) msdtc.exe 进程

并列事务,分布于两个以上的数据库、消息队列、文件系统或其他事务保护资源管理器。

(12) faxsvc.exe 进程

发送和接收传真。

(13) dmadmin.exe 进程

磁盘管理请求的系统管理服务。

(14) mnmsrvc.exe 进程

允许有权限的用户使用 NetMeeting 远程访问 Windows 桌面。

(15) netdde.exe 进程

提供动态数据交换(DDE)的网络传输和安全特性。

(16) smlogsvc.exe 进程

配置性能日志和警报。

(17) rsvp.exe 进程

为依赖质量服务(QoS)的程序和控制应用程序提供网络信号和本地通信控制安装

功能。

(18) RsEng.exe 进程

协调用来存储不常用数据的服务和管理工具。

(19) RsFsa.exe 进程

管理远程存储的文件的操作。

(20) grovel.exe 进程

扫描零备份存储(SIS)卷上的重复文件,并且将重复文件指向一个数据存储点,以节省磁盘空间。

(21) SCardSvr.exe 进程

对插入在计算机智能卡阅读器中的智能卡进行管理和访问控制。

(22) snmptrap.exe 进程

接收由本地或远程 SNMP 代理程序产生的陷阱消息,然后将消息传递到运行在这台计算机上的 SNMP 管理程序。

(23) UtilMan.exe 进程

从一个窗口中启动和配置辅助工具。

(24) msiexec.exe 进程

依据.MSI 文件中包含的命令来安装、修复以及删除软件。

4. 钩子(Hook)技术

钩子(Hook),是 Windows 消息处理机制的一个平台,应用程序可以在上面设置子程以监视指定窗口的某种消息,而且所监视的窗口可以是其他进程所创建的。当消息到达后,在目标窗口处理函数之前处理它。钩子机制允许应用程序截获处理 Windows 消息或特定事件。钩子实际上是一个处理消息的程序段,通过系统调用,把它挂入系统。每当特定的消息发出,在没有到达目的窗口前,钩子程序就先捕获该消息,亦即钩子函数先得到控制权。这时钩子函数既可以加工处理(改变)该消息,也可以不作处理而继续传递该消息,还可以强制结束消息的传递。

(1) 钩子运行机制

① 钩子链表和钩子子程

每一个 Hook 都有一个与之相关联的指针列表,称为钩子链表,由系统来维护。这个列表的指针指向指定的、应用程序定义的、被 Hook 子程调用的回调函数,也就是该钩子的各个处理子程。当与指定的 Hook 类型关联的消息发生时,系统就把这个消息传递到 Hook 子程。一些 Hook 子程可以只监视消息、或者修改消息、或者停止消息的前进,避免这些消息传递到下一个 Hook 子程或者目的窗口。最近安装的钩子放在链的开始,而最早安装的钩子放在最后,也就是后加入的先获得控制权。

Windows 并不要求钩子子程的卸载顺序一定得和安装顺序相反。每当有一个钩子被卸载,Windows 便释放其占用的内存,并更新整个 Hook 链表。如果程序安装了钩子,但是在尚未卸载钩子之前就结束了,那么系统会自动为它作卸载钩子的操作。钩子子程是一个应用程序定义的回调函数(CALLBACK Function),不能定义成某个类的成员函数,只能定义为普通的 C 函数,用以监视系统或某一特定类型的事件,这些事件可以是与某一特定线程关联的,也可以是系统中所有线程的事件。

钩子子程必须按照以下的语法:

```
LRESULT CALLBACK HookProc
(
    int nCode,
        WPARAM wParam,
        LPARAM lParam
);
```

HookProc 是应用程序定义的名字。nCode 参数是 Hook 代码,Hook 子程使用这个参数来确定任务。这个参数的值依赖于 Hook 类型,每一种 Hook 都有自己的 Hook 代码特征字符集。wParam 和 lParam 参数的值依赖于 Hook 代码,但是它们的典型值是包含了关于发送或者接收消息的信息。

② 钩子的安装与释放

使用 API 函数 SetWindowsHookEx()把一个应用程序定义的钩子子程安装到钩子链表中。SetWindowsHookEx 函数总是在 Hook 链的开头安装 Hook 子程。当指定类型的 Hook 监视的事件发生时,系统就调用与这个 Hook 关联的 Hook 链的开头的 Hook 子程。每一个 Hook 链中的 Hook 子程都决定是否把这个事件传递到下一个 Hook 子程。Hook 子程传递事件到下一个 Hook 子程需要调用 CallNextHookEx 函数。

```
HHOOK SetWindowsHookEx(
    int idHook,            //钩子的类型,即它处理的消息类型。
    HOOKPROC lpfn,         //钩子子程的地址指针。如果 dwThreadId 参数为 0
                           //或是一个由别的进程创建的线程的标识,
                           //lpfn 必须指向 DLL 中的钩子子程。
                           //除此以外,lpfn 可以指向当前进程的一段钩子子程代码。
                           //钩子函数的入口地址,当钩子钩到任何消息后便调用这个函数。
    HINSTANCE hMod,        //应用程序实例的句柄。标识包含 lpfn 所指的子程的 DLL。
                           //如果 dwThreadId 标识当前进程创建的一个线程,
                           //而且子程代码位于当前进程,hMod 必须为 NULL。
                           //可以很简单地设定其为本应用程序的实例句柄。
    DWORD dwThreadId       //与安装的钩子子程相关联的线程的标识符。
                           //如果为 0,钩子子程与所有的线程关联,即为全局钩子。
);
```

函数成功则返回钩子子程的句柄,失败返回 NULL。

在钩子子程中调用得到控制权的钩子函数在完成对消息的处理后,如果想要该消息继续传递,那么它必须调用另外一个 SDK 中的 API 函数 CallNextHookEx 来传递它,以执行钩子链表所指的下一个钩子子程。这个函数成功时返回钩子链中下一个钩子过程的返回值,返回值的类型依赖于钩子的类型。这个函数的原型如下:

```
LRESULT CallNextHookEx
```

```
(
    HHOOK hhk;
    int nCode;
    WPARAM wParam;
    LPARAM lParam;
);
```

hhk 为当前钩子的句柄,由 SetWindowsHookEx()函数返回。NCode 为传给钩子过程的事件代码。wParam 和 lParam 分别是传给钩子子程的 wParam 值,其具体含义与钩子类型有关。

钩子函数也可以通过直接返回 TRUE 来丢弃该消息,并阻止该消息的传递。否则的话,其他安装了钩子的应用程序将不会接收到钩子的通知而且还有可能产生不正确的结果。

钩子在使用完之后需要用 UnHookWindowsHookEx()卸载,否则会造成麻烦。释放钩子比较简单,UnHookWindowsHookEx()只有一个参数。函数原型如下:

```
UnHookWindowsHookEx
(
    HHOOK hhk;
);
```

函数成功返回 TRUE,否则返回 FALSE。

(2) 钩子类型

每一种类型的 Hook 可以使应用程序能够监视不同类型的系统消息处理机制。下面描述所有可以利用的 Hook 类型。

① WH_CALLWNDPROC 和 WH_CALLWNDPROCRET Hooks

WH_CALLWNDPROC 和 WH_CALLWNDPROCRET Hooks 可以监视发送到窗口过程的消息。系统在消息发送到接收窗口过程之前调用 WH_CALLWNDPROC Hook 子程,并且在窗口过程处理完消息之后调用 WH_CALLWNDPROCRET Hook 子程。WH_CALLWNDPROCRET Hook 传递指针到 CWPRETSTRUCT 结构,再传递到 Hook 子程。CWPRETSTRUCT 结构包含了来自处理消息的窗口过程的返回值,同样也包括了与这个消息关联的消息参数。

② WH_CBT Hook

在以下事件之前,系统都会调用 WH_CBT Hook 子程,这些事件包括:

- 激活,建立,销毁,最小化,最大化,移动,改变尺寸等窗口事件;
- 完成系统指令;
- 来自系统消息队列中的移动鼠标,键盘事件;
- 设置输入焦点事件;
- 同步系统消息队列事件。

Hook 子程的返回值确定系统是否允许或者防止这些操作中的一个。

③ WH_DEBUG Hook

在系统调用系统中与其他 Hook 关联的 Hook 子程之前,系统会调用 WH_DEBUG Hook 子程。可以使用这个 Hook 来决定是否允许系统调用与其他 Hook 关联的 Hook 子程。

④ WH_FOREGROUNDIDLE Hook

当应用程序的前台线程处于空闲状态时,可以使用 WH_FOREGROUNDIDLE Hook 执行低优先级的任务。当应用程序的前台线程大概要变成空闲状态时,系统就会调用 WH_FOREGROUNDIDLE Hook 子程。

⑤ WH_GETMESSAGE Hook

应用程序使用 WH_GETMESSAGE Hook 来监视从 GetMessage 或 PeekMessage 函数返回的消息。可以使用 WH_GETMESSAGE Hook 去监视鼠标和键盘输入,以及其他发送到消息队列中的消息。

⑥ WH_JOURNALPLAYBACK Hook

WH_JOURNALPLAYBACK Hook 使应用程序可以插入消息到系统消息队列。可以使用这个 Hook 回放通过使用 WH_JOURNALRECORD Hook 记录下来的连续的鼠标和键盘事件。只要 WH_JOURNALPLAYBACK Hook 已经安装,正常的鼠标和键盘事件就是无效的。

WH_JOURNALPLAYBACK Hook 是全局 Hook,它不能像线程特定 Hook 一样使用。

WH_JOURNALPLAYBACK Hook 返回超时值,这个值告诉系统在处理来自回放 Hook 当前消息之前需要等待多长时间(毫秒)。这就使 Hook 可以控制实时事件的回放。

⑦ WH_JOURNALRECORD Hook

WH_JOURNALRECORD Hook 用来监视和记录输入事件。可以使用这个 Hook 记录连续的鼠标和键盘事件,然后通过使用 WH_JOURNALPLAYBACK Hook 来回放。

⑧ WH_KEYBOARD Hook

在应用程序中,WH_KEYBOARD Hook 用来监视 WM_KEYDOWN and WM_KEYUP 消息,这些消息通过 GetMessage 或 PeekMessage Function 返回。可以使用这个 Hook 来监视输入到消息队列中的键盘消息。

⑨ WH_MSGFILTER 和 WH_SYSMSGFILTER Hooks

WH_MSGFILTER 和 WH_SYSMSGFILTER Hooks 可以监视菜单、滚动条、消息框、对话框消息并且发现用户使用 ALT+Tab 或 ALT+Esc 组合键切换窗口。WH_MSGFILTER Hook 只能监视传递到菜单、滚动条、消息框的消息,以及传递到通过安装了 Hook 子程的应用程序建立的对话框的消息。WH_SYSMSGFILTER Hook 监视所有应用程序消息。

WH_MSGFILTER 和 WH_SYSMSGFILTER Hooks 可以在模式循环期间过滤消息,这等价于在主消息循环中过滤消息。通过调用 CallMsgFilter Function 可以直接调用 WH_MSGFILTER Hook。通过使用这个函数,应用程序能够在模式循环期间使用相同的代码去过滤消息,如同在主消息循环里一样。

⑩ WH_SHELL Hook

外壳应用程序可以使用 WH_SHELL Hook 去接收重要的通知。当外壳应用程序是激活的并且当顶层窗口建立或者销毁时,系统调用 WH_SHELL Hook 子程。

WH_SHELL 共有 5 种情况:

只要有个 top-level、unowned 窗口被产生、起作用或是被摧毁;

当 Taskbar 需要重画某个按钮;

当系统需要显示关于 Taskbar 的一个程序的最小化形式;

当目前的键盘布局状态改变;

当使用者按 Ctrl+Esc 去执行 Task Manager(或相同级别的程序)。

4.2.2 Linux 常见守护进程

守护进程是定期被唤醒、检查计算机系统,然后执行某些特定功能的驻留程序。它们一般不接受任何输入,通常也不产生任何输出。Linux 系统可能已设置了运行相当多的守护进程,其中大多数可以选择(或不选)通过以 root 身份运行,然后选择相应项目。下面是常见的 Linux 守护进程列表:

anacron——检查由于系统关机导致未被执行的 cron 任务,并且执行它们。对于计划好的 cron 任务但却不是每次运行的情况都特别有用,anacron 将在启动时检查它们。

amd——automount 守护进程(自动 mount 可移动介质)。

apmd——高级电源管理 BIOS 守护进程。适用于支持 apm 的机器,尤其是膝上型笔记本电脑。

arpwatch——保持观察以太网/IP 地址对。

atd——运行由"at"排队的任务。

autofs——控制 automount 守护进程的操作。

bootparamd——向无盘工作站提供必要启动信息的服务器进程。

crond——自动任务调度程序。管理那些定期但不经常执行的任务,例如循环日志文件、清理/tmp 目录等。

cupsd——通用打印系统(CUPS)守护进程。CUPS 是一个先进的假脱机打印系统,允许一台打印机在整个网络的打印选项及自动功能设置在一台服务器上。它是 Mandrake Linux 的默认打印系统。

dhcpd——实现动态主机配置协议(DHCP)和 Internet Bootstrap 协议(BOOTP)。

gated——取代 routed 和 egpup 并能处理多种路由协议的路由守护进程。

gpm——非常有用的鼠标服务,支持运行在 Linux 字符终端的应用程序。

httpd——Apache Web Server 守护进程。

inetd——监听网络服务请求连结,特别是拨入服务。这个进程可以自动加载或卸载其他守护进程(ftfpd、telnetd 等),从而节省系统资源。个别系统中已被 xinetd 代替。

isdn4linux——服务用户的 ISDN 卡。

kerneld——自动加载和卸载核心模块。

klogd——解释和显示日志信息的进程。核心消息取决于消息的等级。

kudzu——启动过程中检测并配置新添会改变的设备。

keytable——装入选定的键盘布局。

linuxconf——配置工具。如果希望 linuxconf 在启动中执行一些维护系统配置的任务，它的自动执行部分将会运行。

lpd——打印进程。

mcserv——Midnight Commander 网络文件系统的服务器程序。

named——互联网域名服务器(DNS)守护进程。

netfs——网络文件系统 mounter。用来在启动时 mount nfs、smb 和 ncp 共享。

network——通过调用/etc/sysconfig/network－scripts 中的脚本程序在启动过程中激活所有网卡。

nfsd——当远程系统请求时输出 nfs 共享。

ndslock——启动和停止 nfs 文件加锁服务。

numlock——init 运行级别变化时锁住 numlock 键。

pcmcia——膝上型笔记本电脑中 pcmcia 卡的一般服务。

portmap——远程系统调用所需。

postfix——邮件发送代理 sendmail 的替代品。现在是桌面 Mandrake(RedHat 使用 sendmail)桌面安装的默认值。

random——保存和恢复"熵"池从而生成更高质量的随机数。

routed——管理路由表的守护进程。

rstatd——核心统计服务器。

rusersd——识别用户和远程用户的"wall"消息服务。

rwhod——维护 rwho 和 ruptime 所用数据库的服务器进程。它依赖于向网络发送广播信息的能力。

sendmail——邮件发送代理。RedHat 的默认邮件发送程序。

smbd——SAMBA(或 smb)进程，面向网络中 MS Windows 计算机的网络连接服务(如硬盘、打印机共享等)。

squid——带缓存的 http 代理。代理将来自客户的请求转发到外部世界，然后再将结果返回。

syslogd——管理系统活动日志。配置文件为/etc/syslog.conf。

smtpd——简单邮件传输协议，为交换电子邮件设计。一些支持 SMTP 的守护进程包括 sendmail、smtpd、rsmtpd、qmail、zmail 等。

usb——管理 USB 设备的进程。

xfs——X 字体服务器。

xntpd——为 NIS 域发现服务器并把信息保存在绑定文件中。

ypbind——NIS 绑定服务器，位于网络信息服务域(NIS Domain)中的机器需要。

4.3 进程操作方法

4.3.1 Windows 操作系统进程操作方法

Windows 操作系统进程通常可以使用 Windows 任务管理器、操作系统命令或工具软件的进行相关操作。

1. 使用 Windows 任务管理器进行进程操作

如果使用的是 Windows NT/2000/XP/2003/7 等操作系统，可以直接按 Ctrl+Alt+Del 三个键，调出【Windows 任务管理器】后，切换到【进程】标签页，在此即可看到当前已运行的进程名称及其相对应的用户名、CPU 占用与内存使用情况，如图 4.10 所示。

若要结束进程，可直接在【Windows 任务管理器】中，选定进程后，在右键弹出菜单中可执行【结束进程】或【结束进程树】。所谓进程树是指当一个应用程序运行后，还可能调用其他的进程来执行操作，这一组进程就形成了一个进程树（进程树可能是多级的，并非只有一个层次的子进程）。该应用程序称为父进程，其所调用的对象称为子进程。当结束一个进程树后，即表示同时结束了其所有的子进程。

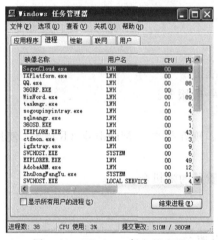

图 4.10 Windows 任务管理器

2. 使用操作系统命令进行进程操作

在 Windows XP 操作系统中，可以用 Tasklist 命令用来显示运行在本地或远程计算机上的所有进程。

Tasklist 的命令格式如下：

Tasklist[/S system[/U username[/P[password]]]][/M[module]|/SVC|/V][/FI filter] [/FO format] [/NH]

参数含义：

/S system：指定连接到的远程系统。

/U username：指定使用哪个用户执行这个命令。

/P [password]：为指定的用户指定密码。

/M [module]：列出调用指定的 DLL 模块的所有进程。如果没有指定模块名，显示每个进程加载的所有模块。

/SVC：显示每个进程中的服务。

/V：显示详细信息。

/FI filter：显示一系列符合筛选器指定的进程。
/FO format：指定输出格式，有效值为 TABLE、LIST、CSV。
/NH：指定输出中不显示栏目标题，只对 TABLE 和 CSV 格式有效。
以下是有效的筛选器名称、运算符和值：
Status eq,ne RUNNING | NOT RESPONDING | UNKNOWN
Imagename eq,ne 任何有效字符串。
PID eg,ne,gt,lt,ge,le 任何有效的正整数。
Session eg,ne,gt,lt,ge,le 任何有效的会话数。
CPUTime eq,ne,gt,lt,ge,le 格式为 HH：MM：SS 的有效时间。MM 和 SS 参数应在 0~59 之间，HH 参数可以是任何一个有效的无符号数值。
Memusage eg,ne,gt,lt,ge,le 任何有效的整数。
Username eq,ne 任何有效的用户名（[Domain\]UserName）。
Services eq,ne 任何有效字符串。
Windowtitle eq,ne 任何有效字符串。
Modules eq,ne 任何有效字符串。

(1) 查看进程详细信息应用实例

① 查看本机进程

在【命令提示符】中输入"tasklist"命令即可显示本机的所有进程。本机的显示结果由 5 部分组成：图像名（进程名）、PID、会话名、会话♯和内存使用。显示结果如图 4.11 所示。

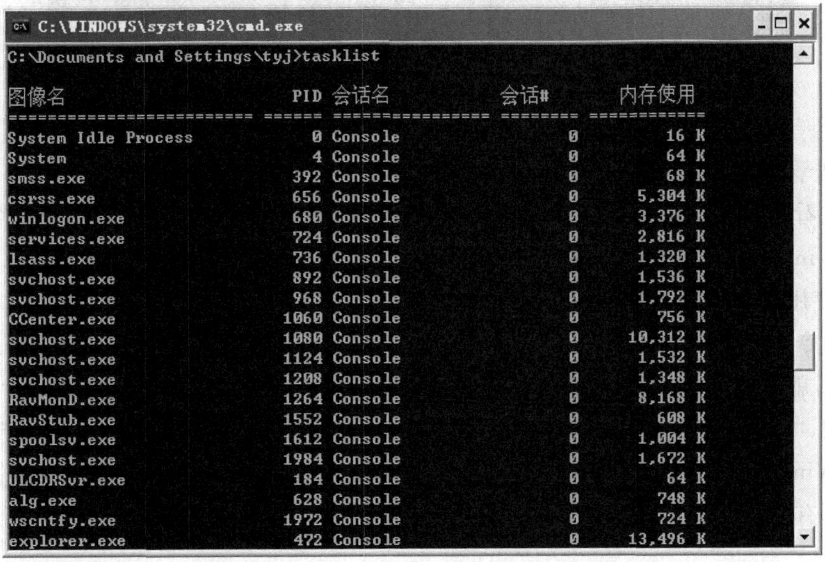

图 4.11　tasklist 命令显示结果

② 查看远程系统的进程

在命令提示符下输入"tasklist/s 218.22.123.78/u jtdd/p 12345678"（不包括引号）

即可查看到 IP 地址为 218.22.123.78 的远程系统的进程。其中/s 参数后的"218.22.123.78"指要查看的远程系统的 IP 地址；/u 后的"jtdd"指 tasklist 命令使用的用户账号，它必须是远程系统上的一个合法账号；/p 后的"12345678"指 jtdd 账号的密码。

注意：使用 tasklist 命令查看远程系统的进程时，需要远程机器的 RPC 服务的支持，否则，该命令不能正常使用。

③ 查看系统进程提供的服务

tasklist 命令不但可以查看系统进程，而且还可以查看每个进程提供的服务。如查看本机进程 svchost.exe 提供的服务，在命令提示符下输入"tasklist/svc"命令即可，显示结果如图 4.12 所示。

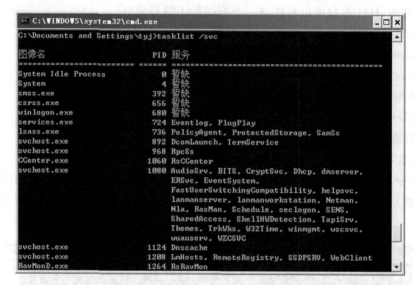

图 4.12 查看系统进程提供的服务

④ 查看调用 DLL 模块文件的进程列表

要查看本地系统中哪些进程调用了 shell32.dll 模块文件，只需在命令提示符下输入"tasklist/m shell32.dll"即可显示这些进程的列表，显示结果如图 4.13 所示。

⑤ 使用筛选器查找指定的进程

在命令提示符下输入 tasklist/fi "username ne nt authority\system"/fi "status eq running"，就可以列出系统中正在运行的非 SYSTEM 状态的所有进程。其中"/fi"为筛选器参数，"ne"和"eq"为关系运算符"不相等"和"相等"，显示结果如图 4.14 所示。

在 Windows XP 操作系统中，还可以用 taskkill 命令来结束运行在本地或远程计算机上的所有进程。具体命令格式如下：

taskkill [/s Computer [/u Domain\UserName [/p Password]]] {[/fi Filter [/fi 语 Filter [...]]] [{/pid ProcessID |/im ImageName}] |/pid ProcessID |/im ImageName} [/f] [/t]

参数含义如下：

- /s Computer：指定远程计算机名称或 IP 地址（不能使用反斜杠）。该默认值是本

图 4.13 调用 DLL 模块文件的进程列表

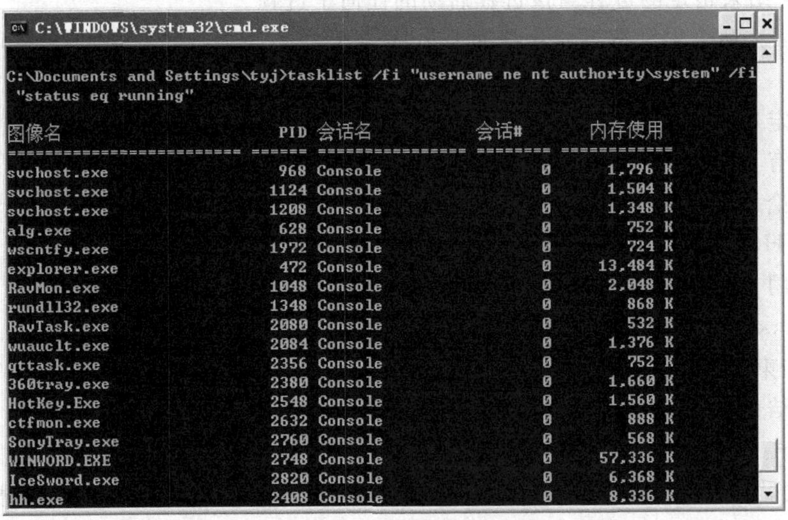

图 4.14 使用筛选器查找指定的进程

地计算机。

- /u Domain\UserName：使用 UserName 或 Domain\UserName 指定的用户的账户权限运行该命令。仅在指定/s 后才能指定/u。默认值是当前登录发布命令的计算机的用户具有的权限。
- /p Password：指定在/u 参数中指定的用户账户的密码。
- /fi Filter：指定将要结束或不结束的进程的类型。可以指定多个筛选器。使用通配符（*）指定所有任务或图像名称。以下是有效的筛选器名称、运算符和值。

Status eq,ne RUNNING | NOT RESPONDING | UNKNOWN

Imagename eq,ne 任何有效字符串。

PID eg,ne,gt,lt,ge,le 任何有效的正整数。

Session eg,ne,gt,lt,ge,le 任何有效的会话数。

CPUTime eq,ne,gt,lt,ge,le 格式为 HH：MM：SS 的有效时间。MM 和 SS 参数应为 0~59，HH 参数可以是任何一个有效的无符号数值。

Memusage eg,ne,gt,lt,ge,le 任何有效的整数。

Username eq,ne 任何有效的用户名（[Domain\]UserName）。

Services eq,ne 任何有效字符串。

Windowtitle eq,ne 任何有效字符串。

Modules eq,ne 任何有效字符串。

- /pid ProcessID：指定将结束的进程 ID。
- /im ImageName：指定将结束的进程的图像名称。使用通配符（*）指定所有图像名称。
- /f：指定将强制结束的进程。对于远程进程可忽略此参数，所有远程进程都将被强制结束。
- /t：结束指定的进程与该进程启动的任何子进程。
- /?：在命令提示符下显示帮助。

注意：

- 指定远程系统时，不支持 WindowTitle 和 Status 筛选器。
- 只有与筛选器一起指定时，通配符（*）才能被接受。
- 无论是否指定/f 参数，都会始终强制执行对远程进程的结束操作。
- 向 HOSTNAME 筛选器提供计算机名将导致关机和中止所有进程。
- 使用 tasklist 确定要结束的进程 ID(PID)。
- taskkill 替代了 kill 工具。

(2) 结束进程应用举例

① 要结束本机的 notepad.exe 进程有两种方法。

方法一：先使用 tasklist 查找它的 PID，假设系统显示本机 notepad.exe 进程的 PID 值为 1267，然后运行"taskkill/pid 1267"命令即可。其中"/pid"参数后面是要结束进程的 PID 值。

方法二：直接运行"taskkill/IM notepad.exe"命令，其中"/IM"参数后面为进程的图像名。

② 同时结束多个进程。

taskkill /pid 1230 /pid 1241 /pid 1253

③ 强制结束远程计算机名为"srvmain"、图像名为"notepad.exe"的进程。

taskkill /s srvmain /f /im notepad.exe

3. 使用工具软件进行进程操作

目前，关于进程查看的程序较多，例如冰刃-IceSword、进程管理王、进程查看器、柳叶擦眼等。这些查看程序功能较强、使用方便,不但可以显示当前运行的进程,还可以查看进程文件存放位置、开放的端口等信息。本节重点以 www.sysinternals.com 的 Procexp 与 Procmon 工具为例,介绍进程的相关操作方法。

(1) Procexp 工具

Procexp 工具主要用于查看进程详细信息,并可以针对特定进程进行相关操作。启动 Procexp 后,会出现如图 4.15 所示的操作界面。Procexp 会以树状结构显示系统当前含有的进程,并标识进程间的父子关系。同时包含有进程名称、进程 ID、CPU 使用率、工作集大小、可执行文件路径、进程状态等相关信息。同时主菜单上还可以针对进程执行结束、重启、挂起、优先级调整、镜像生成等操作,并可以对 Procexp 进行相关配置。

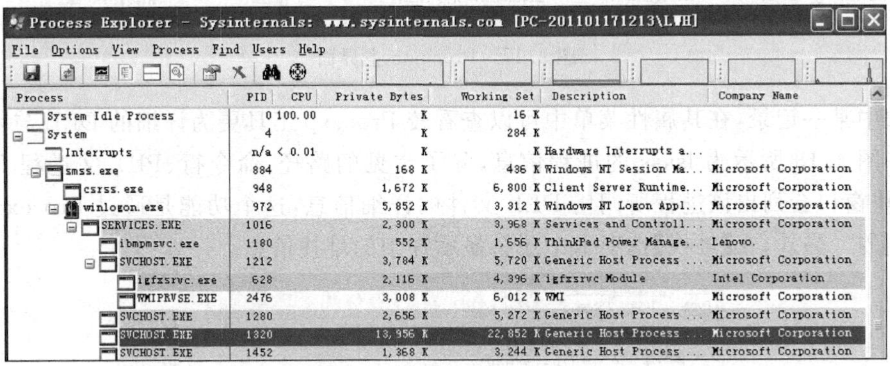

图 4.15 Procexp 主界面

选中某一进程,单击右键,在弹出的窗口选择【属性】,便会弹出这一进程的【属性】对话框。对话框中包含有【线程】、【TCP/IP】、【安全】、【环境】、【字符串】、【磁盘 I/O 与网络 I/O】、【性能】、【映像文件】等多个选项卡。【线程】选项卡包含属于该进程的线程的 ID、起始运行时间、状态、起始运行地址、堆栈、DLL 等相关信息,并可以针对特定进程进行结束或挂起操作(如图 4.16 所示);【TCP/IP】选项卡则包含有本地地址及端口号、远程地址及端口号、使用协议、当前状态等信息;【安全】选项卡包含用户、SID、组 SID 等信息;【环境】选项卡含有当前进程的系统环境与用户环境信息;【字符串】选项卡包含当前进程使用的字符串信息;【磁盘 I/O 与网络 I/O】含有磁盘读写以及网络发送及接收数据的信息;【性能】选项卡包含

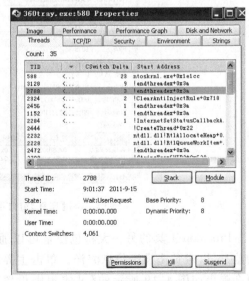

图 4.16 "线程"选项内容

CPU、磁盘、物理内存、虚拟内存等设备的使用信息;【映像文件】选项卡则含有当前进程执行文件路径、当前用户目录、父进程、起始时间等信息。

(2) Procmon 工具

Procmon 工具则主要用于实时监视进程的文件系统与注册表操作。图 4.17 显示了 lsass 进程对注册表表项的具体操作行为、操作时间、操作结果等相关信息。例如 10:09 的时候，lsass 进程曾经对注册表项 HKLM\SECURITY\Policy\SecDesc 执行了 RegCloseKey，执行结果是"SUCCESS"。

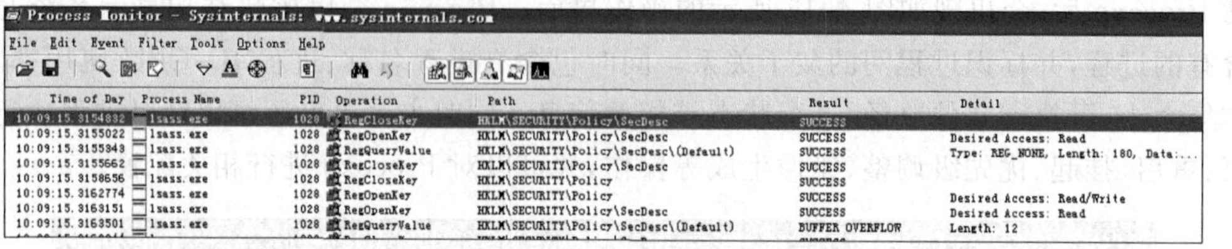

图 4.17 Procmon 主界面

选中某一记录，在其属性菜单中可以查看较 Procexp 工具更为详细的 DLL 与堆栈信息。如图 4.18 所示为 lsass 的进程信息，除了常见的路径、命令行、PID、父进程 PID 之外，模块窗口会列出该进程所调用 DLL 文件的详细信息，这个功能是通过 Procexp 工具得不到的。另外，在【堆栈】选项卡中还会显示详细的堆栈信息。

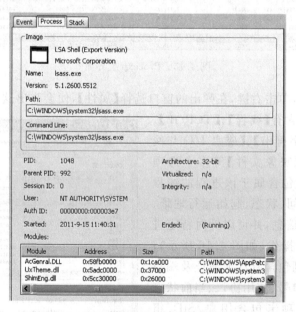

图 4.18 【属性】窗口里的【进程】选项卡内容

Procmon 工具的另一大特色便是可以通过自行设定规则，使其只显示用户感兴趣的信息，以避免淹没于信息海洋。单击主界面上的 Filter，在其下拉菜单中单击 Filter，便会弹出如图 4.19 所示的【过滤规则设置】窗口。在该窗口中可以自行添加设定规则，如要只显示 PID 为 1980 的进程信息，便可设置"PID is 1980"，然后选择 Include，单击 OK 即可。

第 4 章　内存管理基础

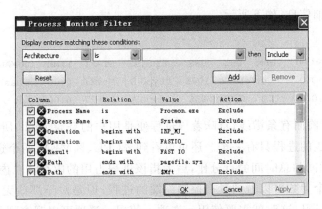

图 4.19　【过滤规则设置】窗口

4.3.2　Linux 操作系统进程操作方法

1. ps 命令

对进程进行监测和控制，首先必须要了解当前进程的情况，也就是需要查看当前进程信息。ps 命令是最基本同时也是非常强大的进程查看命令。使用该命令可以确定有哪些进程正在运行和运行的状态、进程是否结束、进程有没有僵死、哪些进程占用了过多的资源等。总之，大部分进程信息都是可以通过执行该命令得到的。该命令语法格式如下：

ps[选项]

下面对命令选项进行说明：

-e 显示所有进程。

-f 全格式。

-h 不显示标题。

-l 长格式。

-w 宽输出。

a 显示终端上的所有进程，包括其他用户的进程。

r 只显示正在运行的进程。

x 显示无控制终端的进程。

u 查看进程详细信息。

一般的用户只需掌握一些最常用的命令参数即可。最常用的三个参数是 u、a、x，下面将通过例子来说明其具体用法。

```
$ps
 PID   TTY    TIME     COMMAND
 5800  ttyp0  00:00:00 bash
 5835  ttyp0  00:00:00 ps
```

可以看到，显示的项目共分为四项，依次为 PID（进程 ID）、TTY（终端名称）、TIME（进程执行时间）、COMMAND（该进程的命令行输入）。可以使用 u 选项来查看进程所有

者及其他一些详细信息,如下所示:

```
$ ps u
USER   PID   %CPU  %MEM  USZ   RSS   TTY STAT  START  TIME   COMMAND
test   5800  0.0   0.4   1892  1040  ttyp0 S   Nov27  0:00   -bash
test   5836  0.0   0.3   2528  856   ttyp0 R   Nov27  0:00   ps u
```

在 bash 进程前面有条横线,意味着该进程便是用户的登录 shell,所以对于一个登录用户来说带短横线的进程只有一个。还可以看到%CPU、%MEM 两个选项,前者指该进程占用的 CPU 时间和总时间的百分比,后者指该进程占用的内存和总内存的百分比。

使用以上两个参数可以看到具有控制终端的进程;但是对于那些无控制终端的进程还是没有观察到,所以这时就需要使用 x 选项。使用 x 选项可以观察到所有的进程情况。

```
$ ps x
PID    TTY    STAT   TIME   COMMAND
5800   ttyp0  S      0:00   -bash
5813   ttyp1  S      0:00   -bash
5921   ttyp0  S      0:00   man ps
5924   ttyp0  S      0:00   /usr/bin/less -is
5941   ttyp1  R      0:00   ps x
```

可以发现显示结果多出了几个进程。这些多出来的进程就是无控制终端的进程。前面看到的所有进程都是 test 用户自己的。其实还有许多其他用户在使用着系统,自然也就对应着其他进程。如果想对这些进程有所了解,可以使用 a 选项来查看当前系统所有用户的所有进程。经常使用的是 aux 组合选项,这可以显示最详细的进程情况。

```
$ ps aux
USER    PID   %CPU  %MEM  VSZ   RSS   TTY  STAT  START  TIME   COMMAND
root    1     0.0   0.0   1136  64    ?    S     Nov25  0:02   init [3]
root    201   0.0   0.1   1348  492   ?    S     Nov25  0:00   crond
root    212   0.0   0.0   1292  68    ?    S     Nov25  0:00   inetd
root    4     0.0   0.0   0     0     ?    SW    Nov25  0:00   [kpiod]
root    5     0.0   0.0   0     0     ?    SW    Nov25  0:00   [kswapd]
root    163   0.0   0.1   1628  332   ?    S     Nov25  0:02   sshd
root    173   0.0   0.0   1324  200   ?    S     Nov25  0:00   syslogd
root    181   0.0   0.0   1420        ?    SW    Nov25  0:00   [klogd]
daemon  191   0.0   0.1   1160  312   ?    S     Nov25  0:00   /usr/sbin/atd
```

2. top 命令

top 命令和 ps 命令的基本作用是相同的,显示系统当前的进程和其他状况。但是 top 是一个动态显示过程,即可以通过用户按键(或预先设置)来不断刷新当前状态。如果在前台执行该命令,它将独占前台,直到用户终止该程序为止。top 命令提供了实时的对系统处理器的状态监视。它将显示系统中 CPU 最"敏感"的任务列表。内存使用和执行时间对任务进行排序,而且该命令的很多特性都可以通过交互式命令或者在个人定制文件中进行设定。下面是该命令的语法格式：

top [-] [d delay] [q] [c] [s] [S]

下面对参数进行说明：

- d 指定每两次屏幕信息刷新之间的时间间隔。
- q 该选项将使 top 没有任何延迟地进行刷新。如果调用程序有超级用户权限,那么 top 将以尽可能高的优先级运行。
- S 指定累计模式。
- s 使 top 命令在安全模式中运行。这将去除交互命令所带来的潜在危险。
- i 使 top 不显示任何闲置或者僵死进程。
- c 显示整个命令行而不只是显示命令名。

top 命令显示的项目很多,默认值是每 5 秒更新一次,当然这是可以设置的。显示的各项目为：

- uptime 该项显示的是系统启动时间、已经运行的时间和三个平均负载值(最近 1 秒、5 秒、15 秒的负载值)。
- processes 自最近一次刷新以来的运行进程总数。当然这些进程被分为正在运行的、休眠的、停止的等很多种类。进程和状态显示可以通过交互命令 t 来实现。
- CPU states 显示用户模式、系统模式、优先级进程(只有优先级为负的列入考虑)和闲置等各种情况所占用 CPU 时间的百分比。优先级进程所消耗的时间也被列入到用户和系统的时间中,所以总的百分比有可能大于 100%。
- Mem 内存使用情况统计,其中包括总的可用内存、空闲内存、已用内存、共享内存和缓存所占内存的情况。
- Swap 交换空间统计,其中包括总的交换空间、可用交换空间、已用交换空间。
- PID 每个进程的 ID。
- PPID 每个进程的父进程 ID。
- UID 每个进程所有者的 UID。
- USER 每个进程所有者的用户名。
- PRI 每个进程的优先级别。
- NI 该进程的优先级值。
- SIZE 该进程的代码大小加上数据大小再加上堆栈空间大小的总数,单位是 KB。
- TSIZE 该进程的代码大小。
- DSIZE 数据和堆栈的大小。
- TRS 文本驻留大小。
- D 被标记为"不干净"的页项目。
- LIB 使用的库页的大小,对于 ELF 进程没有作用。
- RSS 该进程占用的物理内存的总数量,单位是 KB。
- SHARE 该进程使用共享内存的数量。
- STAT 该进程的状态。其中有五种基本状态：S 代表休眠状态；D 代表不可中断的休眠状态；R 代表运行状态；Z 代表僵死状态；T 代表停止或跟踪状态。还有一些其他状态，W 代表没有足够的内存分页可分配；＜代表高优先级的进程；N 代表低优先级的进程；L 代表有内存分页分配并锁在内存中。

- TIME 该进程自启动以来所占用的总 CPU 时间。如果进入的是累计模式，那么该时间还包括这个进程子进程所占用的时间，且标题会变成 CTIME。
- ％CPU 该进程自最近一次刷新以来所占用的 CPU 时间和总时间的百分比。
- ％MEM 该进程占用的物理内存占总内存的百分比。
- COMMAND 该进程的命令名称，如果一行显示不下，则会进行截取。内存中的进程会有一个完整的命令行。

在 top 命令执行过程中可以使用的一些交互命令。从使用角度来看，熟练地掌握这些命令比掌握选项还重要一些。这些命令都是单字母的，如果在命令行选项中使用了 s 选项，则可能其中一些命令会被屏蔽掉。这些命令如下：

- ＜空格＞立即刷新显示。
- Ctrl＋L 擦除并且重写屏幕。
- h 或者？ 显示帮助画面，给出一些简短的命令总结说明。
- k 终止一个进程。系统将提示用户输入需要终止的进程 PID，以及需要发送给该进程什么样的信号。一般的终止进程可以使用 15 信号，如果不能正常结束就使用信号 9 强制结束该进程。默认值是信号 15。在安全模式中此命令被屏蔽。
- i 忽略闲置和僵死进程。这是一个开关式命令。
- q 退出程序。
- r 重新安排一个进程的优先级别。系统提示用户输入需要改变的进程 PID 以及需要设置的进程优先级值。输入一个正值将使优先级降低，反之则可以使该进程拥有更高的优先权。默认值是 10。
- S 切换到累计模式。
- s 改变两次刷新之间的延迟时间。系统将提示用户输入新的时间，单位为 s。如果有小数，就换算成 ms。输入 0 值则系统将不断刷新，默认值是 5s。需要注意的是如果设置太小的时间，很可能会引起不断刷新，从而根本来不及看清显示的情况，而且系统负载也会大大增加。
- f 或者 F 从当前显示中添加或者删除项目。
- o 或者 O 改变显示项目的顺序。
- l 切换显示平均负载和启动时间信息。
- m 切换显示内存信息。
- t 切换显示进程和 CPU 状态信息。
- c 切换显示命令名称和完整命令行。
- M 根据驻留内存大小进行排序。
- P 根据 CPU 使用百分比大小进行排序。
- T 根据时间/累计时间进行排序。

top 命令的具体输出内容如下所示：

```
$ top
1:55pm up 7 min, 4 user, load average: 0.07, 0.09, 0.06
29 processes: 28 sleeping, 1 running, 0 zombie, 0 stopped
CPU states: 4.5%user, 3.6%system, 0.0%nice, 91.9%idle
Mem: 38916K av, 18564K used, 20352K free, 11660K shrd, 1220K buff
Swap: 33228K av, 0K used, 33228K free, 11820K cached
```

PID	USER	PRI	NI	SIZE	RSS	SHARE	STAT	LIB	%CPU	%MEM	TIME	COMMAND
363	root	14	0	708	708	552	R	0	8.1	1.8	0:00	top
1	root	0	0	404	404	344	S	0	0.0	1.0	0:03	init
2	root	0	0	0	0	0	SW	0	0.0	0.0	0:00	kflushd
3	root	-12	-12	0	0	0	SW<	0	0.0	0.0	0:00	kswapd
4	root	0	0	0	0	0	SW	0	0.0	0.0	0:00	md_thread
5	root	0	0	0	0	0	SW	0	0.0	0.0	0:00	md_thread
312	root	1	0	636	636	488	S	0	0.0	1.6	0:00	telnet

第一行的项目依次为当前时间、系统启动时间、当前系统登录用户数目、平均负载。第二行为进程情况，依次为进程总数、休眠进程数、运行进程数、僵死进程数、终止进程数。第三行为 CPU 状态，依次为用户占用、系统占用、优先进程占用、闲置进程占用。第四行为内存状态，依次为平均可用内存、已用内存、空闲内存、共享内存、缓存使用内存。第五行为交换状态，依次为平均可用交换容量、已用容量、闲置容量、高速缓存容量。然后下面就是和 ps 相仿的各进程情况列表了。

3. kill 命令

kill 命令可以从 kill 这个词来大致了解它的作用，它用来杀死（kill）一个进程。kill 命令的工作原理是向 Linux 系统的内核发送一个系统操作信号和某个程序的进程标识号，然后系统内核就可以对进程标识号指定的进程进行操作。例如在 top 命令中，可以看到系统运行许多进程，有时就需要使用 kill 中止某些进程来提高系统资源。系统多个虚拟控制台的作用是当一个程序出错造成系统死锁时，可以切换到其他虚拟控制台工作关闭这个程序，此时使用的命令就是 kill，因为 kill 是大多数 Shell 内部命令可以直接调用的。kill 命令的具体使用格式如下：

```
kill [-s signal | -p] [-a] pid …
kill -l [signal]
```

-s：指定发送的信号。
-p：模拟发送信号。
-l：指定信号的名称列表。
pid：要中止进程的 ID 号。
signal：表示信号。

（1）强行中止（经常使用杀掉）一个进程标识号为 1234 的进程：

```
$ kill -9 1234
```

（2）解除 Linux 系统的死锁

在 Linux 中有时会发生这样一种情况：一个程序崩溃，并且处于死锁的状态。此时一般不用重新启动计算机，只需要中止（或者说是关闭）这个有问题的程序即可。当 kill 处于 X-Window 界面时，主要的程序（除了崩溃的程序之外）一般都已经正常启动了。此时打开一个终端，在此处中止有问题的程序。例如，如果 Mozilla 浏览器程序出现了锁死的情况，可以使用 kill 命令来中止所有包含有 Mozilla 浏览器的程序。首先用 top 命令查处该程序的 PID，然后使用 kill 命令停止这个程序：

```
$ kill -SIGKILL XXX
```

其中，XXX 是包含 Mozilla 浏览器的程序的进程标识号。

（3）使用命令回收内存

内存对于系统是非常重要的，回收内存可以提高系统资源。kill 命令可以及时地中止一些"越轨"的程序或很长时间没有响应的程序。例如，使用 top 命令发现一个无用 (Zombie) 的进程，此时可以使用下面命令：

```
$ kill -9 XXX
```

其中，XXX 是无用的进程标识号。

然后使用下面命令：

```
$ free
```

此时会发现可用内存容量增加了。

（4）killall 命令

Linux 下还提供了一个 killall 命令，可以直接使用进程的名字而不是进程标识号，例如：

```
$ killall -HUP inetd
```

4.4 内存信息分析

电子数据的易失性决定了内存信息分析的重要性。特别是针对恶意程序进行取证分析，其内部配置信息均是加密的，很难通过字符串搜索等常用的磁盘介质取证技术进行获取。当恶意程序通过 rootkit 或 worm 方式注入计算机系统时，内存就成为唯一可以寻找到证据与线索的区域。SQL Slammer 蠕虫病毒就只驻留在内存之中，从不向磁盘介质写入任何信息。本节从在线和实验室两方面讨论内存信息的分析方法。

4.4.1 在线分析

通常，可以使用 netstat、ifconfig、lsof 等系统命令在线获取系统网络连接状态（如图 4.20 所示）、运行进程、用户会话、内核参数、打开文件等信息。但是，这些命令只能用于收集内存中的典型信息，对绝大部分内存信息并未加以采集分析；并且它们是运行在用户模式下的，如果恶意程序在内核级别对系统进行设置修改的话，所显示的信息就有可能是不可靠的。

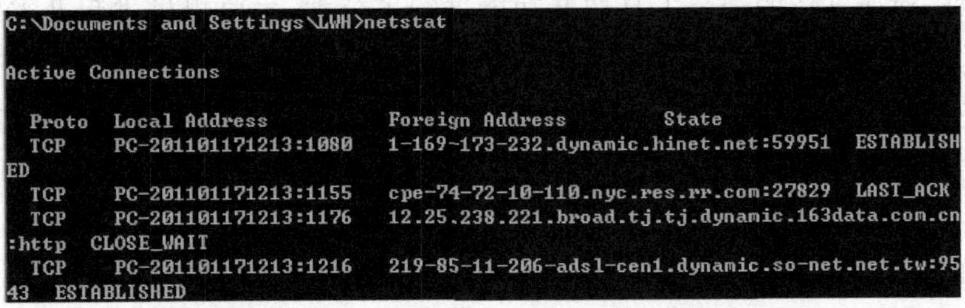

图 4.20　使用 netstat 命令显示网络连接状态信息

Pstools 是 Windows 平台下广为使用的开源工具集，由 psexec、psfile、psgetsid、psinfo、pskill、pslist、psloggedon、psloglist、pspasswd、psservice、psshutdown、pssuspend 等 12 个命令行工具组成，能够在线查看内存中的服务、进程（如图 4.21 所示即为 pslist 工具所显示的进程详细信息）、会话、登录用户、SID 等信息。该工具集的缺点依然是对内存信息的分析不够深入全面。

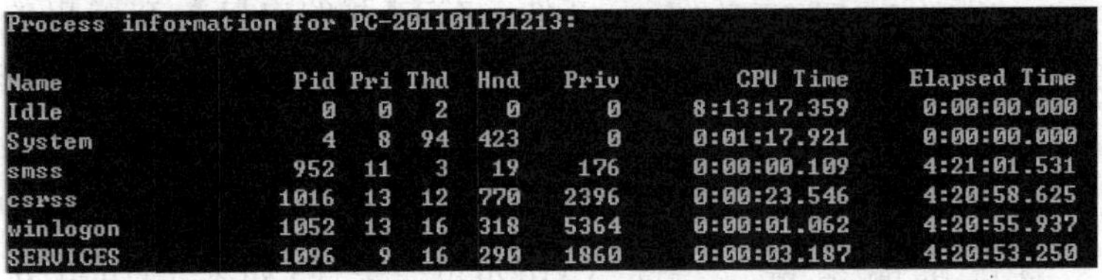

图 4.21　pslist 工具所显示的进程详细信息

另外，一些专用工具能够显示更为深入详细的内存信息。如图 4.22 所示即为利用工具 SnipeSword 获取的内存中所加载的内核模块信息。

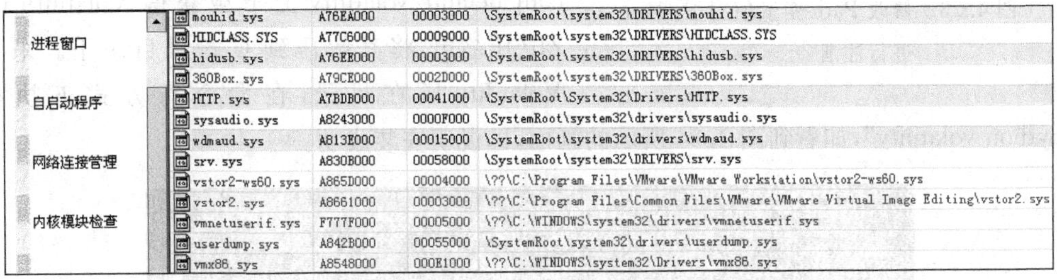

图 4.22　内存中的内核模块信息

4.4.2　实验室分析

在线分析对内存操作过多，容易造成证据的污染，有可能引起法庭上辩护律师对证据可靠性的攻击。正是基于这种原因，以 Volatility 为代表的内存信息实验室分析工具得到了越来越广泛的应用。该类工具处理对象是内存镜像文件，将内存信息的取证分析工作移至实验室进行，有效地减少了对于证据的污染。本节所依托的 Volatility 是基于 Python 实现的开源工具集，从互联网上可以免费下载获得。该工具集像 The Sleuth Kit

（UNIX/Linux 取证工具集，其命令分为文件系统、文件数据、i 节点、文件属性、日志等多个层次）一样，对所支持的命令工具按其功能进行了分类，主要提供进程及 DLL、内存及 VAD、驱动程序及内核对象、网络连接与注册表等多个类别的命令行工具，用于从内存中提取电子证据与线索。Volatility 的操作对象是扩展名为 IMG、RAW 或 VMEM 的内存镜像文件，并不直接针对在线系统。DD（已升级到 Windows 和 Linux 环境下均可使用）、ProDiscover IR、Mantech mdd、Win32dd、Mandiant Memoryze、Moonsols DumpIt、VMware 等多种工具可生成相应格式的镜像文件。

1. Volatility 工具集安装

Volatility 是基于 Python 实现的，因此要使用 Volatility，首先需要安装 Python。

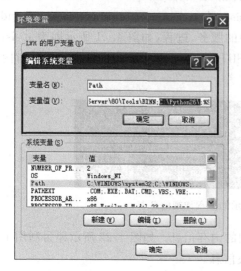

图 4.23　修改 Path 变量值对 Python 进行注册

Python 可以从网站 http://www.python.org/download/ 免费下载得到，在安装窗口使用默认配置进行安装即可。Python 安装完毕之后，需要进行注册，使系统能够识别以 py 为扩展名的文件。右击【我的电脑】，在弹出的【属性】菜单中选择【高级】选项卡，然后单击【环境变量】窗口，在弹出的对话框窗口中，选择变量【Path】进行设置，在【变量值】编辑窗口中添加"C：\Python26\"字样（如果 Python 安装于其他目录，此处应作相应修改），单击【确定】保存即可，如图 4.23 所示。

接下来从网站 https://www.volatilesystems.com/default/volatility 上下载获得 Volatility 的 ZIP 压缩包，将其解压到 C 盘根目录下。来到 Volatility 所在目录，在命令行方式下执行 "python volatility"，如看到图 4.24 所示的画面，即说明安装成功。

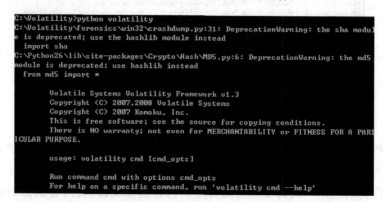

图 4.24　通过命令行窗口运行 Volatility

2. Volatility 工具集使用

(1) 进程及 DLL

该类别主要包括 pslist、pstree、psscan、dlllist 等命令。pslist 用于显示进程的名称、PID、PPID、虚拟内存地址(显示物理内存地址需要 -p 参数)、起始运行时间等信息。由于该命令是通过遍历全局内核变量 PsActiveProcessHead 所指向的双向链表收集信息的,因此无法检测出隐藏在内核级别的进程。pstree 能够以树状结构显示进程信息,该命令同样不能够显示隐藏进程,但可以观察进程间的父子关系。psscan 采用缓冲池标签技术扫描进程,能够发现 pslist 与 pstree 所不能显示的隐藏进程。从图 4.25 所示可以看出,psscan 所显示的信息主要包括进程的 PID、PPID、创建时间、终止时间、物理内存地址、内核对象地址、名称等。dlllist 用于显示特定进程所加载的 DLL 信息,该命令通过遍历双向链表 LDR_DATA_TABLE_ENTRY 实现;显示一般进程的 DLL 信息,只需指定 PID 即可,但是如果要显示隐藏进程加载的 DLL 信息,需要首先使用 psscan 获得进程对象所在的物理内存地址,然后使用 dlllist 命令,配以-o 参数,后接物理内存地址即可。

```
No.  PID    PPID   Time created                 Time exited                  Offset
PDB          Remarks
---- ------ ------ ---------------------------- ---------------------------- ----------
---------- ----------------

   1      0      0                                                           0x00562f20
0x00039000 Idle
   2   2860   3984 Thu Oct 27 07:00:00 2011 Thu Oct 27 07:01:00 2011 0x06d1d5e8
0x52770000 pinyinup.exe
   3   3264   2160 Thu Oct 27 06:56:15 2011                              0x06d3eca0
0x47e4c000 iexplore.exe
   4   5044   4852 Thu Oct 27 07:48:14 2011                              0x06d508b8
0x5ffc3000 conime.exe
```

图 4.25 psscan 所显示的进程信息

(2) 内存及 VAD

该类别主要包括 memmap、memdump、procdump、vadinfo、vaddump 等命令。memmap 用于获取特定进程的页面地址信息,从图 4.26 所示可以看出 memmap 所显示的页面地址信息主要包括虚拟内存地址(Virtual)、物理内存地址(Physical)和页面大小(Size)。memdump 用于将属于特定进程但却存在于离散内存空间的数据抽取出来,组合成单一文件保存在磁盘上。procdump 能够通过指定进程号或物理内存地址方式将进程转储为磁盘上的可执行文件。vadinfo 用于显示特定进程的 VAD(Virtual Address Descriptor,虚拟地址描述符)信息。vaddump 则用于将内存中离散的 VAD 信息抽取出来,并以 dmp 格式保存在磁盘上。

```
Virtual          Physical       Size
0x10000          0x13abb000     0x1000
0x20000          0x13a7c000     0x1000
0x6e000          0x13abc000     0x1000
0x6f000          0x13abe000     0x1000
0x70000          0x1316b000     0x1000
0x71000          0x13174000     0x1000
0x80000          0x13a84000     0x1000
0x81000          0x13ac5000     0x1000
0x90000          0x13ae3000     0x1000
0x91000          0x13ab4000     0x1000
```

图 4.26 memmap 所显示的页面地址信息

(3) 驱动程序及内核对象

该类别主要由 modules、modscan、files、thrdscan 组成。modules 用于检测系统所加载的内核驱动程序,该命令通过遍历全局内核变量 PsLoadedModuleList 所指向的双向链表收集信息,因此无法检测出隐藏在内核级别的驱动程序。modscan 通过扫描物理内存检测内核驱动程序,能够找出 modules 无法发现的隐藏驱动程序。files 通过扫描物理内存获取进程相关的文件对象信息,可以发现使用 rootkit 或 API Hook 技术隐藏的文件对象,如图 4.27 所示即为与 4 号进程相关的注册表文件对象信息。thrdscan 用于在物理内存中寻找 ETHREAD(线程结构体)对象,由于 ETHREAD 中包含父进程信息,因此也可以使用这种技术去发现隐藏进程。

```
Pid: 4
File     \System Volume Information\_restore{4826FE11-90F8-42BF-A77A-F47DFDDEF7AB}
\RP152\change.log
File     \Documents and Settings\NetworkService\Local Settings\Application Data\Mi
crosoft\Windows\UsrClass.dat.LOG
File     \WINDOWS\system32\config\SAM.LOG
File     \Documents and Settings\NetworkService\NTUSER.DAT
File     \WINDOWS\system32\config\SAM
File     \WINDOWS\system32\config\default.LOG
File     \Documents and Settings\NetworkService\Local Settings\Application Data\Mi
crosoft\Windows\UsrClass.dat
```

图 4.27　files 命令所显示的与 4 号进程相关的注册表文件对象

(4) 网络连接

该类别主要包括 connections、connscan、sockets 和 sockscan 等命令。connections 与 connscan 都用于显示网络连接信息,区别在于 connections 通过扫描 tcpip.sys 所指向的单向链表结构实现,而 connscan 却使用缓冲池标签技术进行扫描,因此 connscan 命令除了能够像 connections 那样显示当前"活跃"的网络连接之外,还能够发现已经被终止的网络连接,从图 4.28 所示可以看出 connscan 主要显示本地地址与端口、远程地址与端口、PID 等信息。sockets 能够显示网络连接套接字所对应的内存地址、进程、端口、协议、创建时间等信息。sockscan 则使用与 connscan 同样的技术检测已经被终止的网络连接套接字。

```
Local Address        Remote Address       Pid
192.168.2.7:1147     212.58.240.145:80    3276
192.168.2.7:1145     170.224.8.51:80      368
3.0.48.2:18776       199.239.137.245:19277  2167698096
127.0.0.1:1038       127.0.0.1:1037       3276
127.0.0.1:1037       127.0.0.1:1038       3276
192.168.2.7:1130     216.239.115.140:80   368
192.168.2.7:1144     170.224.8.51:80      368
```

图 4.28　connscan 所显示的网络连接信息

(5) 注册表

该类别主要由 hivescan、hivelist、printkey、hashdump 等命令组成。hivescan 用于显示 CMHIVE(注册表巢文件)在内存中的物理地址。hivelist 用于定位具体巢文件与虚拟地址间的对应关系。printkey 用于显示指定表键的子键、名称、数据、类型等信息,如图 4.29 所示即为 SOFTWARE 的部分子键信息。hashdump 则用于抽取和解码注册表中的用户登录认证信息。

3. Volatility 应用实例

(1) 破解用户登录密码

在命令行中输入"python volatility hivescan -f c:\test.raw"(test.raw 为笔者利用

Moonsols DumpIt 工具制作的内存镜像文件)，以获取镜像中的注册表文件内存物理地址信息。从图 4.30 所示中可以看出镜像中的注册表文件在内存中起始地址为 0x9d15b60(hex 列)。

```
Last updated: Wed Oct 26 11:49:33 2011

Subkeys:
    360Safe (Stable)
    360SD (Stable)
    360softmgr (Stable)
    ACD Systems (Stable)
    Adobe (Stable)
    Apple Computer, Inc. (Stable)
    C07ft5Y (Stable)
    Classes (Stable)
    Clients (Stable)
    CoreCodec (Stable)
```

图 4.29　printkey 所显示的 SOFTWARE 部分子键信息

```
Offset          (hex)
164715360       0x9d15b60
165264224       0x9d9bb60
169304072       0xa176008
226717704       0xd837008
227262472       0xd8bc008
227443768       0xd8e8438
228092768       0xd986b60
338415624       0x142bd008
342448640       0x14695a00
```

图 4.30　注册表文件在内存中起始地址为 0x9d15b60

接下来使用“python volatility hivelist -f c:\test. raw-o 0x9d15b60”命令，通过物理地址获取注册表巢文件对应的虚拟地址信息。从图 4.31 所示中可以看出，“\WINDOWS\system32\config\SAM”文件在内存中的虚拟地址为 0xe17b8438，“\WINDOWS\system32\config\SYSTEM”文件在内存中的虚拟地址为 0xe1038b60。

```
Address     Name
0xe24d6b60  \Documents and Settings\LWH\Local Settings\Application Data\Microso
ft\Windows\UsrClass.dat
0xe24dbb60  \Documents and Settings\LWH\ntuser.dat
0xe20e0b60  \Documents and Settings\LocalService\Local Settings\Application Dat
a\Microsoft\Windows\UsrClass.dat
0xe20a56d0  \Documents and Settings\LocalService\ntuser.dat
0xe206ba00  \Documents and Settings\NetworkService\Local Settings\Application D
ata\Microsoft\Windows\UsrClass.dat
0xe1fea008  \Documents and Settings\NetworkService\ntuser.dat
0xe17d3b60  \WINDOWS\System32\Config\SOFTWARE
0xe1796008  \WINDOWS\System32\Config\DEFAULT
0xe1791008  \WINDOWS\System32\Config\SECURITY
0xe17b8438  \WINDOWS\System32\Config\SAM
0xe1450008  [no name]
0xe1038b60  \WINDOWS\System32\Config\SYSTEM
0xe1024b60  [no name]
```

图 4.31　利用 hivelist 获取 SAM 和 SYSTEM 文件的虚拟地址信息

继续使用“python volatility hashdump-f c:\test. raw-y 0xe1038b60-s 0xe17b8438>Password. txt”命令，通过-y 参数指定 SYSTEM 文件内存虚拟地址，-s 参数指定 SAM 文件内存虚拟地址，抽取并解码镜像中的用户密码信息，并将其保存在 Password. txt 文件中。图 4.32 表示的是 Password. txt 文件中所保存的用户名及密码散列值信息。以用户 LWH 为例，“1006”为其用户 ID，“d48b20ad8521e0c3aad3b435b51404ee”为登录密码的 LM 散列值，“a6888325828638 dd02ad464526e08507”则为登录密码的 NT 散列值。

```
Administrator:500:aad3b435b51404eeaad3b435b51404ee:31d6cfe0d16ae931b73c59d7e0c089c0:::
Guest:501:aad3b435b51404eeaad3b435b51404ee:31d6cfe0d16ae931b73c59d7e0c089c0:::
HelpAssistant:1000:2078f1fd5a93d3f3f5fcd74fbe708849:8ffe803efd570514b2a81cae3b31dc88:::
SUPPORT_388945a0:1002:aad3b435b51404eeaad3b435b51404ee:a523068081d3228ad4972fcf86e3afd1:::
LWH:1006:d48b20ad8521e0c3aad3b435b51404ee:a6888325828638dd02ad464526e08507:::
```

图 4.32　Password. txt 文件中保存的用户名及密码散列值信息

将 Password. txt 文件输入 LOphtCrack 或 John the Ripper 等密码破解工具(一般情

况下需要配合使用破解字典或彩虹表),即有极大的可能性破解用户密码。如图 4.33 所示即为利用 John the Ripper 工具破解用户 LWH 登录密码的结果(为节省破解时间,1.txt 中只保存了 LWH 的密码散列值信息)。

图 4.33 利用 John the Ripper 破解用户登录密码

(2) 恶意程序分析

在命令行中输入"python volatility connscan -f c:\virus.vmem"(virus.vmem 为基于被入侵的计算机系统制作的内存镜像文件)命令,以获取该系统的网络连接信息。从图 4.34 所示中可以看出进程 856 通过端口 80 与网络地址 193.104.41.75 进行连接。

接下来使用"python volatility pstree -f c:\virus.vmem"命令,观察进程 856 对应的具体信息。如图 4.35 所示,进程 856 对应的进程名称为 svchost.exe,而其父进程则为 PID676 的进程 services.exe。

图 4.34 进程 856 通过端口 80 与网络地址 193.104.41.75 进行连接

图 4.35 进程 856 对应的进程为 svchost.exe

继续使用"python volatility printkey -f c:\virus.vmem -o 0xe153ab60"命令,查看系统自启动程序信息,其中地址 0xe153ab60 为通过 hivelist 命令查得的"\WINDOWS\system32\config\SOFTWARE"虚拟地址信息。一般情况下,用户登录以后,"\windows\system32\userinit.exe"(该文件负责恢复登录用户轮廓信息)会随之启动,但是从图 4.36 中却可以发现,除了 userinit.exe 文件外,名为 sdra64.exe 的可疑文件也随之运行。

图 4.36 注册表信息中的自启动可疑文件

借助于 Volatility 的第三方插件 malware.py,通过 apihooks 命令可以观察到 PID 为 856 的进程 svchost.exe 体内出现有 API 劫持语句"JMP 0xb73b47"字样。配合插件 YARA(恶意程序识别分类工具)的使用可以进一步确定出注入的恶意程序类型为 zbot (砸波)病毒。

4.5 其他系统内存管理机制

本节主要介绍其他非主流操作系统的内存管理机制，包括苹果操作系统 Mac OS X/iOS、Google 公司的智能手机操作系统 Android 以及 Sun 公司的工作站操作系统 Solaris。

1. Mac OS X/iOS

Mac OS X 和 iOS 是苹果操作系统的代表产品，Mac OS X 是苹果电脑操作系统（Mac OS）的最新版本，是全球领先的操作系统。它基于 UNIX/Linux，设计简单但功能非常强大。iOS 是从苹果电脑操作系统衍生出来的专门为手持设备（iphone、ipod touch 和 ipad）推出的操作系统。它们在用户界面使用上存在较大差别，iOS 主要支持触摸屏操作。

如图 4.37 所示，Mac OS X 的系统结构分为四个层次：核心操作系统（the Core OS layer）、核心服务层（the Core Services layer）、媒体层（the Media layer）、Cocoa 应用层（the Cocoa layer）。iOS 和

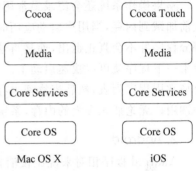

图 4.37 Mac OS X 和 iOS 架构对比

Mac OS X 相比只有最上面一层不同，由 Cocoa 框架换成了 Cocoa Touch。其中内存管理部分位于最下面的核心操作系统层，它们采用相同的内存管理机制。

苹果操作系统内存管理机制类同于 Linux，利用内存缓存提高效率，这一点与 Windows 完全不同。显然，从内存中读取数据的速度要远远快于从磁盘中读取数据，而且一个常识是刚读取的程序或数据很有可能会被反复读取，几个常用的程序会被频繁调用。如图 4.38 所示，苹果操作系统的内存有联动、活跃、非活跃和可用空间四种状态。联动部分是系统核心所使用的部分，包括操作系统内核程序和数据，这部分内存不能被清除，属于固定占用；活跃表示正在使用或者刚被使用过的内存部分，属于高速缓存；非活跃表示这部分内存最近没有被使用，但也是有效的，一旦使用某个程序，就可以直接从内存读取，而不用再访问磁盘，从而提高访问速度；可用空间表示这部分内存是空闲的，可以随时被程序使用。

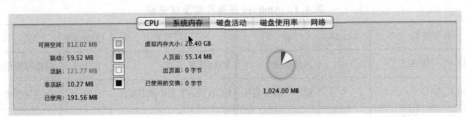

图 4.38 苹果操作系统内存状态

当可用空间的内存不足时，系统会使用非活跃的资源。如果非活跃的内存数据最近被使用了，系统会将其状态改为活跃，如果非活跃的内存数据最近没有被使用过，但是曾

经被更改过,而且还没有在硬盘的相应虚拟内存中作修改,系统会对相应硬盘的虚拟内存进行修改,并把这部分物理内存释放为可用空间。如果活跃的内存数据一段时间内没有被使用,会被暂时改变状态为非活跃。

如果系统中有少量的可用空间内存和大量的非活跃内存,说明系统的运行状态良好。反之,如果系统的可用空间内存和非活跃内存都很少,而活跃内存增多,说明内存不足。苹果操作系统的内存管理机制就是尽可能多地使用物理内存,即使没有打开程序,系统也会自动把一些常用的资源从硬盘加载到内存,当开始使用资源时,就可以不通过磁盘访问而直接从内存读取,从而大大提高系统的运行速度。

苹果操作系统还会记录最常用的程序,然后内存资源充足时,将这些程序的主要模块提前加载到内存,当用户启动应用时,程序就快速启动了。而当用户关闭程序界面时,大部分程序并不会真正退出,而是将核心模块继续驻留在内存,当下一次需要使用时,只要单击一下程序就可以快速启动了。苹果操作系统会智能地分析用户的操作习惯,不断地更换常用程序列表,然后当物理内存有空的时候随时把常用的程序模块载入内存,等待用户调用。无论插入多大的内存,系统在检测到内存数量以后,都会将其充分利用。

2. Android

Android 程序相对来说比较消耗内存,因为 Android 利用 Java 语言编写,自然需要 Java 虚拟机。也就是说,每打开一个程序都会打开一个独立的虚拟机,而不是采用一个统一的虚拟机,这样势必需要更多的内存空间。

Android 是一个多任务操作系统,可以同时运行多个程序。一般来说,启动运行一个程序存在一定的时间开销,为了加快运行速度,退出一个程序时,Android 并不会立即结束程序,这样下次再运行该程序时,就可以实现快速启动。但同时,随着系统中驻留的程序越来越多,内存可能会严重不足,这个时候 Android 系统采用一种垃圾回收机制自动关闭较低优先级的程序。这点与苹果操作系统不同,Mac OS X 或 iOS 不支持垃圾收集,需要用户使用内存管理保持或自动释放资源。

Android 系统通过 Low Memory Killer 实现内存的垃圾回收功能,这里它实现了一种机制,由程序的重要性来决定关闭哪个程序。Android 根据程序的重要性分成以下几类,如表 4.1 所示。其中每个程序都会有一个 Oom_adj 值,这个值越小,程序越重要,被回收的可能性越低。

表 4.1 Android 程序种类及优先级

程序种类	Oom_adj	说 明	程序种类	Oom_adj	说 明
FOREGROUD_APP	0	前台程序	HIDDEN_APP	7	被隐藏的程序
VISIBLE_APP	1	用户可见的程序	CONTENT_PROVIDER	14	内容提供者
SECONDARY_SERVER	2	后台服务	EMPTY_APP	15	空程序
HOME_APP	4	主界面			

Android 的 Low Memory Killer 每隔一段时间会检查当前空闲内存是否低于某个阈值,如果是,则关闭 oom_adj 最大的进程,如果有两个以上进程 oom_adj 相同,则杀死其中占用内存最多的进程,从而实现内存的垃圾回收。

3. Solaris

Solaris 是 Sun 公司研发的计算机操作系统,主要用于工作站和服务器,属于 UNIX 操作系统的衍生版本之一。

Solaris 的内存管理为虚拟内存管理,也就是使用磁盘作为内存的扩展,使可用内存进一步有效扩大,这种策略可以把当前不用的内存块到磁盘,腾出内存给其他应用。当原来的内容又要使用时,再从磁盘读回内存。虚拟内存就是指进程看到比它实际使用的物理内存更多的内存空间,对于 64 位的操作系统,进程可以通过 8KB 大小的段寻址访问 2^{64} 字节的内存空间。Solaris 通过一个硬件 MMU(Memory Management Unit)实现虚拟地址和物理地址间的转换。如图 4.39 所示,Solaris 虚拟内存的实现采用以下五种机制:地址映射、内存分配和回收、缓存和刷新、请求页、交换。

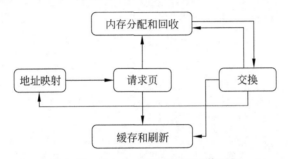

图 4.39　Solaris 虚拟内存的工作原理

首先内存管理程序通过映射机制把用户程序的逻辑地址映射到物理地址,如果用户程序发现程序中所用的虚拟地址没有相应的物理内存时,便发出请求页的命令。当有空闲的内存可以分配时,便通过内存的分配和回收机制分配内存,同时将当前的物理页(page)记录在缓存中;如果没有空闲的内存可供分配时,就利用交换机制,节省出一部分内存,交换机制中需要用到交换缓存,当把物理页内容交换到交换文件中后更新页表进行文件地址的映射。虚拟内存系统有两种管理模型:交换模型(swapping)和按需换页模型(demand paged)。交换模型指当内存不足时,最不活跃的进程被交换出内存。按需换页模型指当内存匮乏时,只有最不经常使用的页被换出。Solaris 将两种内存管理模型进行结合,正常情况使用按需换页模型,只要当内存严重不足时,才利用交换模型来实现内存释放。与传统 UNIX 系统相比,Solaris 虚拟内存系统的功能更加强大,甚至系统中所有空闲内存都可以被用来作为文件的 I/O 缓存,从而大大提高系统的性能。

习题 4

1. 操作系统允许设置"虚拟内存"的目的何在?
2. Windows 环境下 Svchost.exe 的主要功能有哪些?

3. 钩子技术的主要用途有哪些,请从正反两方面说明?
4. Windows 环境下,结束进程的方法有哪些?
5. Linux 环境下用于显示进程静态与动态信息的命令分别是什么,都能够显示哪些信息?
6. 请详细说明 Windows 环境下进行内存分析的具体技术与方法。

第 5 章 系统安全基础

本章重点说明典型操作系统的常见系统安全设置机制。

5.1 用户管理

5.1.1 Windows 用户管理策略

1. 用户账户管理

Windows 操作系统作为一个多用户操作系统,允许多个用户共同使用一台计算机,而账号就是用户进入系统的出入证。用户账号一方面为每个用户设置相应的密码、隶属的组、保存个人文件夹及系统设置,另一方面将每个用户的程序、数据等相互隔离,这样用户在不关闭计算机的情况下,不同的用户可以相互访问资源。

Windows 操作系统的用户管理内容,主要包括账号的创建、设置密码、修改账号等内容,可以通过打开【控制面板】中的【用户账户】或者【管理工具】来进行设置,如图 5.1 所示。【用户账户】采用图形界面进行设置,比较适合初学者使用,但是只能对用户账户进行一些基本的设置;【管理工具】方式适合中、高级用户,能够对用户管理进行系统的设置。

图 5.1　【控制面板】中的【用户账户】设置工具

双击【控制面板】上的【用户账户】图标,就可以启动用户账户管理程序。单击弹出窗口中的【创建一个新账户】选项,在弹出的窗口中输入新账户的名称,例如"LWH",然后单击【下一步】,在随后弹出的窗口中将要求选择账户的类型,默认类型为【计算机管理员】,单击【创建新账户】按钮,一个名为"LWH"的新管理员账户就建立起来了(如图 5.2 所示)。只有创建一个管理员账户以后,才能创建其他类型的账户。而在欢迎屏幕上所见到的用户账户"administrator"(管理员)为系统的内置账户用户,是在安装系统时自动创建的。

创建其他用户账户时,单击【创建一个新账户】,然后在下一步操作中输入账户名称,例如"TYJ",类型选择【受限】,单击【创建账户】按钮就可以创建一个名为"TYJ"的新账户了(如图 5.3 所示)。需要指出的是,在 Windows 操作系统中,用户账户一般分为两种类型,一种是"计算机管理员"类型,另外一种是"受限"类型,两种类型的权限是不同的。"计算机管理员"拥有对计算机操作的全部权利,可以创建、更改、删除账户,安装、卸载程序,

图 5.2　新建的具有管理员权限的账号"LWH"

访问计算机的全部文件资料；而"受限"类型用户账户只能修改自己的用户名、密码等，也只能浏览自己创建的文件和共享的文件。

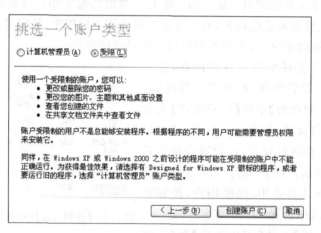

图 5.3　选择账户类型为【受限】

用户账户建立后，可以对用户账户进行一系列的修改，例如设置密码、更改账户类型、修改账户图片、删除账户等。"受限"类型的账户，只能修改自己的设置，若要修改其他用户账户，必须以计算机管理员身份登录。

单击需要修改的账户，例如刚才创建的"LWH"，弹出【修改账户】窗口，主要项目包括：

（1）更改名称：重新为账户命名。

（2）创建密码：为用户账户创建密码后，在登录时必须输入。如果已经设置密码，这里将变为【更改密码】、【删除密码】两个选项。

（3）更改图片：为用户账户选择新的图片，如图 5.4 所示，这个图片将出现在欢迎屏幕的用户账户旁边，也可以单击下面的【浏览图片】来选择自己喜欢的图像，例如自己的照片。

图 5.4　为用户账户选择欢迎屏幕图片

在欢迎屏幕上可能看到还有"Guest"账户,它不需要密码就可以访问计算机,但是只有最小的权限,不能更改设置、删除安装程序等。如果不希望其他人通过这个账户进入自己的计算机,可以在【用户账户】窗口中,单击 Guest 账户,在下一步操作中,选择【禁用来宾账户】,就可以关闭 Guest 账户了。

以管理员用户账户登录计算机,双击【控制面板】上的【管理工具】图标,在弹出的【管理工具】窗口中,依次执行【计算机管理】→【系统工具】→【本地用户和组】命令,单击【用户】选项,在右边的窗口中,就出现了本地的用户账户(如图 5.5 所示)。在此可以进行本地账户的高级设置。

图 5.5　"管理工具"中的本地用户账户

(1) 禁止用户修改密码:例如禁止"LWH"用户修改密码,右击"LWH"用户,在弹出的快捷菜单中,选择【属性】选项,然后在弹出的【属性】窗口中,将【用户不能更改密码】、【密码永不过期】两项选中(如图 5.6 所示),单击【确定】按钮,这样就不能随便更改账户密码了。

(2) 停止账户的使用:在上面的【属性】窗口中,将【账户已停用】选中,用户的账户将被冻结。

(3) 删除账户:在需要删除的账户上单击鼠标右键,然后从快捷菜单中选择【删除】菜单

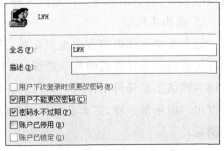

图 5.6　进行用户密码属性设置

命令。需要注意的是系统内置的管理员账户"administrator"不能被删除。

2. 工作组和域

组建局域网的目的是要实现网络资源的共享。由于网络资源众多,因此在实现资源共享的同时,还要考虑如何管理这些在不同机器上的资源。域和工作组就是在这样的环境中产生的两种不同的网络资源管理模式。

(1) 工作组

工作组(Work Group)指的是将不同的计算机按功能分别列入不同的组中,以方便管理。例如在一个网络内,可能有成百上千台工作计算机,如果这些计算机不进行分组,都列在【网上邻居】内,查找某台特定的机器就会比较困难。为了解决这一问题,Windows 9x/NT/2000/XP 引入了"工作组"这个概念。例如一所高校,会分为诸如刑侦系、网侦系之类的,然后刑侦系的计算机全都列入刑侦系的工作组中,网侦系的计算机全部都列入到网侦系的工作组中。如果要访问某个系别的资源,就在【网上邻居】里找到那个系的工作组名,双击就可以看到那个系别的计算机了。

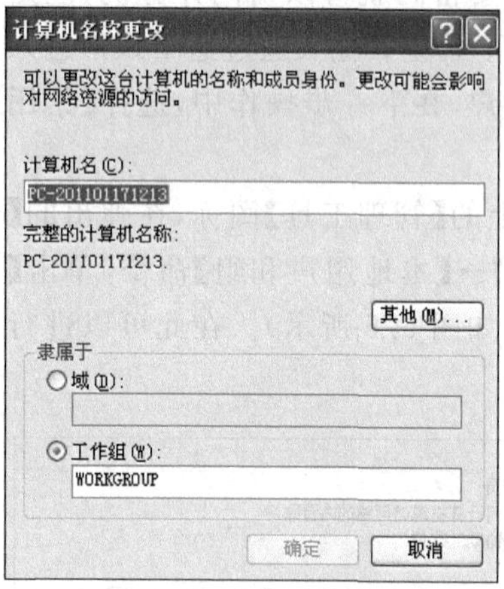

① 加入工作组

加入工作组的方法很简单,只需要右击 Windows 桌面上的【我的电脑】,在弹出的菜单出选择【属性】,单击【计算机名】,在【计算机名】一栏中添入名字,在【工作组】一栏中添入想加入的工作组名称,如图 5.7 所示。

如果输入的工作组名称是一个不存在的工作组,那么就相当于新建一个工作组。计算机名和工作组的长度都不能超过 15 个英文字符,可以输入汉字,但是也不能超过 7 个汉字。相对而言,处在同一个工作组的内部成员相互交换信息的频率最高,所以一进入【网上邻居】,首先看到的是计算机所在工作组的成员。如果要访问其他工作组的成员,需要双击【整个网络】,然后才会看到网络上其他的工作组,双击其他工作组的名称,这样才可以看到里面的成员,与之实现资源交换。

图 5.7 加入工作组对话框

② 退出工作组

退出某个工作组的方法也很简单,只要将工作组名称改变一下即可。不过网上别人照样可以访问该计算机的共享资源,只不过换了一个工作组而已。也就是说,可以随便加入同一网络上的任何工作组,也可以随时离开一个工作组。"工作组"就像一个自由加入和退出的俱乐部一样,它本身的作用仅仅是提供一个"房间",以方便网上计算机共享资源的浏览。

(2) 域

"域"的真正含义指的是服务器控制网络上的计算机能否加入的计算机组合。一提到组合,势必需要严格的控制,所以实行严格的管理对网络安全是非常必要的。在对等网模式下,任何一台计算机只要接入网络,其他机器就都可以访问共享资源,如共享上网等。

尽管对等网络上的共享文件可以加访问密码,但是非常容易被破解。

不过在【域】模式下,至少有一台服务器负责每一台联入网络的计算机和用户的验证工作,称为"域控制器"(Domain Controller,DC)。域控制器中包含了由这个域的账户、密码、属于这个域的计算机等信息构成的数据库。当计算机联入网络时,域控制器首先要鉴别这台计算机是否是属于这个域的,用户使用的登录账号是否存在、密码是否正确。如果以上信息有一样不正确,那么域控制器就会拒绝这个用户从这台计算机登录。不能登录,用户就不能访问服务器上有权限保护的资源,他只能以对等网用户的方式访问 Windows 共享出来的资源,这样就在一定程度上保护了网络上的资源。

① 加入域

要把一台计算机加入域,仅仅使它和服务器在网上邻居中能够相互"看"到是远远不够的,必须要由网络管理员进行相应的设置,把这台计算机加入到域中,这样才能实现文件的共享。

• 服务器端设置

以系统管理员身份在已经设置好 Active Directory(活动目录)的 Windows 2000 Server 上登录,选择【开始】菜单中【程序】选项中的【管理工具】,然后再选择【Active Directory 用户和计算机】,之后在程序界面中右击 Computers,在弹出的菜单中单击【新建】,然后选择【计算机】,之后填入想要加入域的计算机名即可。

• 客户端设置

首先要确认计算机名称是否正确,然后在桌面【网上邻居】上右击鼠标,单击【属性】出现网络属性设置窗口,确认【主网络登录】为【Microsoft 网络用户】。选中窗口上方的【Microsoft 网络用户】(如果没有此项,说明没有安装,单击【添加】安装【Microsoft 网络用户】选项)。单击【属性】按钮,出现【Microsoft 网络用户属性】对话框,选中【登录到 Windows NT 域】复选框,在【Windows NT 域】中输入要登录的域名即可。这时,如果是 Windows 98 操作系统的话,系统会提示需要重新启动计算机,重新启动计算机之后,会出现一个登录对话框。在输入正确的域用户账号、密码以及登录域之后,就可以使用 Windows 2000 Server 域中的资源了。请注意,这里的域用户账号和密码,必须是管理员为用户所创建的那个账号和密码,而不是由本机用户自己创建的账号和密码。如果没有将计算机加入到域中,或者登录的域名、用户名、密码有一项不正确,都会出现错误信息。

② 域的安全

域控制器具有对整个 Windows 域以及域中的所有计算机的管理权限,因此必须花费更多的精力来确保域控制器的安全,并保持其安全性。第一步就是要保障域控制器的物理安全。应该将服务器放在一间带锁的房间,并且严格地审核和记录该房间的访问情况。不要有"隐蔽起来就具有很好的安全性"这样的观点,错误地认为将这样一台关键的服务器放在一个偏僻的地方而不加以任何保护,就可以抵御那些顽固的数据间谍和破坏分子的攻击。

物理安全之后,就应该部署多层防御计划。带锁的服务器房间只是第一层。这只能被认为是周边安全。万一周边安全被突破,就应该为保护目标(此时即 DC)进一步设置一些安全措施以保护它们。应该考虑在服务器房间部署警报系统,当未授权用户进入服务器房间的时候,它就发出声音警报。另外还可以考虑在门上安装探测器,以及红外探测器以防止通过门、窗及其他孔洞的非法进入。

如果认为物理安全计划已经足够完美,那么就要将注意力转移到防止入侵和攻击者通过网络访问域控制器。最简单的,也是最常用的方法就是通过一个合法的账号密码,登录系统,以获得网络和域控制器的访问权限。在一个典型的安装中,入侵者如想登录系统,只需要两个东西:一个合法账号,以及它对应的密码。如果仍使用的是默认的管理员账号——Administrator,这将使入侵者的入侵容易很多。他需要做的只是收集一些信息。与其他账号不同,这个默认的管理员账号,不会因为多次失败登录而被锁定。这也就意味着,入侵者只要不停地猜测密码(通过"暴力破解"的方法破解密码),直到获取管理员权限。所以要避免入侵者快速地找出拥有管理员权限的账号。

在 Windows Server 2003 及更高的版本中,完全的禁用内置管理员账号成为可能。当然如果想那样做,必须要先创建另外的一个账号,并赋予它管理员的权限。否则,将无法执行某些特权任务。当然内置的来宾账号是应该被禁止的(默认就是如此)。如果一些用户需要具有来宾的权限,为他创建一个名字不显眼的新账号,并限制它的访问。所有的账号,特别是管理账号都应该有一个强壮的密码。一个强壮的密码应该包含 8 位以上的字符(数字和符号),应该大小写混排,而且不应该是字典中的单词。还可以通过组策略来强制要求密码在一定的基础上进行变化。

3. 安全标识符(SID)

SID 是安全标识符(Security Identifiers)的缩写,是用来识别用户、组和计算机账户的唯一密码。网络上每一个初次创建的账户都会收到一个唯一的 SID。Windows 中的内部进程将引用账户的 SID 而不是账户的用户名或组名。如果创建账户,再删除账户,然后使用相同的用户名再创建另一个账户,则新账户将不具有授权给前一个账户的权限,原因是这两个账户具有不同的 SID。

(1) SID 作用

用户通过验证后,登录进程会给用户一个访问令牌,该令牌相当于用户访问系统资源的票证,当用户试图访问系统资源时,将访问令牌提供给 Windows 系统,然后 Windows 检查用户试图访问对象上的访问控制列表。如果用户被允许访问该对象,Windows 将会分配给用户适当的访问权限。访问令牌是用户在通过验证的时候由登录进程提供的,所以改变用户的权限需要注销后重新登录,重新获取访问令牌。

(2) SID 的组成

SID 的值是分层的,并且长度可变。SID 值的一般格式为 $S\text{-}R\text{-}X\text{-}Y^1\text{-}Y^2\cdots Y^{n-1}\text{-}Y^n$。其各部分含义如下:

S:表示该字符串是一个 SID。

R:表示 SID 结构的版本号。

X:表示标识符颁发机构。

$Y^1 \sim Y^{n-1}$:表示子级颁发机构。

Y^n:相对标识符,表示域内特定的账户和组。

例如 S-1-5-21-31044058 8-2 500 36847-5 803 895 05-500,第一项 S 表示该字符串是 SID;第二项是 SID 的版本号;然后是标志符的颁发机构(identifier authority),对于 2000 账户,颁发机构就是 NT,值是 5;然后表示一系列的子颁发机构,前面几项是标志域的;最后一个标志着域内的账户和组。

（3）SID 的获取

在 HKEY_LOCAL_MACHINE \ SOFTWARE \ Microsoft \ Windows NT \ CurrentVersion\ProfileList 表项下可以查看本地账户与 SID 的对应关系。如图 5.8 所示,本地账户 LWH 的 SID 为 S-1-5-21-1343024091-57989841-1417001333-1006。

图 5.8　注册表中的本地账户与 SID 关联信息

另外,使用 www.sysinternals.com 的 PsGetsid 则可以获得本地计算机的 SID,如图 5.9 所示。

图 5.9　使用 PsGetsid 获得 SID 信息

5.1.2　Linux 用户管理策略

UNIX/Linux 系统是一个多用户多任务的分时操作系统,任何一个要使用系统资源的用户,都必须首先向系统管理员申请一个账号,然后以这个账号的身份进入系统。用户的账号一方面可以帮助系统管理员对使用系统的用户进行跟踪,并控制他们对系统资源的访问;另一方面也可以帮助用户组织文件,并为用户提供安全性保护。每个用户账号都拥有一个唯一的用户名和各自的口令。用户在登录时输入正确的用户名和口令后,就能够进入系统和自己的主目录。

1. 用户管理基本概念

在 Linux 系统中,每个用户对应一个账号。系统安装完成后,系统本身已创建了一些特殊用户,它们具有特殊的意义,其中最重要的是超级用户,即 root。超级用户 root 承担了系统管理的一切任务,可以控制所有的程序,访问所有的文件,使用系统中所有的功能和资源。Linux 系统中其他的一些组群和用户都是由 root 创建的。

以下是用户管理涉及的一些基本概念。

- 用户名：系统中用来标识用户的名称,可以是字母、数字组成的字符串,区分大小写;

- 用户标识 UID：系统中用来标识用户的数字；
- 用户主目录：也就是用户的起始工作目录，是用户登录系统后所在的目录，用户的文件都放置在此目录下；
- 登录 shell：用户登录后启动以接收用户的输入并执行输入相应命令的脚本程序，即 shell，shell 是用户和 Linux 系统之间的接口；
- 用户组/组群：具有相似属性的多个用户被分配到一个组中；
- 组标识 GID：用来表示用户组的数字标识。

超级用户在系统中的用户 ID 和组 ID 都是 0。普通用户的用户 ID(UID)从 500 开始编号，并且默认属于与用户名同名的组。组 ID(GID)也从 500 开始编号。

2. 用户管理相关命令与配置文件

用户账号的管理工作主要涉及用户账号的添加、修改和删除。添加用户账号就是在系统中创建一个新账号，然后为新账号分配用户号、用户组、主目录和登录 Shell 等资源。添加新用户账号使用的是 useradd 命令，一般格式为 adduser [-选项] username，主要参数如下。

- -d：指定用于取代默认的/home/username 的用户主目录；
- -g：用户所属用户组的组名或组 ID；
- -m：若指定用户的主目录不存在则创建；
- -p：使用 crypt 加密的口令；
- -s：指定用户登录 shell，默认为/bin/bash；
- -u uid：指定用户的 UID，必须唯一，且大于 499。

如果一个用户的账号不再使用，可以从系统中删除。删除用户账号就是要将/etc/passwd 等系统文件中的该用户记录删除，必要时还应删除用户的主目录。删除一个已有的用户账号使用 userdel 命令，一般格式为 userdel[-选项] username，常用的选项是-r，它的作用是把用户的主目录一起删除。需要注意的是，完全删除一个用户包括如下行为：删除/etc/passwd 文件中此用户的记录、删除/etc/group 文件中该用户的信息、删除用户的主目录以及删除用户所创建的或属于此用户的文件。

修改用户账号就是根据实际情况更改用户的有关属性，如用户号、主目录、用户组、登录 Shell 等。修改已有用户的信息使用 usermod 命令，其格式为 usermod 选项 用户名；指定和修改用户口令的命令是 passwd。超级用户可以为自己和其他用户指定口令，普通用户只能用它修改自己的口令。命令的格式为 passwd 选项 用户名，主要参数如下。

- -l：锁定口令；
- -u：口令解锁；
- -d：使账号无口令；
- -f：强迫用户下次登录时修改口令。

需要注意的是，使用该命令时，新口令需要输入两次。出于安全的原因，输入口令时不会在屏幕上回显出来。当用户使用不带参数的 passwd 命令时，可以修改自己的口令。有时，需要临时禁止一个用户账号的使用而不是删除它，这时可以采用以下两种方法：

- 把用户的记录从/etc/passwd 文件中去掉，保留其主目录和其他文件不变；
- 在/etc/passwd 文件(或/etc/shadow)中关于该用户的 passwd 域的第一个字符前面加上一个“*”号。

传统的系统保留用户账号资料，包括单向加密的密码，存放在一个称作/etc/passwd 的文本文件中。图 5.10 所示便是某/etc/passwd 文件的具体内容。从图 5.10 可以看出，/etc/passwd 文件内含用户资料信息，如：

```
LWH:x:561:561:Joe LWH:/home/LWH:/bin/bash;
```

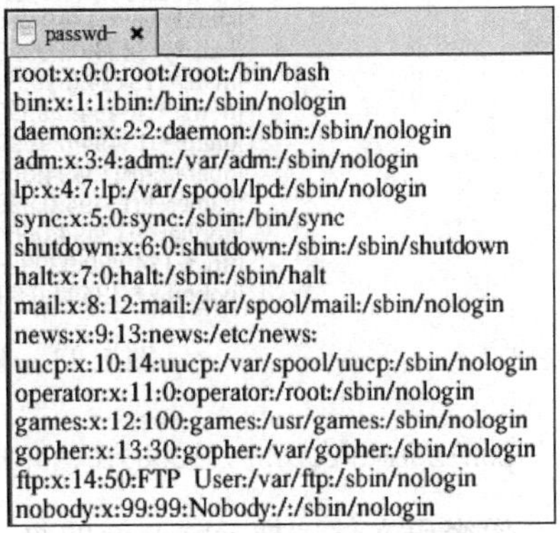
passwd- ×
root:x:0:0:root:/root:/bin/bash
bin:x:1:1:bin:/bin:/sbin/nologin
daemon:x:2:2:daemon:/sbin:/sbin/nologin
adm:x:3:4:adm:/var/adm:/sbin/nologin
lp:x:4:7:lp:/var/spool/lpd:/sbin/nologin
sync:x:5:0:sync:/sbin:/bin/sync
shutdown:x:6:0:shutdown:/sbin:/sbin/shutdown
halt:x:7:0:halt:/sbin:/sbin/halt
mail:x:8:12:mail:/var/spool/mail:/sbin/nologin
news:x:9:13:news:/etc/news:
uucp:x:10:14:uucp:/var/spool/uucp:/sbin/nologin
operator:x:11:0:operator:/root:/sbin/nologin
games:x:12:100:games:/usr/games:/sbin/nologin
gopher:x:13:30:gopher:/var/gopher:/sbin/nologin
ftp:x:14:50:FTP User:/var/ftp:/sbin/nologin
nobody:x:99:99:Nobody:/:/sbin/nologin

图 5.10 某/etc/passwd 文件的具体内容

每一项目栏位都由“:”所分隔，意义如下：

- 使用者名称，最多 8 个符号，可以用大小写，通常都是小写；
- 一个“x”在密码栏，密码存放在“/etc/shadow”文件中；
- user id 数值，Linux 使用这一项以及后面的群组栏以辨别文件属于哪个使用者；
- group id 数值，RedHat 使用 group id 作为独特的强化文件安全的方法，通常 group id 会和 user id 相同；
- 使用者全名，应尽量保持合理(30 个字符以下)；
- 使用者的 home 目录，通常是/home/username(例如/home/LWH)，所有使用者个人文件、网页、回复信件等都会放在这里；
- 使用者的“shell 账号”，常被设为“/bin/bash”提供取用 bash shell。

其中，user id 对于每一个用户必须是唯一的，系统内部用它来标识用户。一般情况下它与用户名称一一对应。如果几个用户名对应了同一个用户标识号，那么系统内部将他们视为具有不同用户名的同一个用户，但是他们可以有不同的口令、不同的主目录以及不同的登录 shell。编号 0 是超级用户 root 的标识号，1～99 系统保留，作为管理账号，普通用户的标识号从 100 开始。Linux 系统这个界限是 500。Linux 系统把每一个用户仅仅看成一个数字，即用每个用户唯一的用户 ID 来识别，配置文件/etc/passwd 给出了系统用户 ID 与用户名之间及其他信息的对应关系。另外，/etc/passwd 文件对系统的所有用户都是可读的，这样的好处是每个用户都可以知道系统上有哪些用户，但缺点是其他用户的口令容易受到攻击(尤其当口令较简单时)。所以很多 Linux 系统都使用了 shadow 技术，把真正加密的用户口令字存储在另一个文件/etc/shadow 中，而在/etc/passwd 文件的口令字段中只存放一个特殊字符，并且/etc/shadow 文件只有根用户 root 可读，因而大大提高了安全性。

上文所说的/etc/shadow 文件(如图 5.11 所示)，用来存放加密过的密码以及其他资料，如账号及密码的期限值等。/etc/shadow 这个文件只能由 root 读取，因此减少了风险。

/etc/shadow 文件内含用户的密码及账号期限资料，如：

```
shadow
root:$1$UrJA2zOg$aMR3jb/HJz9dFH2E/Ojnt1:13494:0:99999:7:::
bin:*:13494:0:99999:7:::
daemon:*:13494:0:99999:7:::
adm:*:13494:0:99999:7:::
lp:*:13494:0:99999:7:::
sync:*:13494:0:99999:7:::
shutdown:*:13494:0:99999:7:::
halt:*:13494:0:99999:7:::
mail:*:13494:0:99999:7:::
news:*:13494:0:99999:7:::
uucp:*:13494:0:99999:7:::
operator:*:13494:0:99999:7:::
games:*:13494:0:99999:7:::
gopher:*:13494:0:99999:7:::
ftp:*:13494:0:99999:7:::
nobody:*:13494:0:99999:7:::
```

图 5.11　某/etc/shadow 文件的具体内容

```
Lwh:Ep6mckrOLChF.:10063:0:99999:7:::
```

像密码文件一样,shadow 的每一个项也是由":"冒号所分开,意义如下:

- 使用者名称,最多 8 个符号,可以用大小写,通常都是小写,直接对应/etc/passwd 文件中的使用者名称;
- 密码,加密过的 13 个字符,一个空格表示登录时不需密码,一个"＊"项目指出账号已经关闭;
- 密码最后一次变更起所经过的日数(从 1970 年 1 月 1 日起);
- 密码经过几天可以变更(0 表示可以随时变更);
- 密码经过几天必须变更(99999 表示使用者可以保留他们的密码多年不变);
- 密码过期之前几天要警告使用者;
- 密码过期几天后账号会被取消。

从 1970 年 1 月 1 日起,账号经过几天会被取消。

值得一提的是,UNIX/Linux 系统使用 su 命令进行不同用户间切换。其命令格式如下:

```
#su[用户名]
```

su 命令的常见用法是变成根用户或超级用户,如果发出不带用户名的 su 命令,则系统提示输入根口令,输入之后则可换为根用户。如果登录为根用户,则可以用 su 命令成为系统上任何用户而不需要口令。

例如,如果登录为 user1,要切换为 user2,只要用如下命令:

```
#su user2
```

然后系统提示输入 user2 口令,输入正确的口令之后就可以切换到 user2。完成之后就可以用 exit 命令返回到 user1。

3. 用户组管理相关命令与配置文件

用户组(group)就是具有相同特征的用户(user)的集合体,例如有时要让多个用户具有相同的权限,如查看、修改某一文件或执行某个命令,这时需要用户组,可以把用户都定义到同一用户组,通过修改文件或目录的权限,让用户组具有一定的操作权限,这样用户组下的用户对该文件或目录都具有相同的权限;例如为了让某些用户有权限查看某一文档,假设该文档是一个时间表,而编写时间表的人要具有读写执行的权限,系统若想让某些用户知道这个时间表的内容,而不让他们修改,就可以把这些用户都划到一个组,然后来修改这个文件的权限,让用户组可读,这样用户组下面的每个用户都是可读的。

通常,用户和用户组的对应关系是一对一、多对一、一对多或多对多。

(1) 一对一:某个用户可以是某个组的唯一成员;

(2) 多对一:多个用户可以是某个唯一的组的成员,不归属其他用户组,例如 lwh 和 tyj 两个用户只归属于 jzx 用户组;

(3) 一对多:某个用户可以是多个用户组的成员,例如 lwh 可以是 root 组成员,也可以是 linuxsir 用户组成员,还可以是 adm 用户组成员;

(4) 多对多:多个用户对应多个用户组,并且几个用户可以是归属相同的组。

可以看出,每个用户都有一个用户组,系统可以对一个用户组中的所有用户进行集中管理。不同 UNIX/Linux 系统对用户组的规定有所不同,如 UNIX/Linux 下的用户属于与它同名的用户组,这个用户组在创建用户时同时创建。用户组的管理涉及用户组的添加、删除和修改。通常,使用 groupadd 命令来建立新的用户组,其命令格式为 groupadd [选项][用户名称],常用选项如下。

① -g:GID 值。除非使用-o 参数,否则该值必须是唯一,不可相同,数值不可为负。GID 值预设为最小不得小于 500 而逐次增加。0~499 传统上是保留系统账号使用。

② -f:新增的一个已经存在的群组账号,强制建立已经存在的组(如果存在则返回成功)。

groupdel 命令则用来删除已经存在的用户组,其命令格式如下:

groupdel 组名

同 userdel 类似,如果有任何一个组内的用户在上线,就不能移除该用户组,因此,如果组内有用户在线的话,最好先移出该用户,然后再删除该用户。

修改用户组的属性使用 groupmod 命令,其语法为:groupmod 选项 用户组。

完成用户管理的工作有许多种方法,但是每一种方法实际上都是对有关的系统文件进行修改。与用户和用户组相关的信息都存放在一些系统文件中,这些文件包括/etc/passwd、/etc/shadow、/etc/group 等。/etc/shadow 中的记录行与/etc/passwd 中的一一对应,它由 pwconv 命令根据/etc/passwd 中的数据自动产生。它的文件格式与/etc/passwd 类似,由若干个字段组成,字段之间用":"隔开。

用户分组是 UNIX/Linux 系统中对用户进行管理及控制访问权限的一种手段。每个用户都属于某个用户组,一个组中可以有多个用户,一个用户也可以属于不同的组。当一个用户同时是多个组中的成员时,在/etc/passwd 文件中记录的是用户所属的主组,也

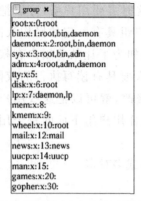

图 5.12 某/etc/group 文件的具体内容

就是登录时所属的默认组,而其他组称为附加组。用户要访问属于附加组的文件时,必须首先使用 newgrp 命令使自己成为所要访问的组中的成员。用户组的所有信息都存放在/etc/group 文件(如图 5.12 所示)中。此文件的格式也类似于/etc/passwd 文件,由":"隔开若干个字段,这些字段有组名、口令、组标识号、组内用户列表。"组名"是用户组的名称,由字母或数字构成,与/etc/passwd 中的登录名一样,组名不应重复。"口令"字段存放的是用户组加密后的口令字,一般 UNIX/Linux 系统的用户组都没有口令,即这个字段一般为空,或者是 ∗。"组标识号"与用户标识号类似,也是一个整数,被系统内部用来标识组。"组内用户列表"是属于这个组的所有用户的列表,不同用户之间用逗号分隔,这个用户组可能是用户的主组,也可能是附加组。

5.2 系统配置文件

5.2.1 Windows 操作系统的注册表

注册表(Registry)是操作系统、硬件设备以及客户应用程序得以正常运行和保存设置的核心"数据库",是一个非常巨大的树状分层结构的数据库系统。它记录了用户安装在机器上的软件和每个程序的相互关联信息。它包含了计算机的硬件配置,包括自动配置的即插即用设备和已有的各种设备说明、状态属性以及各种状态信息和数据。

本节将就注册表的发展、注册表的结构、注册表的基本操作、注册表应用技巧等方面进行介绍。

1. 注册表的发展

微机操作系统经历了从 DOS、Windows 1.0、Windows 2.0、Windows3x、Windows 9.x、Windows 2000、Windows XP、Windows 2003、Windows Vista 的发展历程,而注册表是操作系统、硬件设备以及客户应用程序得以正常运行和保存设置的核心"数据库",它经历了如下的发展历程。

(1) DOS 时代的注册表

在 DOS 操作系统时代,用户通过使用 DOS 系统提供的 Config.sys 和 Autoexec.bat 来配置系统。DOS 在启动过程中,会自动在启动盘的根目录下查找系统配置文件 Config.sys,若此文件存在,则将其读入内存并按文件中各语句的内容对系统进行一些初始化设置,否则按系统默认值设置,然后自动执行批处理文件 Autoexec.bat,启动操作系统。

Config.sys 是文本文件,可以用任何编辑器编辑修改,如果用户想增加、修改或删除

Config.sys 文件中的任一配置命令,则这种改变只有在下一次启动 DOS 时才有效。一个典型的 Config.sys 文件内容如下:

```
DEVICE=C:DOSHIMEM.SYS
DEVICE=C:DOSEMM386.EXE NOEMS
Buffers=15,0
Files=50
Dos=umb
Lastdrive=z
Dos=HIGH
DEVICEHIGH=C:DOSATAPIU_CD.SYS/D:MSCD000 /I:0
STACKS=9,256
```

由此可以看出,该文件由许多配置命令组成,用户只有在掌握配置命令基础上才能完成系统配置,对用户来说要求较高。

(2) Windows 3.x 时代的注册表

早期的 Windows 3.x 并没有注册表,它用 5 个配置文件来设置系统,分别是 System.ini、Win.ini、Control.ini、Program.ini 和 Winfile.ini。这些".ini"文件记录着操作系统的信息。其中 System.ini、Win.ini 几乎控制着所有的 Windows 和应用程序的特征和存取方法,它在少数用户和少数应用程序的环境中可能工作得很好,但随着应用程序的数量不断增加和复杂性的日益增强,需要在".ini"文件中添加更多的参数项。在应用程序安装到系统中后,每个人都会更改".ini"文件,但没有一个人在删除应用程序后会同时删除".ini"文件中的相关设置。所以 System.ini、Win.ini 两个文件变得越来越大。每次增加内容会导致系统性能越来越慢。另外还有一个问题是,一个.ini 文件的最大尺寸是 64KB。

System.ini 和 Win.ini 这些不容忽视的问题促使 Microsoft 设计出一种新的方案来保存信息,这种方案就是"注册表"。

注册表具有如下一些特点:

① 注册表能够对硬件、系统的配置参数、各应用程序和各设备的驱动程序进行跟踪配置,使得修改某些设置后不再重新启动成为可能。

② 在注册表中登录的硬件数据可以支持高版本 Windows 即插即用的特性。每当 Windows 检测到计算机上有新的设备时,它就指导有关数据存储到注册表中,另外,还可以避免新设备与原有设备间的资源冲突。

③ 系统管理员和普通用户可以通过注册表编辑器在网络上检查系统的设置,使得远程管理能够实现。

④ 在 Windows 3.x 中使用 Reg.dat 和 Setup.reg 注册表文件来保存系统注册的 OLE 信息以及文件关联等设置信息。

(3) Windows 9x 时代的注册表

虽然 Windows 3.x 系统中已经使用了注册表,但直到 Windows 9x 及以后的操作系统中,注册表才真正全面地被应用,同时也被赋予了新的使命和强大的功能。这些强大的功能包括以下几点。

① 更高的存取效率：注册表存储服务使用更少的实模式内存以及更少的保护模式的内存。这可以提高系统的启动速度，并提高系统的总体性能。

② 更好的缓存支持：注册表存储服务有更好的缓存支持，明显提高了查看注册表中信息所需要的时间，同时也提高了系统的整体性能。

③ 集中的管理能力：Windows 操作系统以及支持注册表访问的程序，都可以将自己相关的信息保存在注册表中，这样就可以将以前分散在计算机里的信息集中在一个地方，大大增强了集中管理计算机的能力。

④ 动态存取能力：在 Windows 98 运行初期，注册表被读入内存，同时在注册表里还开辟了一块专门用于存取计算机硬件信息和系统性能的动态信息，使注册表具备了动态存取的强大功能。

⑤ 更好的硬件支持：注册表的特殊存取格式，使其和 PnP（即插即用）硬件系统配合得天衣无缝，也使整个 Windows 系统更加出众。

⑥ 更高的安全性：在 Windows 98 中，只有唯一的来源为系统启动以及配置硬件、应用程序、设备驱动程序和操作系统控制参数提供数据，这些配置信息在系统故障时能够很方便地恢复，并且可以更好地控制它们，从而提高安全性。

⑦ 方便的系统配置管理功能：管理员可以使用标准的控制面板工具以及其他管理工具配置计算机的参数，降低了配置信息中出现语法错误的可能性。

⑧ 支持多种数据类型：注册表不但支持基本的文本数据，而且支持二进制、十六进制等数据类型，便整个系统和程序的配置能力、灵活性大大增强。

⑨ 支持嵌套和多层次结构：注册表采用新的分层结构，支持根键、主键以及键值项、键值间的嵌套、映射和多层次结构，使得其更适合于存取复杂的配置数据信息。

⑩ 支持网络远程管理能力：注册表可以用一组同网络无关的函数设置和查询配置信息，允许系统管理员在远程联网的计算机上检查所配置的注册表数据，大大方便了网络计算机的管理。

⑪ 没有文件大小限制：在注册表中，已经没有了文件必须小于 64KB 的限制，允许在计算机中保存大量的信息。

⑫ 支持多用户管理：使用注册表可以存储多用户配置方案，使得多用户管理和配置成为极其简单的工作。

从上面可以看出，Windows 9x 以后的注册表在解决了 Windows 3.x 注册表弊端的同时，还具有了更多的新功能和更高的效率。

(4) Windows 2000 以上时代的注册表

从 Windows 2000 开始，注册表与以前有了很大的不同，以 Windows 2000 为例，与 Windows 98 相比，它去掉了 HKEY_DYN_DATA 根键。只有 HKEY_LOCAL_MACHINE、HKEY_CLASSES_ROOT、HKEY_CURRENT_CONFIG、HKEY_USERS、HKEY_CURRENT_USER 五个根键。它比 Windows 9x 下的注册表编辑增加了许多功能，举例如下。

① 在注册表编辑器窗口的右窗格的键值列表中增加了类型列，使用户可以直观地了

解键值的类型,如 REG_SZ 为字符串;REG_DWORD 是一个 32 位(双字节长)的数值,用十六进制显示;REG_BINARY 为二进制值等。

② 在菜单栏中增加了类似 IE 的收藏菜单,提供了收藏夹功能,方便用户快速定位到需要经常修改的子键盘位置。

③ 它还提供了记忆功能,即每次打开它时,左窗格中的树形子键分支会自动展开,把焦点定位到最近一次修改过的位置。

除了上述类似于 Windows 9x 的注册表编辑器外,Windows 2000 和 Windows NT 中还提供了一个新版的注册表编辑器,即 Regedt32.exe。该编辑器除了具有 Windows 9x 注册表编辑器的全部功能外,最重要的是增加了【安全】菜单,管理员可以给注册表项指派"权限"。这一功能使得注册表的安全性大大提高。

在 Windows XP 及更高的版本中,Regedit.exe 是操作系统中唯一的注册表编辑器。它包括了为注册表表项设置权限和其他安全的功能。如果运行 Regedt32.exe 工具,操作系统会自动启动 Regedit.exe 编辑器,并且不会出现错误信息。

2. 注册表的结构

Windows 9x 系列的操作系统和 Windows 2000 以上的操作系统,在注册表结构上有一些差别,在本章中主要以 Windows XP 操作系统为例介绍注册表结构。

(1) 注册表的逻辑结构

注册表逻辑结构是指注册表在注册表编辑器中所展示的结构体系,也就是普通用户对注册表最直观的认识。这种直观的结构体系也被称为注册表的逻辑结构,如图 5.13 所示。

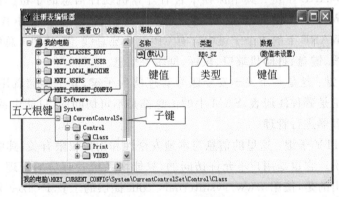

图 5.13 注册表编辑器

由图 5.13 可以看出,注册表编辑器中显示的分层次的逻辑结构,类似于 Windows 文件管理中所显示的分层次的文件夹结构。最底层是 5 个根键,类似磁盘上的根目录;在每个根键下有若干个子键,类似磁盘上的子文件夹,每个子键下面还可以嵌套成千上万个子键;在每个根键和子键下,可以有若干键值项和键值,类似于磁盘上根目录和子文件夹中的文件和文件内容。

注册表编辑器定位区域显示的文件夹,每个文件夹表示本地计算机上的一个"预定义的项",即根键。在 Windows XP 的注册表编辑器中有 5 个根键,即 HKEY_CLASSES_

ROOT、HKEY_CURRENT_USER、HKEY_LOCAL_MACHINE、HKEY_USERS 和 HKEY_CURRENT_CONFIG。

① HKEY_CLASSES_ROOT

该根键包含了启动应用程序所需的全部信息，其中包括：

- 所有扩展名以及应用程序和文档之间的关联信息。
- 所有驱动程序的名字。
- 当作指针的字符串，指向它们代表的实际文件。
- 类标识 CLSID，这在访问子键信息时非常有用，因为 Windows 中访问子键时都是用 CLSID 来代替的。这里的标识在 Windows XP 系统中是唯一的。
- DDE 和 OLE 信息。对于每个文件关联都可以使用 DDE 和 OLE 功能。
- 应用程序和文档使用的图标。

② HKEY_CURRENT_USER

该根键用于管理与当前登录系统用户有关的信息，其中包括：

- 用户的桌面以及 Windows XP 对用户呈现的外观和行为。
- 与所有网络设备的连接，如打印机、共享磁盘空间等资源。
- 桌面程序项、应用程序参数选项、屏幕颜色等其他一些个人偏好，没有安全权限等。

③ HKEY_LOCAL_MACHINE

该根键保存了运行 Windows 的信息，包括应用程序、驱动程序以及硬件信息，它有 5 个独立的子键。

- HARDWARE 子键：其中保存了含有计算机硬件信息的子键。在启动系统时，HARDWARE 子键都被重新创建，这样就很容易向系统中添加新硬件了。HARDWARE 下的 4 个子键中含有 CPU、系统总线、基于 PCI 总线的设备、即插即用总线、键盘、打印机端口、鼠标、屏幕等信息。
- SAM 子键：这是一个关于安全账号管理器的子键，其中存储着用户信息和域信息。无论是哪种注册表，SAM 中的信息都是不可访问的，只能由系统管理员通过用户管理器进行管理。
- SECURITY 子键：这里的信息与本地安全性和用户权限有关，其中含有 SAM 子键的备份。它也是用户不允许访问的，只能由系统管理员的管理工具进行修改。需要指出的是，使用 www.sysinternals.com 提供的工具 PsExec 来运行 regedit，从而无需改变 SAM 和 Security 的安全性设置就可以访问 SAM 和 Security 数据库。如图 5.14 所示为运行命令"C:\>psexec -s-i-d c:\windows\regedit.exe"所显示的结果。
- SOFTWARE 子键：这里包含了已经安装的系统软件和用户软件信息。
- SYSTEM 子键：其中含有与系统启动、设备驱动程序、服务和 Windows 配置有关的信息。

④ HKEY_USERS

该根键包含计算机上所有用户配置文件的当前活动用户信息。其中.DEFAULT 是

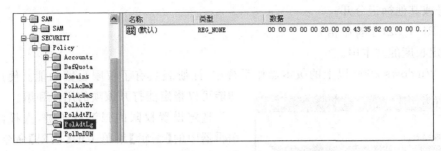

图 5.14 利用工具查看 Security 解密信息

为那些没有用户配置文件的登录用户而设置的。HKEY_CURRENT_USER 中典型的用户配置文件都包括如下一些子键。

- AppEvents：该子键中的 EventLabels 包括与事件有关的信息，而 Schemes 则包括一些针对自己使用特定声音方案的应用程序的标签。
- Control：该子键包含了默认命令提示符配置。
- Control Panel：与控制面板设置有关的内容。
- Environment：该子键包含了用户的环境信息。
- Keyboard Layout：该子键包含了键盘设置信息。
- Printers：包含与计算机相连接的每一台远程打印机的映射信息。
- Software：包含了系统中已安装软件的有关信息。
- UNICODE Program Groups：包含关于使用 UNICODE 的程序的信息。

⑤ HKEY_CURRENT_CONFIG

该根键是 HKEY_LOCAL_MACHINE 中内容的映射。如果系统中只有一个硬件配置，则其中的数据是和 HKEY_LOCAL_MACHINE 中一样的。若在系统中新建一个硬件配置，就会在 HKEY_LOCAL_MACHINE 中反映出来，在启动时会选择一种配置文件映射到 HKEY_CURRENT_CONFIG 中。

(2) 注册表数据类型与含义

在注册表编辑器中，每个键值项均有相应的数据类型，其中所有的数据类型及其含义如下：

① REG_BINARY（二进制值）

未处理的二进制数据，多数硬件组件信息都以二进制数据存储，而以十六进制格式显示在注册表编辑器中。

② REG_DWORD（DWORD 值）

数据由 4 字节长的数表示，许多设备驱动程序和服务的参数是这种类型的，并在注册表中以二进制、十六进制或十进制格式显示。

③ REG_EXPAND_SZ（可扩充字符串值）

长度可变的数据串，该数据类型包含在程序或服务使用该数据时确定的变量。

④ REG_MULTI_SZ（多字符串值）

多重字符串，其中包含格式可被用户读取的列表或多值的值通常为该类型，项用空格、逗号或其他标记分开。

⑤ REG_SZ(字符串值)

固定长度的文本串。

在 Windows 2000 以上的版本操作系统中，注册表具有了权限设置功能。使用此项功能可以指定能打开该项的用户和组。

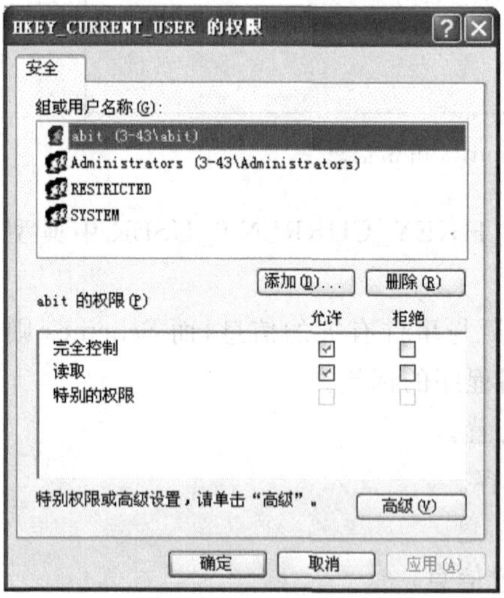

选定设置权限的根键或子键，选择注册表编辑器中的【编辑】菜单中的【权限】命令，弹出如图 5.15 所示的对话框，在对话框中选择需设置权限的【组或用户名称】，针对选定的用户设置其权限。

图 5.15 【权限】设置对话框

（3）注册表的物理文件构成

提到注册表的物理文件构成，就要涉及一个概念，即配置单元。所谓配置单元是指作为文件出现在硬盘上的注册表的一部分。注册表被划分成配置单元。配置单元是根键、子键和键值的离散体，它位于注册表的顶部。

配置单元由％systemroot％\system32\config 或％systemroot％\profiles\username 文件夹中的单个文件和.log 文件支持。

在默认情况下，大多数配置单元文件（Default、SAM、Security、Software 和 System）存储在％systemroot％\system32\config 文件夹中，每个计算机用户的用户配置文件信息（包括 Ntuser.dat 和 Ntuser.dat.log）存储在％systemDrive％\Documents and Settings\username（Windows 7 下为％systemDrive％\Usres\username）文件夹中。因为配置单元是文件，所以它可以从一个系统移到另一个系统。但是，用户必须使用注册表编辑器编辑该文件。注册表配置单元与对应的物理文件如表 5.1 表示。

表 5.1 配置单元与对应的文件

注册表配置单元	对应的物理文件
HKEY_LOCAL_MACHINE\SAM	Sam 和 Sam.log
HKEY_LOCAL_MACHINE\SECURITY	Security 和 Security.log
HKEY_LOCAL_MACHINE\SYSTEM	System 和 System.log
HKEY_CURRENT_CONFIG	System 和 System.log
HKEY_CURRENT_USER	Ntuser.dat 和 Ntuser.dat.log
HKEY_USERS\.DEFAULT	Default 和 Default.log
HKEY_LOCAL_MACHINE\SOFTWARE	Software 和 Software.log

在％systemroot％\repair 文件夹中，保存了初始化注册表的 5 个文件（Default、SAM、Security、Software 和 System），在因注册表的缘故造成系统崩溃时，将它们复制

到%systemroot%\system32\config 文件夹中可以挽救系统。

3. 注册表的基本操作

注册表的基本操作通常是在注册表编辑中进行的，也可以通过命令或注册表编辑工具进行。对注册表比较多的操作是新建或删除子键和键值项，修改注册表键值，查找子键、键值项或键值。

(1) 注册表的启动

① 启动本机注册表编辑器

在【开始】菜单中选择【运行】命令，在【运行】对话框中输入 regedit 或 regedt32 命令，打开【注册表编辑器】。也可以在命令提示符下输入 regedit 或 regedt32 命令打开【注册表编辑器】。

② 远程启动注册表编辑

在 Windows 2000 以后的操作系统中，可以方便地远程启动注册表编辑，基本步骤如下：
- 用启动本机注册表编辑器的方法打开【注册表编辑器】。
- 选择【注册表编辑器】中的【文件】菜单中的【连接网络注册表】命令，弹出如图 5.16 所示的对话框。

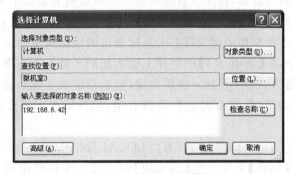

图 5.16 选择远程计算机

- 在对话框【输入要选择的对象名称】中输入需要编辑注册表机器的 IP 地址或计算机名，即连接到远程计算机的注册表，但只有 HKEY_LOCAL_MACHINE 和 HKEY_USERS 两个根键，如图 5.17 所示。

图 5.17 编辑远程注册表

(2) 修改注册表的键值

对注册表进行的大部分修改都是对已有键值项的键值进行修改。修改的基本方法如下。

首先，打开注册表编辑器，在注册表编辑器左边树形列表窗口中进行搜索，直到找到要修改的键值所属的键；其次，双击右侧窗口中的键值项，弹出编辑对话框；最后在编辑对话框中修改对应的键值即可。

例如，有一种病毒关闭了【资源管理器】中【工具】菜单中的【文件夹选项】，通过修改注册表键值恢复显示。解决办法是：打开注册表编辑器，在左边的窗口中找到 HKEY_CURRENT_USER\Software\Microsoft\Windows\CurrentVersion\Policies\Explorer 子键，看右边窗口中是否有 NoFolderOptions 键值项，如果有则双击该键值项，弹出如图 5.18 所示的对话框，将其数值数据改为 0，单击【确定】按钮即可。如果没有就新建一个 DWORD 键，值为 0。退出注册表编辑器。

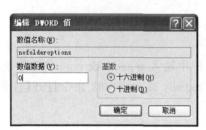

图 5.18　编辑 DWORD 对话框

（3）新建注册表的子键和键值项

当注册表中没有所需的子键或键值项时，可通过注册表编辑器进行新建，新建的方法如下。

首先，打开注册表编辑器，在注册表编辑器左边树形列表窗口中进行搜索，找到将要新建在其下的子键，然后单击注册表编辑器窗口中【编辑】菜单中的【新建】的关联下拉菜单中的【项】命令，或者在添加子键位置右击鼠标弹出的快捷菜单中选择【新建】的关联下拉菜单中的【项】命令，在【新项 #1】的字样上输入新的子键名。注册表编辑器自动添加每个键的"默认"键值项。对于任何一注册表键（包括根键和子键），其"默认"键值项的作用各不相同，视情况而定，虽然有时它根本没有用，但注册表不成文的规定要求它必不可少。

如果需要在 HKEY_USERS 或 HKEY_LOCAL_MACHINE 根键中添加新的内容，方法有所不同，此时【编辑】菜单中的【添加项】命令是不允许使用的。正确的添加方法如下。

单击注册表编辑器【文件】菜单中的【加载配置单元】命令，弹出【加载配置单元】对话框，在其中选择需要加载的对象，之后单击【打开】按钮，程序会给出【加载配置单元】对话框，在其中输入新建项目名称，之后单击【确定】按钮即可。在此需要说明的是，加载配置单元主要用于在不同的机器中传递注册表配置，对于配置相同的机器，这样可以节省系统配置时间。

创建新的键值项与创建子键差不多，只是除了确定键值项名称以外，还需确定键值项的类型以及键值。创建方法是：在【新建】菜单中选择创建键值项的数据类型，如图 5.19 所示。

在【新值 #1】的字样上输入新的键值项名称。系统自动添加该键值项的值，若需要修改可双击该键值项，在弹出的对话框中输入新的键值即可。

在添加子键和键值项时，一定要满足 Windows 或应用

图 5.19　【新建】菜单

程序的格式要求，避免出现错误。

例如，隐藏【我的电脑】中的 C 驱动器。方法是：打开注册表编辑器，在左边的窗口中找到 HKEY_CURRENT_USER \ Software \ Microsoft \ Windows \ CurrentVersion \ Policies\Explorer 子键，在右边窗口中新建一个名称是"nodrives"的二进制值，并将其值设为"04 00 00 00"，新建的键值项如图 5.20 所示。

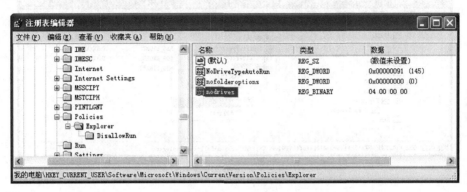

图 5.20　新建 nodrives

重新启动计算机，"我的电脑"中的 C 驱动器被隐藏，如图 5.21 所示。

（4）删除子键和键值项

虽然现在的大部分应用程序都设计有自动卸载功能，但是多数程序并不能完全将自己在注册表中添加的项目删除，这也会导致注册表日益增大，时间长了会导致系统运行变慢。所以，可以将一些无用的设置从注册表中删除。另外，有一些病毒或恶意网站，为了使系统启动时自动加载，通常在注册表添加重要信息，使其达到自动启动目

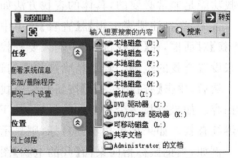

图 5.21　隐藏【我的电脑】中 C 驱动器后的窗口

的。为了清除病毒或恶意网站，也需要对其相关子键或键值项删除。

注册表中除了根键以外任何子键和键值项都可以删除，删除方法如下。

选择需删除的子键或键值项，如果是键值项，可以同时选择多个删除键值项，将其右击，在快捷菜单中选择【删除】命令，弹出【确认数值删除】对话框，单击【是】按钮即可。

如果用户删除注册表某一个子键，则同时也删除了该子键内所包含的每一个子键以及每一个键值项。在删除注册表子键或键值项之前，建议用注册表编辑器中的"导出"功能将注册表导出，将其保存起来。如果删除子键或键值重启动计算机之后系统正常，可以将导出的文件删除，如果不正常，再将导出的注册表文件导入，使之恢复到删除前的状态。

此外，对于配置单元项，是不能直接删除的，须要按照如下方法操作：选择需要删除的配置单元列表项，之后从注册表编辑器窗口中的【文件】菜单中选择【卸载配置单元】命令。

例如，取消隐藏【我的电脑】中的 C 驱动器。方法是：打开注册表编辑器，在左边的窗

口中找到 HKEY_CURRENT_USER\Software\Microsoft\Windows\CurrentVersion\Policies\Explorer 子键,在右边窗口中找到 nodrives 键值项,在该键值项上右击鼠标,在弹出的快捷菜单中选择【删除】命令,如图 5.22 所示。关闭注册表编辑器,重新启动计算机即可取消隐藏【我的电脑】中的 C 驱动器。

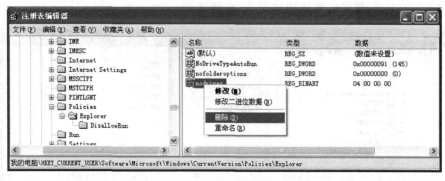

图 5.22 【删除】窗口

(5) 查找子键、键值项和键值

由于注册表中包括的项目非常多,当需要从中定位自己需要的子键或键值项时,使用查找功能是非常必要的,具体的查找方法如下。

首先,选择注册表编辑器【查看】菜单中的【查找】命令,或者按 Ctrl+F 或 F3 键,弹出【查找】对话框,在【查找目标】中输入要查找的内容,并通过在【查看】选区选择相应的复选框来设置查找的范围。若是精确查找需勾选【全字匹配】复选项,否则进行模糊查找。

然后,单击【查找下一个】按钮开始查找,当找到第一个相匹配的目标后,则显示查找的内容。如果查找多个相匹配的目标,按 F3 键或单击【编辑】菜单中的【查找下一个】命令继续查找。如果再也找不到目标,则显示【注册表搜索完毕】对话框。

例如,当把鼠标指向桌面【我的电脑】图标时,会显示一行提示【显示连接到此计算机的驱动器和硬件】,将该提示修改为【个人电脑,非请勿动!!!】。

方法是:选择注册表编辑器【查看】菜单中的【查找】命令,在弹出的【查找】对话框的【查找目标】位置输入【显示连接到此计算机的驱动器和硬件】,在【查看】选区中选择【数据】复选框,如图 5.23 所示。单击【查找下一个】开始查找。

稍等片刻,找到了该键值项,双击该键值项,弹出【编辑字符串】对话框,如图 5.24 所示。在【数值数据】位置输入替换的内容【个人电脑,非请勿动!!!】,单击【确定】按钮。

图 5.23 【查找】对话框

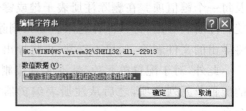

图 5.24 【编辑字符串】对话框

刷新注册表,返回桌面,此时【我的电脑】提示信息已改为【个人电脑,非请勿动!!!】。修改前和修改后【我的电脑】提示信息如图 5.25 所示。

图 5.25 修改前和修改后【我的电脑】提示信息

说明:在注册表搜索时,默认是从当前位置开始查找,若在整个注册表中查找,需在开始查找之前,单击注册表编辑器窗口中【我的电脑】图标。

(6) 导入和导出注册表文件

注册表编辑器的导入和导出功能是备份注册表的常用手段,可以备份整个注册表,也可以选择备份其中的一个分支。

① 导出注册表

注册表编辑器提供了导出注册表文件的工具,可以利用它将 Windows 注册表的全部或部分导出。导出注册表文件后可作为以后恢复注册表之用,也可用记录本等文本编辑软件进行编辑。

导出注册表的方法是:在注册表编辑器【文件】菜单中选择【导出】命令,弹出【导出注册表文件】对话框,如图 5.26 所示。在对话框中选择导出的范围,如【全部】或者【所选分支】,然后选择导出文件保存的位置,输入导出文件名,单击【保存】按钮即可完成注册表的导出。

图 5.26 【导出注册表文件】对话框

② 导入注册表

注册表是一个系统信息的数据库,它的数据库具有一定的格式。可以通过注册表编辑器的导入功能,把一些文本格式的文件作为数据源导入注册表。

在注册表编辑器的【文件】菜单中选择【导入】命令,弹出【导入注册表文件】对话框,如图 5.27 所示,在弹出的对话框中选择要导入的注册表文件,然后单击【打开】按钮即可。

图 5.27 【导入注册表文件】对话框

如果要导入的文件的扩展名是".reg",可以直接双击该文件,然后在弹出的对话框中单击【是】按钮即可将该文件的信息添加到注册表中。

③ 导入/导出注册表功能的应用

在注册表编辑器中提供了查找功能,但未提供替换功能,若需对在注册表中查找到的多处内容进行修改,就显得太麻烦了。为了解决这个问题,可以利用导入/导出注册表功能实现查找和替换操作。

方法是:首先利用注册表编辑器的导出功能将注册表导出为".reg"文件,然后再利用其他文本编辑器编辑功能中的查找和替换功能完成查找/替换操作,最后再利用注册表编辑器的导入功能将修改后的".reg"文件导入到注册表中,这样就可以间接地完成"查找和替换"操作。

说明:对于一些系统级的程序最好不用此方法,因为它们不但在注册表中注册了它们的安装路径信息,还有可能在其他地方的".ini"文件中有这些信息。

(7) 设置注册表权限

设置注册表权限是有效的保护注册表项目的重要方法,在注册表编辑器中可以设置各个注册表项对于不同用户的权限,前提是必须是系统管理员才可以执行此项功能。

① 设置操作权限

在注册表编辑器中,右击需设置权限的根键或子键,在弹出的快捷菜单中选择【权限】命令,弹出当前键的【权限】对话框,如图 5.28 所示。

在对话框中对所选的组或用户设置当前键的权限。

- 要授予用户读取该项内容的权限,但不保存对文件的任何更改,在【用户名的权限】下面,选中【读取】中的【允许】复选框。
- 要授予用户打开、编辑所选项和获得其所有权的权限,在【用户名的权限】下面,选中【完全控制】中的【允许】复选框。
- 如果要授予用户对所选项的特殊权限,可单击【高级】按钮进行高级安全设置。

图 5.28 【权限】对话框

- 如果要授予的用户名称未出现在【组或用户名称】中,可单击【添加】按钮,在弹出的对话框中来选择用户或组。

② 取得注册表键的所有权

对于每一个注册表键,系统管理员有权授予某个用户。用户一旦被授予所有权,就有权决定谁能访问此注册表键。取得所有权的方法如下。

- 在注册表编辑器中,右击需设置权限的根键或子键,在弹出的快捷菜单中选择【权限】命令,弹出当前键的【权限】对话框。
- 单击【高级】按钮,然后选择【所有者】选项卡。在【将所有者更改为】选项组中选择新的所有者,如图 5.29 所示,然后单击【确定】按钮。

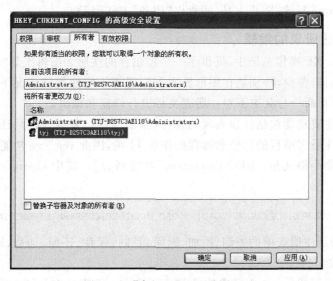

图 5.29 【高级安全设置】对话框

③ 审核注册表键的活动

注册表编辑器提供了审核机制,可以记录对注册表进行的所有操作,如操作者的登录名称、修改时间等信息,具体方法如下。

- 在注册表编辑器中,右击需审核的根键或子键,在弹出的快捷菜单中选择【权限】命令,弹出当前键的【权限】对话框。
- 单击【高级】按钮,然后选择【审核】选项卡。通过【添加】按钮,找到需要审核的【用户或组】,弹出当前键的【审核项目】对话框,如图 5.30 所示,选中或清除【访问】选项组中要审核或停止审核活动的【成功】和【失败】复选框,在【应用到】的列表框中选择【审核】的应用范围。设置结束后,单击【确定】按钮。

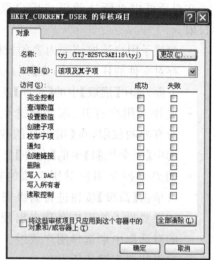

图 5.30 【审核项目】对话框

④ 权限设置的应用

目前,大部分的木马及部分的病毒是通过注册表的自启动项、文件关联或通过系统服务实现自启动的,可能通过权限设置预防病毒,通常设置以下注册表键的权限。

- 设置注册表自启动项为 everyone 只读(Run、RunOnce、RunService),防止木马、病毒通过自启动项启动。
- 设置.txt、.com、.exe、.inf、.ini、.bat 等文件关联为 everyone 只读,防止木马、病毒通过文件关联启动。
- 设置注册表 HKEY_LOCAL_MACHINE\SYSTEM\CurrentControlSet\Services 为 everyone 只读,防止木马、病毒以"服务"方式启动。

4. 控制台注册表的编辑

在 Windows XP 操作系统中,提供了一个控制台的注册表编辑工具"reg.exe"。该命令使用灵活、占用资源少,特别是在图形界面下注册表不能使用的情况下,可以在用启动盘启动计算机后在命令行状态下对注册表文件进行修复和编辑。

reg.exe 的主要功能包括注册表项的查询、添加、删除、复制、保存、还原、加载、卸载、导入、导出以及注册表项目的比较和远程操作等 11 项,因此 reg.exe 功能非常强大。

reg.exe 的命令格式是:REG Operation[参数列表]。其中 Operation 可以有 11 项功能选择,包括:

[QUERY|ADD|DELETE|COPY|SAVE|LOAD|UNLOAD |RESTORE|COMPARE|EXPORT|IMPORT]

上面对应的是注册表项的查询、添加、删除、复制、保存、还原、加载、卸载、导入、导出等 11 项主要功能。

运行后,将返回代码。0 表示成功、1 则表示失败。要得到有关某个操作的帮助,输入 REG Operation/? 即可。下面以添加注册表项为例详细介绍如何利用 reg.exe 对注册表进行操作。

(1) REG ADD 命令

该命令用于加入一个新的指定键值。

① 命令格式

REG ADD[\\Machine\]Keyname[/v ValueName|/ ve][/t Type][/s Separator][/d Data][/f]

② 参数说明

Machine：用来指定远程计算机名称，如果操作的是本地计算机则此参数省略。如果要远程操作名为"ABC"的计算机，其 Machine 参数表示为"\\ABC"。

Keyname：用来指定在注册表的哪个键下新建注册表值，这个参数必须用注册表项的全路径表示，不过注册表的 5 个根键可用缩写表示（[HKLM ｜ HKCU ｜ HKCR ｜ HKU ｜ HKCC]是注册表五个根键所对应的缩写）。例如操作的注册表项如果是"HKEY_CURRENT_USER\ Software\Microsoft\Windows\CurrentVersion\Run"，则 Keyname 参数表示为"HKCU\Software\Microsoft\ Windows\CurrentVersion\Run"。

/v ValueName：所选键下要添加的值名。

/ve：为注册键添加空白值名<无名称>。

/t type：指定使用的数字或字符串的类型可选值[REG_SZ ｜ REG_MULTI_SZ ｜ REG_DWORD_BIG_ENDIAN REG_DWORD ｜ REG_BINARY ｜ REG_DWORD_LITTLE_ENDI REG_NONE ｜ REG_EXPAND_SZ]，如果忽略，则采用 REG_SZ 类型。

/s Separator：指定一个在 REG_MULTI_SZ 数据字符串中用作分隔符的字符。如果忽略，则将"\0"用作分隔符。

/d Data：要分配给添加的注册表 ValueName 的数据。

/f：不用提示就强行改写现有注册表项。

③ 应用举例

添加远程机器 A B C 上的一个注册表项 HKLM\Software\MyCo

REG ADD \\ABC\HKLM\Software\MyCo

在上述添加的注册表项上添加一个值（名称：Data，类型：REG_BINARY，数据：fe340ead）

REG ADD HKLM\Software\MyCo/v Data/t REG_BINARY/d fe340ead

(2) REG QUERY 命令

该命令用于显示相关的项目的信息，此处所指项目可以是整个注册表中的根键、子键或其集合。

① 命令格式

REG QUERY[\Machine\] KeyName [/v ValueName |/ve] [/s]

② 参数说明

/v ValueName：指定希望显示键值的名称，如果包含有空格，则字符串使用引号。

省略时,该项下的所有值都会得到查询。

/ve:显示无键名的值。

/s:显示指定键名之下的所有的子键。

③ 应用举例

显示 HKLM\Software\Microsoft\ResKit 子键中键值 Version 的信息:

REG QUERY HKLM\Software\Microsoft\ResKit/v Version

(3) REG DELETE 命令

该命令用于删除注册表子键或键值项。

① 命令格式

REG DELETE KeyName[/v ValueName |/ve |/va] [/f]

② 参数说明

/v ValueName:指定要删除的键值的名称。

/ve:删除无键名的值。

/va :删除该键下的所有值。

/f :强行删除。

③ 应用举例

删除注册表项 HKLM\Software\MyCo\MyApp\Timeout:

REG DELETE HKLM\Software\MyCo\MyApp\Timeout

(4) REG COPY 命令

该命令用于将当前注册表或远程计算机上的注册表复制到一个新位置。

① 命令格式

REG COPY KeyName1 KeyName2 [/s] [/f]

② 参数说明

/s:复制所有子键及键值。

/f:强制复制。

③ 应用举例

将注册表项 HKLM\Software\MyCo\MyApp 下的所有子键及值复制到注册表项 HKLM\Software\MyCo\SaveMyApp 中:

REG COPY HKLM\Software\MyCo\MyApp HKLM\Software\MyCo\SaveMyApp/s

(5) REG EXPORT 命令

该命令用于将注册表导出到一个文件上,仅适合于在本地计算机导出。

① 命令格式

REG EXPORT KeyName FileName

② 参数说明

FileName:要导出的注册表文件名。

③ 应用举例

将注册表子键 HKLM\Software\MyCo\MyApp 导出，导出的文件名为 AppBkUp.reg：

REG EXPORT HKLM\Software\MyCo\MyApp AppBkUp.reg

(6) REG IMPORT 命令

该命令用于将一个注册表文件导入到计算机中，仅适合于在本地计算机导出。

① 命令格式

REG IMPORT FileName

② 参数说明

FileName：要导入的注册表文件名。

③ 应用举例

将注册表文件 AppBkUp.reg 导入到本地计算机中：

REG IMPORT AppBkUp.reg

(7) REG LOAD 命令

该命令用于从备份的注册表中临时装入一个指定的键值，类似于使用注册表编辑器导入某一个键值。

① 命令格式

REG LOAD[\\Machine\] KeyName FileName

② 参数说明

FileName：要加载的配置单元文件名，必须是使用 REG SAVE 创建的文件。

③ 应用举例

将配置单元文件 TempHi 加载到 HKLM 中：

REG LOAD HKLM\TempHi

(8) REG UNLOAD 命令

该命令用于移去用 REG LOAD 命令装入的部分键或其以下的子键集合。

① 命令格式

REG UNLOAD [\\Machine\]KeyName

② 参数说明

KeyName：要卸载的配置单元的注册表项名称

③ 应用举例

将 HKLM\TempHi 配置单元文件卸载：

REG UNLOAD HKLM\TempHi

(9) REG SAVE 命令

该命令用于保存注册表，这个操作类似于注册表编辑器中的将整个注册表导出到一个文件中。当然,也可以导出某个键或其下面的子键集合。

① 命令格式

REG SAVE [\\Machine\]KeyName FileName

② 参数说明

FileName:指定导出的文件名,如果不指定路径,则保存在当前路径中。

③ 应用举例

将子键 HKLM\Software\ccpc\lwh 导出到注册表文件 AppB 中:

REG SAVE HKLM\Software\ccpc\lwh AppB

(10) REG RESTORE 命令

该命令用于恢复注册表。

① 命令格式

REG RESTORE [\\Machine\] KeyName FileName

② 参数说明

FileName:要还原的配置单元文件名,该文件是必须使用 REG SAVE 创建的文件。

③ 应用举例

将 Microsoft 配置文件还原到本地注册表中:

REG RESTORE HKLM\Software\Microsof

(11) REG COMPARE 命令

该命令用于将本地计算机的注册表与另外一个注册表或另外一个远程计算机上的注册表进行比较。将结果输出到一个文件上。

① 命令格式

REG COMPARE KeyName1 KeyName2 [/v ValueName |/ve] [Output] [/s]

② 参数说明

KeyName1,KeyName2:要比较的注册表的键名。

/v ValueName:进行比较的键值的名称。

/ve:比较默认(无键名的)键值。

/s:比较所有子键和值。

Output:[/oa |/od |/os |/on]省略时,只显示不同的结果。

/oa:显示所有不同和匹配结果。

/od:只显示不同的结果。

/os:只显示匹配结果。

/on:不显示结果。

返回代码:

0:成功,比较的结果相同。

1:失败。

2：成功，比较的结果不同。
③ 应用举例

将注册表项 MyApp 下的所有值与 SaveMyApp 比较：

REG COMPARE HKLM\Software\ccpc\MyApp HKLM\Software\ccpc\SaveMyApp

5.2.2 Linux 系统配置文件

除非另行指定，Red Hat Linux 系统中大多数配置文件都在/etc 目录中。配置文件可以大致分为下面几类。

1. 访问文件

/etc/host.conf 告诉网络域名服务器如何查找主机名，包含有为解析库声明的配置信息，它每行含一个配置关键字，其后跟着合适的配置信息。

/etc/hosts 包含（本地网络中）已知主机的一个列表。如果系统的 IP 不是动态生成，就可以使用它。对于简单的主机名解析（点分表示法），在请求 DNS 或 NIS 网络名称服务器之前，/etc/hosts.conf 通常会告诉解析程序先查看这里。

/etc/hosts.allow 用于控制远程访问，通过其可以允许某个 IP 或 IP 段的客户访问某个 Linux 服务。

/etc/hosts.deny 用于控制远程访问，通过其可以拒绝某个 IP 或 IP 段的客户访问某个 Linux 服务。

2. 引导和登录/注销

/etc/issue 是一个纯文本文件，保存有登录信息显示数据，用来向从终端（issue）或通过 telnet 会话（issue.net）连接的用户显示"welcome"字符串，包括 Red Hat 版本号、名称和内核 ID 的信息。

/etc/rc.d 各个启动程序的执行级别连接目录，里面是指向 init.d/的一些软连接。

/etc/rc.d/rc.sysinit 通常是所有运行级别的第一个脚本。

/etc/rc.d/rc/rcX.d 从 rc 运行的脚本（X 表示 1～5 的任意数字）。这些目录是特定"运行级别"的目录。当系统启动时，它会识别要启动的运行级别，然后调用该运行级别的特定目录中存在的所有启动脚本。例如，系统启动时通常会在引导消息之后显示"entering run-level 3"的消息，这意味着/etc/rc.d/rc3.d/目录中的所有初始化脚本都将被调用。

3. 文件系统

/proc/modules 文件列举系统中当前加载的模块，可以使用 lsmod 命令读取并解析此文件信息。

/etc/mtab 文件内容会随着/proc/mount 的改变而不断改变。也就是说，文件系统被安装和卸载时，改变会立即反映到此文件中。

/etc/fstab 列举计算机当前"可以安装"的文件系统。计算机引导时将运行 mount-a 命令，该命令负责安装 fstab 文件中记载的相关文件系统。

/etc/mtools.conf DOS 类型的文件系统上所有操作（创建目录、复制、格式化等）的配置。

4. 系统管理

/etc/securetty 允许规定"root"用户可以从哪个 TTY 设备登录。登录程序（通常是"/bin/login"）需要读取"/etc/securetty"文件。它的格式是：列出来的 TTY 设备都是允许登录的，注释掉的或是在这个文件中不存在的都是不允许 root 登录的。

/etc/conf.modules 该配置文件定义了各种需要在启动时加载的模块的参数信息。

/etc/HOSTNAME 该文件包含了系统的主机名称，包括完全的域名，如 www.sina.com。

/etc/sysconfig/network-scripts/ifcfg-ethN 在 RedHat 中，系统网络设备的配置文件保存在"/etc/sysconfig/network-scripts"目录下，ifcfg-eth0 包含第一块网卡的配置信息，ifcfg-eth1 包含第二块网卡的配置信息。

/etc/resolv.conf 该文件是由域名解析器（resolver，一个根据主机名解析 IP 地址的库）使用的配置文件。

/etc/gateway 由 routed 守护进程可选地使用。

/etc/networks 列举从机器所连接的网络可以访问的网络名和网络地址，通过路由命令使用。允许使用网络名称。

/etc/protocols 列举当前可用的协议。

/etc/exports 要导出的文件系统（NFS）和对它的权限。

/etc/services 将网络服务名转换为端口号/协议，由 inetd、telnet、tcpdump 和一些其他程序读取。

/etc/inetd.conf inetd 的配置文件，包含每个网络服务的条目，inetd 必须为这些网络服务控制守护进程或其他服务。

5. 守护进程

/etc/syslogd.conf syslogd 守护进程的配置文件。syslogd 是一种守护进程，它负责记录（写到磁盘）从其他程序发送到系统的消息。

/etc/httpd.conf Web 服务器 Apache 的配置文件。这个文件有可能不在/etc 中，它可能在/usr/local/httpd/conf/或/etc/httpd/conf/中。

/etc/conf.modules 或/etc/modules.conf Kerneld 的配置文件。在需要时负责"快速"加载附加内核模块的守护进程。

5.3 日志管理

日志对于安全来说，非常重要，它记录了系统每天发生的各种各样的事情，管理员可以通过其来检查错误发生的原因，或者受到攻击时攻击者留下的痕迹。日志主要的功能有审计和监测，同时还可以实时地监测系统状态、监测和追踪侵入者等。

5.3.1 Windows 操作系统日志管理

日志文件是 Windows 系统中一个比较特殊的文件，它记录着 Windows 系统中所发生的一切，如各种系统服务的启动、运行、关闭等信息。不仅 Windows 系统，几乎所有的操作系统、应用系统等都带有日志功能，因此可以根据需要实时地将发生在系统中的事件记录下来。

Windows 日志包括应用程序、安全、系统等几个部分，它的存放路径是"%systemroot%system32\config"（Windows 7 下则为"%systemroot%system32\winevt\logs"），应用程序日志、安全日志和系统日志对应的文件名为 AppEvent.evt、SecEvent.evt 和 SysEvent.evt（Win7 下分别为 Application.evtx、Security.evtx 和 System.evtx）。这些文件受到 Event Log（事件记录）服务的保护不能被删除，但可以被清空。应用程序日志包含由应用程序或程序记录的事件，如数据库程序可能向该日志中记录读写错误；安全日志负责保留安全事件，如登录尝试和与创建、打开及删除文件相关的操作，管理员可以指定要在安全日志中记录的事件；系统日志包含与系统组件有关的信息，如当一个驱动程序或其他系统组件在启动期间加载失败时，就会在日志中创建一个条目。安装了 Microsoft Active Directory 目录服务的系统还会有另外三种日志，目录服务日志包含由 Active Directory 记录的事件，其中包括表明 Active Directory 被启动或更新的事件；DNS 服务器日志包含由 DNS 服务（如果已安装）生成的事件；文件复制服务日志存储由文件复制服务生成的事件，文件复制服务是 Active Directory 的一个组件。

1. 查看日志文件与安全策略设置

（1）查看日志文件

Windows 操作系统中查看日志文件的方法很简单。单击【开始】→【设置】→【控制面板】→【管理工具】→【事件查看器】，在【事件查看器】窗口左栏中列出本机包含的日志类型，如应用程序、安全、系统等。查看某个日志记录也很简单，在左栏中选中某个类型的日志，如应用程序，接着在右栏中列出该类型日志的所有记录，双击其中某个记录，弹出【事件属性】对话框，如图 5.31 所示，显示出该记录的详细信息，这样就能准确地掌握系统中到底发生了什么事情、是否影响 Windows 的正常运行，一旦出现问题，即时查找排除。

（2）安全策略设置

Windows 系统并不是默认的记录系统中发生的所有事件，若要有针对性地跟踪某一特定的事件，如安全事件，需要启动相关的日志服务。

启动日志服务的方法是单击【开始】→【控制面板】→【管理工具】→【本地安全设置】→【审核策略】，如图 5.32 所示，打开相应的审核。系统提供了 9 类可以审核的事件，对于每一类都可以指明是审核成功事件、失败事件，还是两者都审核。

- 策略更改：安全策略更改，包括特权指派、审核策略修改和信任关系修改。这一类必须同时审核它的成功或失败事件。
- 登录事件：对本地计算机的交互式登录或网络连接。这一类必须同时审核它的成功和失败事件。

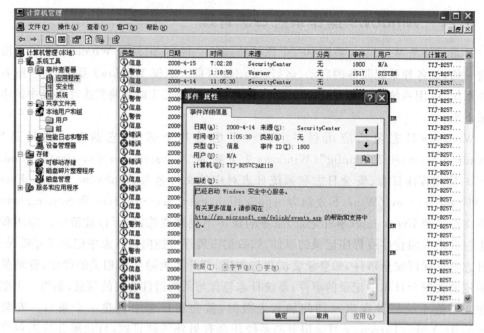

图 5.31　查看日志文件窗口

图 5.32　【审核策略】窗口

- 对象访问：必须启用它以允许审核特定的对象，这一类需要审核它的失败事件。
- 过程追踪：详细跟踪进程调用、重复进程句柄和进程终止，这一类可以根据需要选用。
- 目录服务访问：记录对 Active Directory 的访问，这一类需要审核它的失败事件。
- 特权使用：某一特权的使用及专用特权的指派，这一类需要审核它的失败事件。
- 系统事件：与安全（如系统关闭和重新启动）有关的事件，尤其是影响安全日志的事件，这一类必须同时审核它的成功和失败事件。
- 账户登录事件：验证（账户有效性）通过网络对本地计算机的访问，这一类必须同时审核它的成功和失败事件。

- 账户管理：创建、修改或删除用户和组，进行密码更改，这一类必须同时审核它的成功和失败事件。

打开以上的审核后，当有人尝试对系统进行某些方式（如尝试用户密码、改变账户策略、未经许可的文件访问等）入侵的时候，都会被安全审核记录下来，存放在【事件查看器】中的安全日志中。如果在安全日志出现了几个登录的失败审核后面又出现了登录的成功审核，那就要仔细查看这些日志信息，如果是密码太简单被人猜出，就需要相应地增加密码长度和复杂性。需要说明的是，审核项目既不能太多，也不能太少。太少的话，如果想查看攻击的迹象却发现没有记录，那就没办法了，但是审核项目如果太多，不仅会占用大量的系统资源，而且也可能根本没空去全部看完那些安全日志，这样就失去了审核的意义。

随着审核事件的不断增加，安全日志文件的大小也会不断增加，默认情况下日志文件的大小是 512KB，当达到最大日志尺寸时，系统会改写 7 天以前的事件。其实可以根据需要进行更改。用鼠标右击【事件查看器】的【安全日志】项，选择【属性】，进入安全日志的属性窗口，在【常规】标签页面上，电子物证人员可以根据自己的实际需要修改系统的这些默认设置，如图 5.33 所示，以满足自己存储安全日志的需要。

在 Windows 系统中使用审核策略，虽然不能对用户的访问进行控制，但是根据打开审核产生的安全日志，可以了解系统在哪些方面存在安全隐患以及系统资源的使用情况，从而为追踪犯罪分子提供可靠依据，同时还有利于采取相应的防范措施将系统的不安全因素降到最低限度，从而营造一个更加安全可靠的 Windows 系统平台。

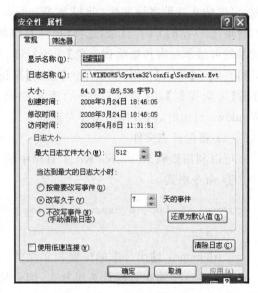

图 5.33 安全日志的属性窗口

2. 对日志文件的保护

日志文件就像飞机中的"黑匣子"一样重要，它记录着 Windows 系统中所发生的一切，如各种系统服务的启动、运行、关闭等信息。作为黑客，他们最关心的也是系统日志，一旦入侵成功，要做的第一件事就是删除日志文件、擦除入侵痕迹。而系统管理员也是通过日志文件追踪非法侵入的行为。为此，需加强对日志的保护。常用的保护方法如下。

（1）修改日志文件的存放位置

Windows XP 日志文件的默认路径是"％systemroot％\system32\config"，可以通过修改注册表来改变它的存储目录，增强对日志的保护。单击【开始】→【运行】，在对话框中输入"Regedit"，回车后弹出注册表编辑器，依次展开 HKEY_LOCAL_MACHINE \ SYSTEM \ Current ControlSet \ Services \ Eventlog 后，下面的 Application、Security、

System 几个子项分别对应应用程序日志、安全日志、系统日志。选中 Application 子项，在右栏中找到 File 键，其键值为应用程序日志文件的路径"%SystemRoot%\system32\config\AppEvent.Evt"，将它修改为设计好的目录，如图 5.34 所示。

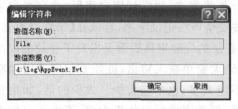

图 5.34 修改日志文件的存放位置

然后将"AppEvent.Evt"拷贝到该目录下，重新启动系统即可。其他类型日志文件路径修改方法相同，只是在不同的子项下操作。Windows 7 环境下日志文件存放位置也可依据此方法修改。

（2）设置日志文件的访问权限

修改了日志文件的存放目录后，日志还是可以被清空的，通过修改日志文件访问权限，可以防止这种事情发生，前提是 Windows 系统要采用 NTFS 文件系统格式。例如，右键单击 D 盘的 CCE 目录，选择【属性】，切换到【安全】标签页后，首先取消【允许将来自父系的可继承权限传播给该对象】选项勾选。接着在账号列表框中选中"Everyone"账号，只给它赋予【读取】权限；然后单击【添加】按钮，将"System"账号添加到账号列表框中，赋予除【完全控制】和【修改】以外的所有权限，最后单击【确定】按钮。这样当用户清除 Windows 日志时，就会弹出错误对话框。

（3）备份日志文件

可以利用微软 Resource Kit 工具箱中的 dumpel.exe 工具备份日志文件。

① 命令格式

dumpel -f file [-s \\server] [-l log [-m source]] [-e n1 n2 n3..] [-r] [-t] [-dx]

② 说明

-f filename：输出日志的位置和文件名。

-s \\server 输出远程计算机日志，如果是本地，这个可以省略。

-l log：可选为 System、Security、Application，可能还有别的，如 DNS 等。

③ 应用举例

把目标服务器 Server 上的系统日志转存为 Systemlog.log：

dumpel \\ server -l System -f Systemlog.log

把本地计算机的安全日志转存为 Syssec.log：

dumpel server -l Security -f Syssec.log

④ 定期备份

利用计划任务实现定期备份系统日志，步骤如下。

打开"%systemroot%\Task"文件夹中的【任务计划向导】，通过浏览方式找到需定期执行的命令，输入任务名称，设定任务执行的周期，如图 5.35 所示。单击【下一步】按钮。

设定任务运行的起始时间和起始日期，如图 5.36 所示。单击【下一步】按钮。

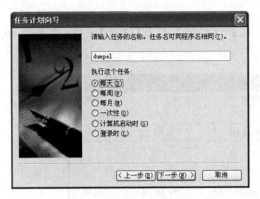
图 5.35　任务向导对话框

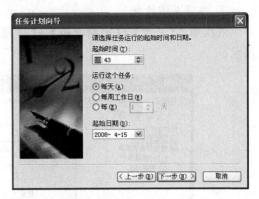
图 5.36　设定任务运行的起始时间和起始日期

输入密码，如图 5.37 所示。单击【下一步】按钮完成计划向导的设置。为了保证数据安全，在使用计划任务时当前用户必须有密码。只有有密码的用户任务才能被运行。

因为 dumpel 命令需带参数运行，所以需要对该任务的执行命令设定参数。双击已建立的 dumpel 计划任务图标，弹出如图 5.38 所示的对话框，打开【任务】选项卡，在【运行】文本框位置输入带参数的运行命令，如"C：\WINDOWS\dumpel.exe-l Security-f Syssec.log"，单击【确定】按钮即完成了日志自动备份功能。

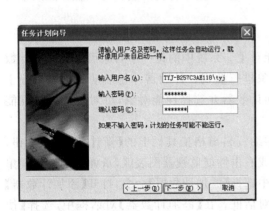
图 5.37　输入密码对话框

图 5.38　dumpel 计划任务对话框

（4）性能日志功能

Windows XP/2000 系统都提供了性能监视器，它能够提供现有性能的数据，并可方便地利用图表、报表、日志及警报等窗口监视形式形象地观察它们，还可以将有关内容记录下来，保存在文件中，以便日后分析时用来作为历史资料。管理员监视系统实际上是监视系统性能对象。系统中的每一个对象可以有一组计数器与之相连，管理员通过计数器可对性能对象进行监视。计数器计量的活动的类型依赖于对象的类型。在 Windows 系统中，管理员通过向性能监视器添加计数器并选择性能对象，可对所选择的性能对象进行监视。

① 查看系统性能

依次单击【开始】→【控制面板】→【管理工具】→【性能】，打开【性能】窗口，如图 5.39 所示。

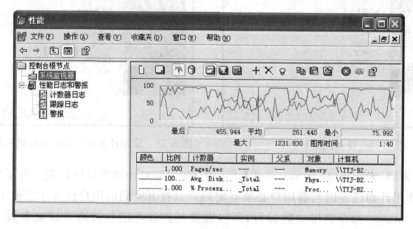

图 5.39 【性能】窗口

在【性能】窗口中，单击控制台目录树中的【系统监视器】节点，可在详细资料窗格中打开系统监视器，如图 5.39 所示。通过系统监视器，管理员可监视系统监视对象的使用情况。在默认的情况下，性能监视器以表格的形式表示性能对象的使用情况，管理员可通过单击详细资料窗格中的【显示直方图】或【显示报表】按钮来将视图改变为以直方图或报表表示。

② 添加系统性能计数器

管理员监视系统实际上是监视系统性能对象。系统中的每一个对象可以有一组计数器与之相连，管理员通过计数器可对性能对象进行监视。计数器计量活动的类型依赖于对象的类型。管理员通过向性能监视器添加计数器并选择性能对象，可对所选择的性能对象进行监视。

要添加计数器，在【性能】窗口中，单击详细资料窗格工具栏上的【新计数器集】按钮，或右击性能监视器图表区，从弹出的快捷菜单中选择【添加计数器】命令，打开【添加计数器】对话框。在【添加计数器】对话框中，选择【使用本地计算机计数器】单选按钮，便可使用本地计算机上的计数器。如果想从其他计算机上选择计数器，可选择【从计算机选择计数器】单选按钮，从其下拉列表框中选择【网络计算机】。接着从【性能对象】下拉列表框中选择性能监视对象，例如 Cache，如图 5.40 所示。

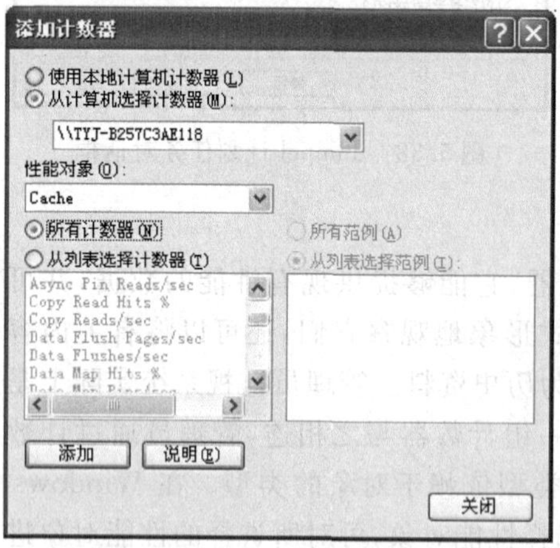

图 5.40 添加计数器对话框

在选择性能对象时，会发现某些对象有多个实例。例如，当系统中有两个处理器时，处理器对象类型就有两个实例。当然，某些对象没有实例,如内存和服务器。如果对象有多个实例则可以为每个实例添加计数器。选择【所有实例】单选按钮,可同时为每个实例添加计数器。选择【从列表选择实例】单选按钮,可分别对实例进行计数器的添加。

选择好性能对象和相应的实例之后,再选择性能计数器。单击【性能计数器】列表框中的计数器,然后再单击【添加】按钮,即完成计数器的添加。如果需要继续添加其他对象的计数器,可按照上面的添加过程继续执行。否则单击【关闭】按钮,退回到【性能】窗口,如图 5.41 所示。此时可发现性能监视器在图表区,并以不同颜色的线条反映性能对象的使用情况,图表区下面的列表框中列出所有的计数器及其线条颜色、性能对象实例等。

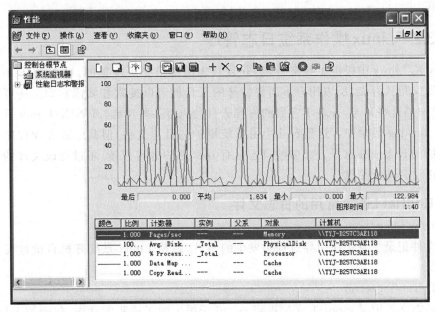

图 5.41　添加 Cache 后的【性能】窗口

③ 创建日志和警报

在 Windows 操作系统中,通过计数器日志,管理员能够记录到与硬件使用和系统设备有关的数据,无论是来自本地机上的数据,还是来自其他网络计算机上的数据。在计数器日志管理中,管理员可以设置日志在何种情况下开始、在何种情况下停止,并可以设置日志的采样时间间隔和文件等内容。除了使用系统提供的计数器来监视系统性能对象的活动外,管理员还可以自己创建计数器日志监视不同的性能对象。要创建计数器日志,可在【性能】窗口的控制台目录树中单击【计数器日志】子节点,然后右击【详细资料】窗格,从弹出的快捷菜单中选择【新建】→【建立新日志设置】命令,打开【建立新日志设置】对话框来创建。

使用跟踪日志,管理员可以记录各种常规或者系统事件的活动。例如,记录与进程、磁盘、页错误、文件 I/O 和线程等有关事件的活动。跟踪日志记录数据是通过活动跟踪提供者来记录的。当一个事件发生后,活动跟踪提供者会将数据送到日志文件中。创建跟踪日志的步骤与创建计数器日志的步骤基本相同,只是创建跟踪日志需要添加活动跟踪的提供者,而不需要添加计数器。

警报与日志不同,它不仅能够记录事件的活动,而且能够在某种情况下发出警报,并可在警报发出后执行某些操作。合理地创建和管理警报有利于管理员保护自己的计算机系统,还可以简化管理员对系统的维护。因为警报会在发生后自动执行一些操作,所以管理员通过创建警报,可以及时地处理系统性能对象所出的问题。不过,管理员在创建警报时,要合理地设置警报的安全值和报警之后执行哪些操作。要创建警报,首先在【性能】窗口的控制台目录树中单击【警报】子节点,右击【详细资料】窗格,从弹出的快捷菜单中选择【新建】→【创建新的警报设置】命令,打开【创建新的警报设置】对话框,然后按照要求进行操作即可。

5.3.2 Linux操作系统日志管理

UNIX/Linux 中提供了异常日志,并且日志的细节是可配置的。UNIX/Linux 日志通常以明文形式存储,所以用户不需要特殊的工具就可以搜索和阅读它们。还可以编写脚本,来扫描这些日志,并基于它们的内容去自动执行某些功能。UNIX/Linux 日志主要存储在/var/log 目录中。这里有几个由系统维护的日志文件,但其他服务和程序也可能会把它们的日志放在这里。大多数日志只有 root 账户才可以读,不过修改文件的访问权限就可以让其他人可读。

1. RedHat Linux常用的日志文件

(1) /var/log/boot.log

该文件记录了系统在引导过程中发生的事件,就是 Linux 系统开机自检过程显示的信息。

(2) /var/log/cron

该日志文件记录 crontab 守护进程 crond 所派生的子进程的动作,前面加上用户、登录时间和 PID,以及派生出的进程的动作。REPLACE(替换)动作记录用户对它的 cron 文件的更新,该文件列出了要周期性执行的任务调度。RELOAD动作在 REPLACE 动作后不久发生,这意味着 cron 注意到一个用户的 cron 文件被更新而 cron 需要把它重新装入内存。该文件可能会查到一些反常的情况。

(3) /var/log/maillog

该日志文件记录了每一个发送到系统或从系统发出的电子邮件的活动。它可以用来查看用户使用哪个系统发送工具或把数据发送到哪个系统。下面是该日志文件的片段:

```
Sep 4 17:23:52 UNIX sendmail[1950]: ccpclwh: from=root,size=25,
class=0,nrcpts=1,msgid=<201009040923.ccpclwh@redhat.pfcc.com.cn>,
relay=root@localhost
Sep 4 17:23:55 UNIX sendmail[1950]: ccpclwh: to=lwh@ccpc.net,
ctladdr=root(0/0),delay=00:00:04,xdelay=00:00:03,mailer=esmtp,pri=30027,
relay=ccpc.net.[10.152.8.2],dsn=2.0.0,stat=Sent(Message queued)
```

(4) /var/messages

该日志文件是许多进程日志文件的汇总,从该文件可以看出任何入侵企图或成功的入侵。如以下几行:

```
Sep 3 08:30:17 UNIX login[1275]: FAILED LOGIN 2 FROM(null)FOR lwh,
Authentication failure
Sep 4 17:40:28 UNIX --lwh[2017]: LOGIN ON pts/1 BY suying FROM
fcceec.www.ccpc.com.cn
Sep 4 17:40:39 UNIX lwh(pam_unix)[2048]: session opened for user root by lwh(uid=999)
```

该文件的格式是每一行包含日期、主机名、程序名,后面是包含 PID 或内核标识的方括号、一个冒号和一个空格,最后是消息。该文件有一个不足,就是被记录的入侵企图和成功的入侵事件,被淹没在大量的正常进程的记录中。但该文件可以由/etc/syslog 文件进行定制,由/etc/syslog.conf 配置文件决定系统如何写入/var/messages。

(5) /var/log/syslog

默认 RedHat Linux 不生成该日志文件,但可以配置/etc/syslog.conf 让系统生成该日志文件。它和/etc/log/messages 日志文件不同,它只记录警告信息,常常是系统出问题的信息,所以更应该关注该文件。要让系统生成该日志文件,在/etc/syslog.conf 文件中加上"*.warning/var/log/syslog"。该日志文件能记录当用户登录时 login 记录下的错误口令、Sendmail 的问题、su 命令执行失败等信息。下面是记录信息:

```
Sep 6 16:47:52 UNIX login[2384]:
check pass;user unknown
```

(6) /var/log/secure

该日志文件记录与安全相关的信息。该日志文件的部分内容如下:

```
Sep 4 16:05:09 UNIX xinetd[711]:
START: ftp pid=1815 from=127.0.0.1 Sep 4 16:05:09 UNIX xinetd[1815]:
USERID: ftp OTHER: root Sep 4 16:07:24 UNIX xinetd[711]:
EXIT: ftp pid=1815 duration=135(sec) Sep 4 16:10:05 UNIX xinetd[711]:
START: ftp pid=1846 from=127.0.0.1 Sep 4 16:10:05 UNIX xinetd[1846]:
USERID: ftp OTHER: root Sep 4 16:16:26 UNIX xinetd[711]:
EXIT: ftp pid=1846 duration=381(sec)Sep 4 17:40:20
UNIX xinetd[711]: START: telnet pid=2016 from=10.152.8.2
```

(7) /var/log/lastlog

该日志文件记录最近成功登录的事件和最后一次不成功的登录事件,由 login 生成。在每次用户登录时被查询,该文件是二进制文件,需要使用 lastlog 命令查看,根据 UID 排序显示登录名、端口号和上次登录时间。如果某用户从来没有登录过,就显示为"**Never logged in**"。该命令只能以 root 权限执行。简单地输入 lastlog 命令后就会看到类似如下的信息:

```
Username         Port      From       Latest
 root                      tty2       Tue Sep 3 08:32:27+0800 2013
  bin                                 **Never logged in**
  daemon                              **Never logged in**
  adm                                 **Never logged in**
  lp                                  **Never logged in**
  sync                                **Never logged in**
  shutdown                            **Never logged in**
  halt                                **Never logged in**
  mail                                **Never logged in**
   news                               **Never logged in**
   uucp                               **Never logged in**
   operator                           **Never logged in**
   games                              **Never logged in**
   gopher                             **Never logged in**
   ftp            ftp      UNIX       Tue Sep 3 14:49:04+0800 2012
   nobody                             **Never logged in**
   nscd                               **Never logged in**
   mailnull                           **Never logged in**
   ident                              **Never logged in**
   rpc                                **Never logged in**
   rpcuser                            **Never logged in**
   xfs                                **Never logged in**
   gdm                                **Never logged in**
   postgres                           **Never logged in**
   apache                             **Never logged in**
   lzy                     tty2       Mon Jul 15 08:50:37+0800 2010
   suying                  tty2       Tue Sep 3 08:31:17+0800 2010
```

(8) /var/log/wtmp

该日志文件永久记录每个用户登录、注销及系统的启动、停机的事件。因此随着系统正常运行时间的增加，该文件的大小也会越来越大，增加的速度取决于系统用户登录的次数。该日志文件可以用来查看用户的登录记录，last 命令就通过访问这个文件获得这些信息，并以反序从后向前显示用户的登录记录，last 也能根据用户、终端 TTY 或时间显示相应的记录。

命令 last 有两个可选参数：

last -u 用户名 显示用户上次登录的情况。

last -t 天数 显示指定天数之前的用户登录情况。

(9) /var/run/utmp

该日志文件记录有关当前登录的每个用户的信息。因此这个文件会随着用户登录和注销系统而不断变化，它只保留当时联机的用户记录，不会为用户保留永久的记录。系统中需要查询当前用户状态的程序，如 who、w、users、finger 等就需要访问这个文件。该日志文件并不能包括所有精确的信息,因为某些突发错误会终止用户登录会话,而系统没有及时更新 utmp 记录,因此该日志文件的记录不是百分之百值得信赖的。

每次有一个用户登录时,login 程序在文件 lastlog 中查看用户的 UID。如果存在,则把用户上次登录、注销时间和主机名写到标准输出中,然后 login 程序在 lastlog 中记录新的登录时间,打开 utmp 文件并插入用户的 utmp 记录。该记录一直用到用户登录退出时删除。utmp 文件被各种命令使用,包括 who、w、users 和 finger。

login 程序打开文件 wtmp 附加用户的 utmp 记录。当用户登录退出时,具有更新时间戳的同一 utmp 记录附加到文件中。wtmp 文件被程序 last 使用。

(10) /var/log/xferlog

该日志文件记录 FTP 会话,可以显示出用户向 FTP 服务器或从服务器拷贝了什么文件。该文件会显示用户拷贝到服务器上的用来入侵服务器的恶意程序,以及该用户拷贝了哪些文件供他使用。

该文件的格式为:第一个域是日期和时间;第二个域是下载文件所花费的秒数、远程系统名称、文件大小、本地路径名、传输类型(a:ASCII,b:二进制)、与压缩相关的标志或 tar,或"_"(如果没有压缩的话)、传输方向(相对于服务器而言,i 代表进,o 代表出)、访问模式(a:匿名,g:输入口令,r:真实用户)、用户名、服务名(通常是 ftp)、认证方法(l:RFC931,或 0)、认证用户的 ID 或"*"。下面是该文件的一条记录:

```
Wed Sep 4 08:14:03 2010 1 UNIX 275531
/var/ftp/lib/libnss_files b_o a -root@ UNIX ftp 0 *
```

(11) /var/log/kernlog

RedHat Linux 默认没有记录该日志文件。要启用该日志文件,必须在/etc/syslog.conf 文件中添加一行"kern.* /var/log/kernlog"。这样就启用了向/var/log/kernlog 文件中记录所有内核消息的功能。该文件记录了系统启动时加载设备或使用设备的情况。一般是正常的操作,但如果记录了没有授权的用户进行的这些操作,就要注意,因为有可能这就是恶意用户的行为。下面是该文件的部分内容:

```
Mar 7 09:38:42 UNIX kernel: NET4: Linux TCP/IP 1.0 for NET4.0
Mar 7 09:38:42 UNIX kernel: IP Protocols: ICMP,UDP,TCP,IGMP
Mar 7 09:38:42 UNIX kernel: IP: routing cache hash table of 512 buckets,4Kbytes
Mar 7 09:38:43 UNIX kernel: TCP: Hash tables configured (established 4096 bind 4096)
Mar 7 09:38:43 UNIX kernel: Linux IP multicast router 0.06 plus PIM-SM
Mar 7 09:38:43 UNIX kernel: NET4: Unix domain sockets 1.0/SMP for Linux NET4.0.
Sep 5 09: 38: 44 UNIX kernel: EXT2 - fs warning: checktime reached, running e2fsck is recommended
Mar 7 09:38:44 UNIX kernel: VFS: Mounted root (Ext2 filesystem).
Mar 7 09:38:44 UNIX kernel: SCSI subsystem driver Revision: 1.00
```

(12) /var/log/Xfree86.x.log

该日志文件记录了 X-Window 启动的情况。

另外,除了/var/log/外,恶意用户也可能在别的地方留下痕迹,应该注意以下几个地方：root 和其他账户的 shell 历史文件；用户的各种邮箱，如.sent、mbox，以及存放在 /var/spool/mail/ 和 /var/spool/mqueue 中的邮箱；临时文件/tmp、/usr/tmp、/var/tmp；隐藏的目录；其他恶意用户创建的文件，通常是以"."开头的具有隐藏属性的文件等。

2. 查看日志文件信息的具体命令

wtmp 和 utmp 文件都是二进制文件，它们不能被诸如 tail 之类的命令剪贴或合并（使用 cat 命令）。用户需要使用 who、w、users、last 和 ac 等命令来查看这两个文件包含的信息。

(1) who 命令

who 命令查询 utmp 文件并报告当前登录的每个用户。who 的默认输出包括用户名、终端类型、登录日期及远程主机。例如，输入 who 命令，然后按回车键，将显示如下内容：

```
LWH   pts/0  Aug 18 15:06
TYJ   pts/2  Aug 18 15:32
TYJ   pts/3  Aug 18 13:55
lewis pts/4  Aug 18 13:35
TYJ   pts/7  Aug 18 14:12
MHN   pts/8  Aug 18 14:15
```

如果指明了 wtmp 文件名，则 who 命令查询所有以前的记录。命令"who/var/log/wtmp"将报告自从 wtmp 文件创建或删改以来的每一次登录。

(2) w 命令

w 命令查询 utmp 文件并显示当前系统中每个用户和它所运行的进程信息。例如，输入 w 命令，然后按回车键，将显示如下内容：

```
3:36pm up 1 day,22:34,6 users,load average: 0.23,0.29,0.27
USER TTY FROM LOGIN@ IDLE JCPU PCPU WHAT
LWH pts/0 202.38.68.242 3:06pm 2:04 0.08s 0.04s -bash
TYJ pts/2 202.38.79.47 3:32pm 0.00s 0.14s 0.05 w
lewis pts/3 202.38.64.233 1:55pm 30:39 0.27s 0.22s -bash
lewis pts/4 202.38.64.233 1:35pm 6.00s 4.03s 0.01s sh/home/users/
TYJ pts/7 simba.nic.ustc.e 2:12pm 0.00s 0.47s 0.24s telnet mail
MHN pts/8 202.38.64.235 2:15pm 1:09m 0.10s 0.04s -bash
```

(3) users 命令

users 命令用单独的一行打印出当前登录的用户，每个显示的用户名对应一个登录会话。如果一个用户有不止一个登录会话，那他的用户名将显示相同的次数。例如，输入 users 命令，然后按回车键，将显示如下内容：

```
LWH lewis lewis MHN TYJ TYJ
```

(4) last 命令

last 命令往回搜索 wtmp 来显示自从文件第一次创建以来登录过的用户。例如：

```
LWH  pts/9  202.38.68.242  Tue Aug 1 08:34 -11:23 (02:49)
TYJ  pts/6  202.38.64.224  Tue Aug 1 08:33 -08:48 (00:14)
MHN  pts/4  202.38.68.242  Tue Aug 1 08:32 -12:13 (03:40)
lewis pts/3 202.38.64.233  Tue Aug 1 08:06 -11:09 (03:03)
lewis pts/2 202.38.64.233  Tue Aug 1 07:56 -11:09 (03:12)
```

如果指明了用户,那么 last 只报告该用户的近期活动,例如,输入 last LWH 命令,然后按回车键,将显示如下内容:

```
LWH  pts/4  simba.nic.ustc.e  Fri Aug 4 16:50 -08:20 (15:30)
LWH  pts/4  simba.nic.ustc.e  Thu Aug 3 23:55 -04:40 (04:44)
LWH  pts/11 simba.nic.ustc.e  Thu Aug 3 20:45 -22:02 (01:16)
LWH  pts/0  simba.nic.ustc.e  Thu Aug 3 03:17 -05:42 (02:25)
LWH  pts/0  simba.nic.ustc.e  Wed Aug 2 01:04 -03:16 (02:12)
LWH  pts/0  simba.nic.ustc.e  Wed Aug 2 00:43 -00:54 (00:11)
LwH  pts/9  simba.nic.ustc.e  Thu Aug 1 20:30 -21:26 (00:55)
```

(5) ac 命令

ac 命令根据当前的/var/log/wtmp 文件中的登录进入和退出来报告用户连接的时间(小时),如果不使用标志,则报告总的时间。例如,输入 ac 命令,然后按回车键,将显示如下内容:

```
total 5177.47
```

输入 ac -d 命令,然后按回车键,将显示每天的总的连接时间:

```
Aug 12 total 261.87
Aug 13 total 351.39
Aug 14 total 396.09
Aug 15 total 462.63
Aug 16 total 270.45
Aug 17 total 104.29
Today total 179.02
```

输入 ac -p 命令,然后按回车键,将显示每个用户的总的连接时间:

```
LWH 193.23
TYJ 3.35
MHN 133.40
FDB 10.52
LZC 52.87
GHT 13.14
GY 24.34
total 5178.24
```

(6) lastlog 命令

lastlog 文件在每次有用户登录时被查询。可以使用 lastlog 命令检查某特定用户上次登录的时间,并格式化输出上次登录日志/var/log/lastlog 的内容。它根据 UID 排序显示登录名、端口号(TTY)和上次登录时间。如果一个用户从未登录过,lastlog 显示 ** Never logged**。注意需要以 root 身份运行该命令,例如:

```
lwh 5 202.38.64.187 Fri Aug 18 15:57:01+0800 2010
fdb **Never logged in**
mhn **Never logged in**
tyj **Never logged in**
ght 0 202.38.64.190 Sun Aug 13 10:01:22+0800 2010
```

另外,可加一些参数,例如,"last -u 102"命令将报告 UID 为 102 的用户;"last -t 7"命令表示限制为上一周的报告。

3. 用于进程统计的相关命令

UNIX 与 Linux 可以跟踪每个用户运行的每条命令,如果想知道弄乱了哪些重要的文件,进程统计子系统可以告诉用户。它还对跟踪一个侵入者有帮助。与连接时间日志不同,进程统计子系统默认不激活,它必须启动。在 Linux 系统中启动进程统计使用 accton 命令,必须用 root 身份来运行。accton 命令的形式为"accton file",file 必须事先存在。先使用 touch 命令创建 pacct 文件:touch/var/log/pacct,然后运行 accton:accton /var/log/pacct。一旦 accton 被激活,就可以使用 lastcomm 命令监测系统中任何时候执行的命令。若要关闭统计,可以使用不带任何参数的 accton 命令。

lastcomm 命令报告以前执行的文件。不带参数时,lastcomm 命令显示当前统计文件生命周期内记录的所有命令的有关信息。包括命令名、用户、TTY、命令花费的 CPU 时间和一个时间戳。如果系统有许多用户,输入则可能很长。看下面的例子:

```
crond F root ?? 0.00 secs Sun Aug 20 00:16
promisc_check.s S root ?? 0.04 secs Sun Aug 20 00:16
promisc_check root ?? 0.01 secs Sun Aug 20 00:16
grep root ?? 0.02 secs Sun Aug 20 00:16
tail root ?? 0.01 secs Sun Aug 20 00:16
sh root ?? 0.01 secs Sun Aug 20 00:15
ping S root ?? 0.01 secs Sun Aug 20 00:15
ping6.pl F root ?? 0.01 secs Sun Aug 20 00:15
sh root ?? 0.01 secs Sun Aug 20 00:15
ping S root ?? 0.02 secs Sun Aug 20 00:15
ping6.pl F root ?? 0.02 secs Sun Aug 20 00:15
sh root ?? 0.02 secs Sun Aug 20 00:15
ping S root ?? 0.00 secs Sun Aug 20 00:15
ping6.pl F root ?? 0.01 secs Sun Aug 20 00:15
sh root ?? 0.01 secs Sun Aug 20 00:15
ping S root ?? 0.01 secs Sun Aug 20 00:15
sh root ?? 0.02 secs Sun Aug 20 00:15
ping S root ?? 1.34 secs Sun Aug 20 00:15
```

```
locate root ttyp0 1.34 secs Sun Aug 20 00:15
accton S root ttyp0 0.00 secs Sun Aug 20 00:15
```

进程统计的一个问题是 pacct 文件可能增长得十分迅速。这时需要交互式地或经过 cron 机制运行 sa 命令来保证日志数据在系统控制内。sa 命令报告、清理并维护进程统计文件。它能把/var/log/pacct 中的信息压缩到摘要文件/var/log/savacct 和/var/log/usracct 中。这些摘要包含按命令名和用户名分类的系统统计数据。在默认情况下 sa 先读它们，然后读 pacct 文件，使报告能包含所有的可用信息。sa 的输出有下面一些标记项：

avio：每次执行的平均 I/O 操作次数。
cp：用户和系统时间总和，以分钟计。
cpu：和 cp 一样。
k：内核使用的平均 CPU 时间，以 1k 为单位。
k * sec：CPU 存储完整性，以 1k-core 秒为单位。
re：实时时间，以分钟计。
s：系统时间，以分钟计。
tio：I/O 操作的总数。
u：用户时间，以分钟计。

例如：

```
842 173.26re 4.30cp lwh 358k
2 10.98re 4.06cp lwh 299k find
9 24.80re 0.05cp lwh 291k ***other
105 30.44re 0.03cp lwh 302k ping
104 30.55re 0.03cp lwh 394k sh
162 0.11re 0.03cp lwh 413k security.sh*
154 0.03re 0.02cp lwh 273k ls
56 31.61re 0.02cp lwh 823k ping6.pl*
2 3.23re 0.02cp lwh 822k ping6.pl
35 0.02re 0.01cp lwh 257k md5sum
97 0.02re 0.01cp lwh 263k initlog
12 0.19re 0.01cp lwh 399k promisc_check.s
15 0.09re 0.00cp lwh 288k grep
11 0.08re 0.00cp lwh 332k awk
```

4. 日志文件配置

Linux 系统的日志文件是可以配置的，是由/etc/syslog.conf 决定的，用户有必要花时间仔细配置一下/etc/syslog.conf。下面是/etc/syslog.conf 的范例：

```
#Log all kernel messages to the kernlog.
#Logging much else clutters up the screen.
kern.*                          /var/log/kernlog
#Log anything (except mail) of level info or higher.
```

```
# Don't log private authentication messages!
*.info;mail.none;news.none;authpriv.none;cron.none
/var/log/messages
*.warning                              /var/log/syslog
# The authpriv file has restricted access.
authpriv.*                             /var/log/secure
# Log all the mail messages in one place.
mail.*                                 /var/log/maillog
# Log cron stuff
cron.*                                 /var/log/cron
# Everybody gets emergency messages, plus log them on another
# machine.
*.emerg
# Save mail and news errors of level err and higher in a
# special file.
uucp,news.crit                         /var/log/spooler
# Save boot messages also to boot.log
local7.*                               /var/log/boot.log
# INN
news.=crit                             /var/log/news/news.crit
news.=err                              /var/log/news/news.err
news.notice                            /var/log/news/news.notice
```

可以看出，该配置文件的每一行的第一个字段列出要被记录的信息种类，第二个字段则列出被记录的位置。第一个字段使用下面的格式：facility.level[;facility.level…]。此处的facility是产生信息的系统应用程序或工具，level则是这个信息的重要程度。level的重要程度由低到高依次是debug（调试消息）、info（一般消息）、notice（值得注意的消息）、warning（警告）、err（一般性错误）、crit（严重错误）、alert（或emerg，紧急情况）。facility包含auth（认证系统，如login或su，即询问用户名和口令）、cron（系统执行定时任务时发出的信息）、daemon（某些系统的守护程序的syslog，如由in.ftpd产生的log）、kern（内核的信息）、lpr（打印机的信息）、mail（处理邮件的守护进程发出的信息）、mark（定时发送消息的时标程序）、news（新闻组的守护进程的信息）、user（本地用户的应用程序的信息）、uucp（uucp子系统的信息）和"*"（表示所有可能的facility）。

5. 日志文件管理

如果服务器有大量的用户的话，这些日志文件的大小会很快地增加，在服务器硬盘不是非常充足的情况下，必须采取措施防止日志文件将硬盘占满。现代的Linux版本都有一个小程序，名为logrotate，用来帮助用户管理日志文件。logrotate周期性地旋转日志文件，可以周期性地把每个日志文件重命名成一个备份名字，然后让它的守护进程开始使用一个日志文件的新的拷贝。这就是为什么在/var/log/下看到许多诸如maillog、maillog.1、maillog.2、boot.log.1、boot.log.2之类的文件名。它由一个配置文件驱动，该文件是/etc/logroatate.conf，下面是它的一个范例：

```
# see "man logrotate" for details
# rotate log files weekly
weekly
# 以 7 天为一个周期
# keep 4 weeks worth of backlogs
rotate 4
# 每隔 4 周备份日志文件
# send errors to root
errors root
# 发生错误向 root 报告
# create new (empty) log files after rotating old ones
create
# 转完旧的日志文件就创建新的日志文件
# uncomment this if you want your log files compressed
# compress
# 指定是否压缩日志文件
# RPM packages drop log rotation information into this directory
include /etc/logrotate.d
# no packages own lastlog or wtmp -- we'll rotate them here
/var/log/wtmp {
monthly
create 0664 root utmp
rotate 1
}
```

5.4 系统服务

几乎每一个操作系统都有一种在系统启动时刻启动进程的机制,这些进程提供了一些不依赖于任何交互式用户的服务。在 Windows 中,这样的进程成为服务(service)或 Windows 服务,因为它们依赖于 Windows API 与系统进行交互。Windows 服务类似于 UNIX/Linux 的守护进程,通常实现了客户端/服务器的服务器一方。

5.4.1 Windows 系统服务

1. 关系系统安全的服务

(1) Portable Media Serial Number Service

描述:向微软报告 Windows Media Player 播放器的序列号。设为禁用后,并不影响使用 WMP 收看网络电影、电视。

进程名:svchost.exe

(2) Remote Registry

描述:使远程用户能修改此计算机上的注册表设置。如果此服务被终止,只有此计算机上的用户才能修改注册表。如果此服务被禁用,任何依赖它的服务将无法启动。

进程名:svchost.exe

(3) Security Accounts Manager

描述:存储本地用户账户的安全信息。

进程名:lsass.exe

(4) Shell Hardware Detection

描述:为自动播放硬件事件提供通知(自动出现光盘里的引导程序画面或询问用什么程序打开 U 盘里的文件)。

进程名:svchost.exe

2. 关系系统稳定、便捷服务

(1) COM+System Application

描述:管理基于 COM+组件的配置和跟踪。如果服务停止,大多数基于 COM+的组件将不能正常工作。如果本服务被禁用,任何明确依赖它的服务都将不能启动。

进程名:dllhost.exe

(2) DCOM Server Process Launcher

描述:为 DCOM 服务提供加载功能。

进程名:svchost.exe

(3) Event Log

描述:启用事件查看器查看基于 Windows 的程序和组件颁发的事件日志消息。无法终止此服务。该服务无法终止,但可以禁用。

进程名:services.exe

(4) Logical Disk Manager

描述:监测和监视新硬盘驱动器并向逻辑磁盘管理器管理服务发送卷的信息以便配置。如果此服务被终止,动态磁盘状态和配置信息会过时。如果此服务被禁用,任何依赖它的服务将无法启动。

进程名:svchost.exe

(5) Logical Disk Manager Administrative Service

描述:配置硬盘驱动器和卷。此服务只为配置处理运行,然后终止。

进程名:dmadmin.exe

(6) Net Logon

描述:支持网络上计算机 pass-through 账户登录身份验证事件。

进程名:lsass.exe

(7) NT LM Security Support Provider

描述:为使用传输协议而不是命名管道的远程过程调用(RPC)程序提供安全机制。

进程名:lsass.exe

(8) Plug and Play

描述:使计算机在极少或没有用户输入的情况下能识别并适应硬件的更改,终止或禁用此服务会造成系统不稳定。

进程名：services.exe

（9）Remote Procedure Call(RPC)

描述：提供终结点映射程序(endpoint mapper)以及其他 RPC 服务。

进程名：svchost.exe

（10）Windows Audio

描述：管理基于 Windows 的程序的音频设备。如果此服务被终止，则音频设备及其音效将不能正常工作。如果此服务被禁用，则任何依赖它的服务将无法启动。

进程名：svchost.exe

（11）Windows Management Instrumentation

描述：提供共同的界面和对象模式以便访问有关操作系统、设备、应用程序和服务的管理信息。如果此服务被终止，则多数基于 Windows 的软件将无法正常运行。如果此服务被禁用，则任何依赖它的服务将无法启动。

进程名：svchost.exe

3. 安装大型软件需要用到的服务

（1）Application Management

描述：提供软件安装服务，诸如分派、发行以及删除。

（2）Windows Installer

描述：添加、修改和删除以 Windows 安装程序(*.msi)的软件包提供的应用程序。如果禁用了此服务，则任何完全依赖它的服务不会被启动。

进程名：msiexec.exe

4. 非必需服务

（1）Fast User Switching Compatibility

描述：为在多用户下需要协助的应用程序提供管理。

进程名：svchost.exe

（2）Human Interface Device Access

描述：启用对智能界面设备(HID)的通用输入访问，它激活并保存键盘、远程控制和其他多媒体设备上的预先定义的热按钮。如果此服务被终止，由此服务控制的热按钮将不再运行。如果此服务被禁用，则任何依赖它的服务将无法启动。

进程名：svchost.exe

（3）Network Connections

描述：管理"网络和拨号连接"文件夹中的对象，在其中可以查看局域网和远程连接。

进程名：svchost.exe

（4）Network Location Awareness(NLA)

描述：收集并保存网络配置和位置信息，并在信息改动时通知应用程序。

进程名：svchost.exe

(5) Performance Logs and Alerts

描述：收集本地或远程计算机基于预先配置的日程参数的性能数据，然后将此数据写入日志或触发警报。如果此服务被终止，将不会收集性能信息。如果此服务被禁用，任何依赖它的服务将无法启动。

进程名：smlogsvc.exe

(6) Print Spooler

描述：将文件加载到内存中以便迟后打印。

进程名：spoolsv.exe

要使用打印机或打印预览功能的机器，必须将此项服务设为自动。没有这项服务需要的用户，可以设为禁用。注意，绝大部分局域网安装的 OA、ERP 系统会需要这项服务读写电子版公文。

(7) Protected Storage

描述：提供对敏感数据（如私钥）的保护性存储，以便防止未授权的服务，过程或用户对其的非法访问。

进程名：lsass.exe

5.4.2 Linux核心系统服务

只要是 Linux 系统，不管使用的发行版本、网络配置以及系统全局设计有什么不同，都有如下几个核心系统服务 init、inited、syslogd 和 cron。这些服务是其他服务和操作的基础。

(1) init 服务

init 是所有进程的发起者和控制者。因为在任何基于 UNIX（例如 Linux）的系统中，它都是第一个运行的进程，所以 init 的进程 PID 永远是 1，如果 init 出了问题，系统其他部分也随之垮掉。

init 进程有两个作用：第一个是扮演终结父进程的角色。因为 init 进程在系统运行时限内永远不会被终结，所以系统总是可以确信它的存在，并在必要的时候以它为参照。如果某个进程在它衍生出的全部子进程结束之前被终止，就会出现必须以 init 为参照的情况。此时那些失去了父进程的子进程就会以 init 作为它们的父进程。init 的第二个角色是在进入某个特定的运行级别时运行相应的程序，以此对各种运行级别进行管理。

(2) inited 服务

inited 的角色是 Telnet 和 FTP 等网络服务器相关进程的"超级服务器"，以此避免几十种服务都运行在内存中备用的情况，它们都列在 inited 的配置文件 /etc/inited.conf 中。而是由 inited 监听着进入的连接，这样就只需要有一个进程在内存中了。

inited 的另一个优点是使程序员不需要把所有网络连接进程都写入系统中。init 将处理网络代码，并把进入的网络数据流作为各个进程的标准输入传递其中，这些进程的输出将被送回连接到该进程的主机。

(3) syslogd 服务

系统中同一时间会发生许多事件，因此提供一个记录特殊事件和消息的标准机制就十分必要,Linux 使用 syslogd 来提供这类服务。

syslogd 提供了一个对系统活动和消息进行记录的标准方法。它保存数据用的记录文件都是简明的文本文件,一般存放在/var/log 目录中。每个数据项构成一行,包括日期、时间、主机名、进程名、PID,以及来自该进程的消息。Syslogd 还可以灵活地把记录信息发送到多种不同的保存目的地去。它可以把消息保存为文件、把消息发送到 FIFO 队列、发送到一组用户或者发送到一个中心记录主机中。

(4) cron 服务

cron 服务为用户提供一种可以计划在一定时间间隔后自动执行任务的功能。cron 通常还会负责 at 队列中作业的启动。该服务从 crontab 文件中获得信息,对于每个用户都会有一个独立的 crontab 文件。

5.5 系统安全设置

在有多个用户可以访问同样物理资源或网络资源的环境中,防止对敏感数据的未授权访问是十分必要的。操作系统以及单独的用户,必须保护文件、内存和配置信息,避免它们被意外地查看和修改。操作系统安全性包括各种机制,诸如账号、口令和文件的保护。

5.5.1 Windows 系统安全设置

Windows 操作系统以其易用、易学、具有很强的娱乐性等特点成为广大计算机用户首选的操作系统。但是,Windows 操作系统在给用户带来方便的同时,由于自身设计上的漏洞可能被入侵者利用而给用户造成损失。为了避免受到损失,应该了解掌握 Windows 操作系统安全策略,掌握常用的安全管理措施,以保护计算机系统和数据不被破坏和攻击。

1. Windows 安全性核心组件

(1) 安全引用监视器(SRM)

这是 Windows 执行体(\Windows\System32\Ntoskrnl.exe)中的一个组件,它负责定义访问令牌数据结构,以检查存取合法性,并防止非法存取和修改。

(2) 本地安全权威子系统(Lsass)

这是一个运行\Windows\System32\Lsass.exe 映像文件的用户模式进程,它负责本地系统安全策略(例如允许哪些用户登录到本地机器上、口令策略、授予用户和用户组的特权,以及系统安全审计设置)、用户认证,以及发送安全审计消息到事件日志中。本地安全权威服务(\Windows\System32\Lsasrv.dll)是 Lsass 加载的一个库,它实现了这些功能中的绝大部分。

(3) Lsass 策略数据库

包含本地安全策略设置的数据库。该数据库被存储在注册表中,位于 HKLM\SECURITY 的下面。它包含了诸如此类型的信息:哪些域是可信任的,从而可以认证用户的登录请求;谁允许访问系统,以及如何访问;分配给谁哪些特权;执行哪一种安全审计。

(4) 安全账号管理器(SAM)服务

这是一组子例程,负责管理一个数据库,该数据库包含了本地机器上已定义的用户名和组。SAM 服务是在\Windows\System32\Samsrv.dll 中实现的,它运行在 Lsass 进程中。

(5) SAM 数据库

包含了已定义的本地用户和用户组,连同它们的口令和其他信息。该数据库被存储在注册表 HKLM\SAM 的下面。

(6) 活动目录

这是一个目录服务,它包含了一个数据库,其中存放了有关域中对象的信息。域是由一组计算机和与它们相关联的安全组构成的,每个安全组被当作单个实体来管理。活动目录存储了有关该域中的对象信息,对象包括用户、组和计算机。活动目录运行在 Lsass 进程中,其实现模块为\Windows\System32\Ntdsa.dll。

(7) 登录进程(Winlogon)

用户模式进程,运行的是\Windows\System32\Winlogon.exe,负责管理交互式登录会话。例如,当用户登录时,Winlogon 创建一个用户外壳进程。

(8) 图形化标识和认证(GINA)

用户模式 DLL,运行在 Winlogon 进程中。Winlogon 用它来获得用户的名称和口令。标准 GINA 是\Windows\System32\Msgina.dll。

2. 防火墙安全设置

Windows XP 操作系统自带了防火墙,特别是在 Windows XP SP2 版本的操作系统中防火墙的功能得到了进一步完善。防火墙默认设置为开启状态,并且支持 IPv4 和 IPv6 两种网络协议,可以为用户计算机提供更多的安全保护。当用户在本地运行一个应用程序并将其作为 Internet 服务器提供服务时,Windows 防火墙将会弹出一个新的安全警报对话框。通过对话框中的选项可以将此应用程序或服务添加到 Windows 防火墙的例外项中(即选择【解除阻止此程序】),Windows 防火墙的例外项配置将允许特定的进站连接。防火墙选项设置方法如下。

(1) 通过防火墙控制台配置防火墙

依次单击【开始】→【控制面板】,然后在控制面板经典视图中双击【Windows 防火墙】一项,即可打开 Windows 防火墙控制台,如图 5.42 所示。

① 【常规】选项卡

在 Windows 防火墙控制台【常规】选项卡中有两个主选项【启用(推荐)】和【关闭(不推荐)】,一个子选项【不允许例外】。如

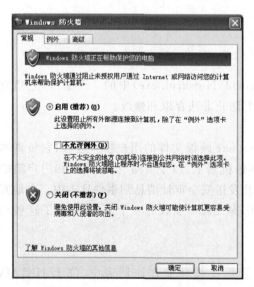

图 5.42 Windows 防火墙控制台

果选择了【不允许例外】,Windows 防火墙将拦截所有的连接用户计算机的网络请求,包括在【例外】选项卡列表中的应用程序和系统服务。另外,防火墙也将拦截文件和打印机共享,还有网络设备的侦测。

② 【例外】选项卡

当某些程序需要对外通信,就可以把它们添加到【例外】选项卡中,如图 5.43 所示。这里的程序将被特许可以提供连接服务,即可以监听和接受来自网络上的连接。

图 5.43 【例外】选项卡

在【例外】选项卡界面下方有两个添加按钮,分别是【添加程序】和【添加端口】,可以根据具体的情况手动添加例外项。如果不清楚某个应用程序是通过哪个端口与外界通信,或者不知道它是基于 UDP 还是 TCP 的,可以通过【添加程序】来添加例外项。例如要允许 Windows Messenger 通信,则单击【添加程序】按钮,选择应用程序"C:\Program Files\Messenger\Messenger\msmsgs.exe",然后单击【确定】按钮把它加入列表。

如果对端口号以及 TCP/UDP 比较熟悉,则可以采用后一种方式,即指定端口号的添加方式。对于每一个例外项,可以通过【更改范围】指定其作用域,如图 5.44 所示。对于家用和小型办公室应用网络,推荐设置作用域为可能的本地网络。当然,也可以自定义作用域中的 IP 范围,这样只有来自特定的 IP 地址范围的网络请求才能被接受。

③ 高级选项卡

在【高级】选项卡中包含了网络连接设置、安全日志记录、ICMP 和默认设置四组选项,如图 5.45 所示,可以根据实际情况进行配置。

• 网络连接设置

这里可以选择 Windows 防火墙应用到哪些连接上,当然也可以对某个连接进行单独的配置,这样可以使防火墙应用更灵活。

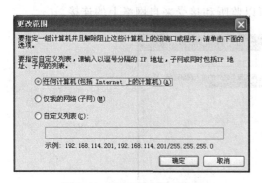
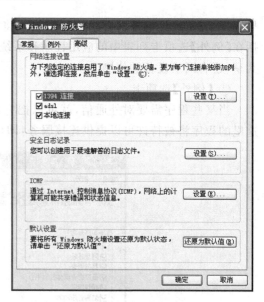

图 5.44 【更改范围】对话框　　　　　图 5.45 【高级】选项卡

- 安全日志记录

防火墙的日志记录选项里面的设置可以记录防火墙的跟踪记录,包括丢弃和成功的所有事项。在日志文件选项里,可以更改记录文件存放的位置,还可以手动指定日志文件的大小。系统默认的选项是不记录任何拦截或成功的事项,而记录文件的大小默认为4MB,如图 5.46 所示。

- ICMP

Internet 控制消息协议(ICMP)允许网络上的计算机共享错误和状态信息,如图 5.47 所示。在【ICMP 设置】对话框中选定某一项时,界面下方会显示出相应的描述信息,可以根据需要进行配置。在默认状态下,所有的 ICMP 都没有打开。

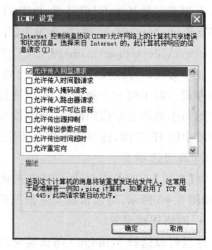

图 5.46 【日志设置】对话框　　　　　图 5.47 【ICMP 设置】对话框

• 默认设置

如果要将所有 Windows 防火墙设置恢复为默认状态,可以单击右侧的【还原为默认值】按钮。

(2) 组策略配置 Windows 防火墙

Windows 防火墙可以通过组策略来控制防火墙状态、允许的例外等设置。

依次单击【开始】→【运行】,在【运行】对话框中输入"gpedit.msc",然后单击【确定】按钮即可打开 Windows XP 组策略编辑器。进入【组策略】编辑器后,就可以用它配置 Windows 防火墙了。从左侧窗格中依次展开【计算机配置】→【管理模板】→【网络】→【网络连接】→【Windows 防火墙】。在 Windows 防火墙下可以看到两个分支,一个是域配置文件;另一个是标准配置文件,如图 5.48 所示。

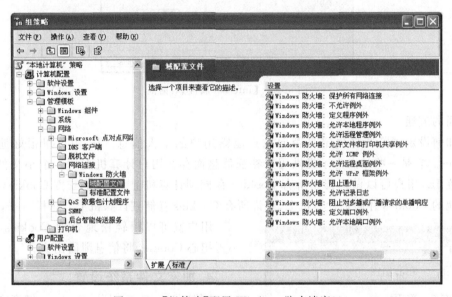

图 5.48 【组策略】配置 Windows 防火墙窗口

简单地说,当计算机连接到有域控制器的网络中时(即有专门的管理服务器时),是域配置文件起作用,相反,则是标准配置文件起作用。即使没有配置标准配置文件,默认的值也会生效。

另外,Windows 防火墙的配置和状态信息还可以通过命令行工具 Netsh.exe 获得,可以在命令提示符窗口下输入"netsh firewall"命令来获取防火墙信息和修改防火墙设定。

3. IE 浏览器的设置

在 IE 浏览器上右击鼠标,在弹出的快捷菜单中选择【属性】命令,弹出【Internet 属性】对话框,如图 5.49 所示。

首先用户需要在【Internet 属性】对话框中定义透露个人信息的具体参数选项,浏览器会在用户上网时,自动判断所访问的站点的安全、可信等级。对于安全站点,浏览器把用户的隐私参数和站点定义的隐私政策进行比较。根据预先设定的隐私参数,来限制信

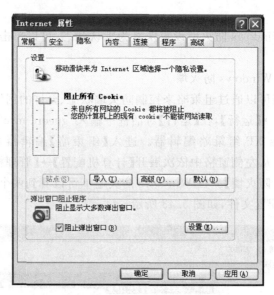

图 5.49 【Internet 属性】对话框

息方面的流通。

如何设定浏览器将决定是否向站点泄露用户的个人信息。IE 中可以很好地管理 Cookies。它是一些站点为了提供用户特征信息而存在用户计算机上的一个小文件。通过设置 IE,用户可以做到禁止所有 Cookies 存储到计算机上、拒绝第三方 Cookies,但允许其他的 Cookies 存储到计算机上、允许所有 Cookies 存储到计算机上。这样一来,用户就可以很轻松地管理 Cookies,从而不再担心 Cookies 将信息泄露出去。

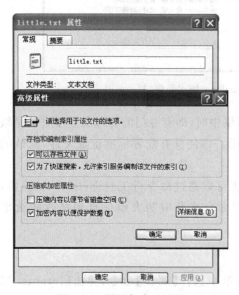

图 5.50 设置加密对话框

4. 加密文件系统设置

EFS(Encrypting File System,加密文件系统)是 Windows 2000/XP/7 所特有的实用功能,可以帮助用户针对存储在 NTFS 磁盘卷上的文件和文件夹进行加密操作。

设置方法是右击【需加密的文件夹或文件】→【属性】→【高级】,弹出【高级属性】对话框,如图 5.50 所示,勾选【加密内容以保护数据】复选项,单击【确定】按钮即可。

EFS 加密的用户验证过程是在登录 Windows 时进行的,只要登录到 Windows,就可以打开任何一个被授权的加密文件。换句话说,EFS 对用户是透明的,即如果用户加密了某些数据后,用户对这些数据的访问将不会有任何限制,而且不会有任何提示。而其他非授权用户试图访问加密过的数据时,就会收到【拒绝访问】的错误提示,如图 5.51 所示。

图 5.51　非授权用户试图访问加密数据时的提示

被 EFS 加密过的文件如果没有合适的密钥，虽然无法打开加密文件，不过仍然可以删除它。所以对于重要文件，最佳的做法是 NTFS 权限和 EFS 加密并用。这样，如果非法用户没有合适的权限，将不能访问受保护的文件和文件夹；而即使拥有权限（例如为了非法获得重要数据而重新安装操作系统，并以新的管理员身份给自己指派权限），没有密钥同样还是打不开加密数据。

5. 服务组件的设置

Windows XP 众多的服务组件使用户享受到了前所未有的服务，但是出于种种原因，用户能真正在日常用到的组件还是为数不多，这就造成了很大的系统资源浪费和一定的安全隐患，甚至黑客们还会据此实施入侵。所以，屏蔽一些暂时还不需要的服务组件是目前安全设置中的一个重要部分。

右键单击【我的电脑】，选择【管理】→【服务的应用程序】→【服务】选项，可以看到 Windows XP 上加载的各个程序组件，如图 5.52 所示。选择其中部分服务组件，选中【属性】，然后单击【停止】按钮，并将启动类型设置为手动或者已禁用。

注意：在进行此项操作时必须注意到有些服务组件是 Windows XP 运行时所必须存在的，如果贸然关闭会造成系统运行困难甚至崩溃。在屏蔽某项服务之前可以通过双击该服务或者鼠标悬停察看该服务的说明，确定不需要该服务后再禁止。

6. 系统配置实用程序设置

Msconfig 是 Windows 操作系统中的系统配置实用程序，它不仅可以控制系统启动时自动运行的程序，还可以更改启动的服务和多操作系统共存时默认启动的系统。

当用户以系统管理员身份登录系统后，单击【开始】→【运行】，输入"Msconfig"命令后回车后即可启动系统配置实用程序，如图 5.53 所示。

（1）【一般】选项卡

① 选择启动方式

默认情况下，Windows 采用的是正常启动模式（即加载所有驱动和系统服务），但是有时候由于设备驱动程序遭到破坏或服务故障，常常会导致启动出现一些问题，这时可以

图 5.52 屏蔽不需要的服务窗口

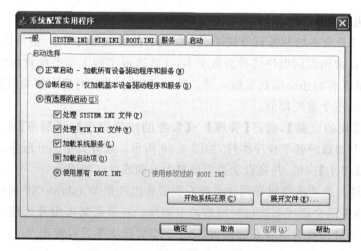

图 5.53 【系统配置实用程序】对话框

利用 Msconfig 的其他启动模式来解决问题。单击【一般】选项卡,在【启动模式】选择【诊断启动】,这种启动模式有助于用户快速找到启动故障原因。诊断启动方式仅仅加载基本的驱动与服务。加载基本设备驱动程序如显卡驱动,而不加载 Modem、网卡等设备,服务也仅是系统必须的一些服务。这时系统是最干净的,如果启动没有问题,可以依次加载设备和服务来判断问题出在哪里。此外,还可以选择【有选择的启动模式】,按提示勾选需要的启动项目即可。

② 从安装光盘提取的丢失系统文件

虽然 Windows 具备强大的文件保护功能,不过有时候由于安装/卸载软件或误操作,还是经常会造成系统文件的丢失。一般重要的系统文件，在系统安装光盘 CAB 文件中都可以找到。单击【展开文件】按钮，在弹出窗口中设置要还原文件、还原位置、保存文件到（选择保存文件路径，Windows XP 一般为 c:\windows\system32），最后单击【展开】按钮，系统会自动解压 CAB 文件，将系统文件从安装光盘提取到计算机中。

在提取文件之前，也可以通过 SFC 命令来扫描系统文件的改动，找出变化的系统文件，SFC 命令格式如下：

SFC [/SCANNOW] [/SCANONCE] [/SCANBOOT] [/REVERT] [/PURGECACHE] [/CACHESIZE=x]

/SCANNOW：立即扫描所有受保护的系统文件。
/SCANONCE：下次启动时扫描所有受保护的系统文件。
/SCANBOOT：每次启动时扫描所有受保护的系统文件。
/REVERT：将扫描返回到默认设置。
/PURGECACHE：清除文件缓存。
/CACHESIZE=x：设置文件缓存大小。

(2) 查看 System.ini 和 Win.ini 文件

System.ini 包含整个系统的信息，是存放 Windows 启动时所需要的重要配置信息的文件。Win.ini 则控制 Windows 用户窗口环境的概貌（如窗口边界宽度、加载系统字体等）。通过 Msconfig 可以快速地查看和编辑这两个 INI 文件，如单击主界面的"Win.ini"文件，可以看到该文件的详细内容，如图 5.54 所示。如果要禁止某一选项的加载，只要选中目标后单击【禁用】即可。同理，选中目标后单击【编辑】可以对该项目进行编辑操作。

图 5.54 "Win.ini"文件编辑对话框

System.ini 的操作同上。因为这两个文件项目会在系统启动时被加载，所以一些木马也常常混在其中，例如在 Win.ini 文件中发现诸如"Load=某程序"、"Run=某程序"的语句，这时可以用 Msconfig 的【编辑】功能将其删除。

(3) Boot.ini 文件

在 Windows NT 类的操作系统（Windows NT/2000/XP/2003）中，都有一个特殊文

件 Boot.ini，它可以管理多操作系统启动，多重启动的菜单项就是这里控制的。但是它默认具有隐藏、系统、只读属性。要查看和编辑它，需要打开【我的电脑】，单击【工具】→【文件夹选项】→【查看】→【高级设置】，将文件夹视图设置为【显示所有文件和文件夹】，同时去除【隐藏受保护的操作系统文件】前的小钩，最后还要去除它的【只读】属性。

例如一台机器安装的是 Windows XP ＋ Windows 7 双系统，默认启动系统是 Windows XP，等待时间是 30s，现在想把默认启动系统更改为 Windows 7，等待时间缩短为 10s。单击主界面的 BOOT.INI，选中"C:\Microsoft windows7"这一行，单击【设为默认】，然后将【超时】的时间设置为 10s，如图 5.55 所示，最后单击【确定】按钮，重启后即可生效。这样无需进行其他操作，在 Msconfig 中即能轻松实现对该文件的编辑。

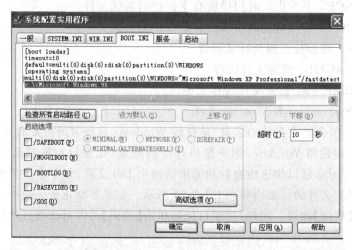

图 5.55 "Boot.ini"文件编辑对话框

Boot.ini 是系统启动的关键文件，修改不当可能会导致系统无法启动，修改前建议作好文件的备份，修改后单击如图 5.55 所示的【检查所有启动路径】按钮来检测文件。

（4）服务

很多系统服务会随 Windows 一起启动，而一些软件也常常把自己的一些组件注册为系统服务，特别是一些病毒/木马注册为系统服务后，每当计算机启动后就会自动启动，用户常常不能发现。在前面已经介绍了查看服务的方法，即在桌面右击【我的电脑】，选择【管理】，在弹出窗口依次展开【计算机管理(本地)】→【应用程序和服务】→【服务】。而在 Msconfig 中查看系统已经运行和其他软件注册服务的方法：单击主界面的【服务】，Msconfig 会列出系统所有的服务，在【基本】选项还可以查看到该服务是否是系统的基本服务，通过【制造商】、【状态】可以知道服务提供商和运行状态，如图 5.56 所示。

要启动停止的服务，在服务名前打上小勾即可启动。勾选【隐藏所有 Microsoft 服务】，此时列出的就是其他软件注册的系统服务，通过【制造商】大体可以判断出服务是否是病毒/木马。为了系统安全，可以禁用不需要的服务。

（5）启动

自启动程序是随 Windows 一起启动的各种程序，它们开机后即可被自动加载（一些病毒、木马也常常在此时进行加载）。在 Windows 中加载自启动程序的地方有很多，如

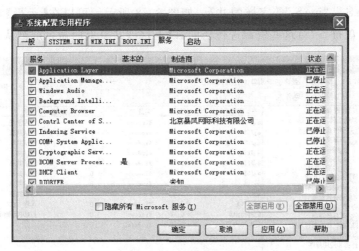

图 5.56 启动的服务

Documents and Settings→All Users→【开始】菜单→【程序】目录下的启动文件夹、注册表键值【HKEY_LOCAL_MACHINE\SOFTWARE\Microsoft\Windows\CurrentVersion\Policies\Explorer\Run】等。

单击主界面的【启动】选项卡即可列出计算机中所有的自启动项目,如图 5.57 所示。这里列出启动项目名称、程序所在路径和启动位置,对于加载在注册表启动的程序,它还给出了详细的键值提示而无须打开注册表编辑器,对于异常的自启动程序如木马等,可以通过 Msconfig 的提示路径来进行查杀病毒或停止其自启动功能。

图 5.57 自启动项

7. 关闭系统默认共享设置

(1) 什么是系统默认共享

系统默认共享是系统安装完毕后就自动开启的共享,也叫管理共享,常被管理员用于远程管理计算机。在 Windows 2000/XP/7 及其以上版本中,默认开启的共享有"c$"、 "d＄"、"admin＄"、"ipc＄"等字样的共享,如图 5.58 所示。可以在【运行】对话框中输入"\\计算机名\盘符＄"对这些资源进行访问,以上这些共享就叫做系统默认共享。

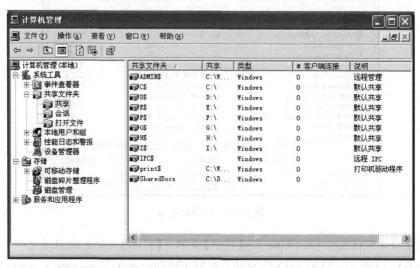

图 5.58　查看系统默认共享窗口

默认共享是只面向管理员组用户开启的共享,也就是说只有管理员组的用户才能访问这些共享,非管理员组用户(即使是超级用户)不能进行访问。

例如,以计算机名为 lwh 的默认共享"C＄"为例。在【运行】对话框中输入"\\lwh\c＄",会出现一个对话框要求用户输入 lwh 计算机的用户名和密码。只有在输入管理员组用户名和密码后才能访问 lwh 计算机的 c＄共享信息。如果用户在对话框中输入的不是管理员组用户而是其他用户组的账户和密码(如 guest 组),系统则不允许访问该共享资源。

默认共享是由系统自动创建的,用户无法通过【网上邻居】看到这些共享资源,这也是默认共享和手动创建的共享目录的区别。访问默认共享的方法是通过 UNC 路径来实现访问。

(2) 通用命名规则 UNC

UNC(Universal Naming Convention,通用命名规则)也叫通用命名规范、通用命名约定。它符合\\servername\sharename 格式,其中 servername 是服务器名,sharename 是共享资源的名称。目录或文件的 UNC 名称可以包括共享名称下的目录路径,格式为\\servername\sharename\directory\filename。

(3) 关闭默认共享的方法

第一种方法是修改注册表法。打开注册表编辑器,找到 HKEY_LOCAL_MACHINE\SYSTEM\CurrentControlSet\Services\LanmanServer\Parameters,把其中的 AutoShareServer 键值修改为 0,接着找到 HKEY_LOCAL_MACHINE\SYSTEM\CurrentControlSet\Services\LanmanServer\Parameters 下的 AutoShareWks,将键值修改为 0。如果上面所说的主键不存在,新建一个主键再改键值即可。

第二种方法是停止服务法。在【服务】窗口中，找到 Server 服务并将它的启动类型修改为禁用即可。

5.5.2 Linux 操作系统的系统安全

Linux 是一个开放式系统，可以在网络上找到许多现成的程序和工具，这既方便了用户，也方便了有恶意意图的人，因为他们也能很容易找到程序和工具来潜入 Linux 系统，或者盗取 Linux 系统上的重要信息。不过，只要仔细地设定 Linux 的各种系统功能，并且加上必要的安全措施，就能让其他人无机可乘。一般来说，对 Linux 系统的安全设置包括文件系统安全设置、取消不必要的服务、限制远程存取、隐藏重要资料、修补安全漏洞、采用安全工具以及经常性的安全检查等。

1. 文件系统安全设置

在 Linux 系统中，分别为不同的应用安装单独的分区，并将关键的分区设置为只读将大大提高文件系统的安全。这主要涉及 Linux 自身的 Ext2 文件系统的只添加和不可变这两大属性。

文件分区 Linux 的文件系统可以分成几个主要的分区，每个分区分别进行不同的配置和安装，一般情况下至少要建立 /、/usr、/local、/var 和 /home 等分区。/usr 可以安装成只读并且可以被认为是不可修改的。如果 /usr 中有任何文件发生了改变，那么系统将立即发出安全报警。当然这不包括用户自己改变 /usr 中的内容。/lib、/boot 和 /sbin 的安装和设置也一样。在安装时应该尽量将它们设置为只读，并且对它们的文件、目录和属性进行的任何修改都会导致系统报警。

将所有主要的分区都设置为只读是不可能的，有的分区如 /var 等，其自身的性质就决定了不能将它们设置为只读，但应该不允许它具有执行权限。

如果关键的文件系统安装成只读并且文件被标记为不可变，入侵者必须重新安装系统才能删除这些不可变的文件，但这会立刻产生报警，这样就大大减少了被非法入侵的机会。

当与 log 文件和 log 备份一起使用时，不可变和只添加这两种文件属性特别有用。系统管理员应该将活动的 log 文件属性设置为只添加。当 log 被更新时，新产生的 log 备份文件属性应该设置成不可变的，而新的活动的 log 文件属性又变成了只添加。这通常需要在 log 更新脚本中添加一些控制命令。

2. Ext2 文件系统下的文件扩展属性

从 Linux 的 1.1 系列内核开始，Ext2 文件系统就开始支持一些针对文件和目录的额外标记(attribute)。在 2.2 和 2.4 系列的内核中，Ext2 文件系统支持以下属性的设置和查询。

(1) 文件扩展属性

① Atime。告诉系统不要修改对这个文件的最后访问时间。

② Sync。一旦应用程序对这个文件执行了写操作，系统立刻把修改的结果写到磁盘。

③ Append Only。系统只允许在这个文件之后追加数据,不允许任何进程覆盖或者截断这个文件。如果目录具有这个属性,系统将只允许在这个目录下建立和修改文件,而不允许删除任何文件。

④ Immutable。系统不允许对这个文件进行任何的修改。如果目录具有这个属性,那么任何的进程只能修改目录之下的文件,不允许建立和删除文件。

⑤ No dump。在进行文件系统备份时,dump 程序将忽略这个文件。

⑥ Compress。系统以透明的方式压缩这个文件。从这个文件读取时,返回的是解压之后的数据;而向这个文件中写入数据时,数据被压缩之后,才写入磁盘。

⑦ Secure Delete。让系统在删除这个文件时,使用 0 填充文件所在的区域。

⑧ Undelete。当一个应用程序请求删除这个文件,系统会保留其数据块以便以后能够恢复删除这个文件。

在对具有 a 属性的文件进行操作时,a 属性可以提高一定的性能。而 S 属性能够最大限度地保障文件的完整性。

(2) 文件扩展属性的设置与查询

在任何情况下,标准的 ls 命令都不会显示一个文件或者目录的扩展属性。Ext2 文件系统工具包中有两个工具——chattr 和 lsattr,专门用来设置和查询文件属性。因为 Ext2 是标准的 Linux 文件系统,因此几乎所有的发布都有 e2fsprogs 工具包。

lsattr 命令只支持很少的选项,其选项如下:

-a:列出目录中的所有文件,包括以"."开头的文件。

-d:以和文件相同的方式列出目录,并显示其包含的内容。

-R:以递归的方式列出目录的属性及其内容。

-v:列出文件版本(用于网络文件系统 NFS)。

chattr 命令可以通过以下三种方式执行:

```
chattr +Si test.txt
```

给 test.txt 文件添加同步和不可变属性。

```
chattr -ai test.txt
```

把文件的只扩展(append-only)属性和不可变属性去掉。

```
chattr =aiA test.txt
```

使 test.txt 文件只有 a、i 和 A 属性。

每个命令都支持-R 选项,用于递归地对目录和其子目录进行操作。

(3) 文件扩展属性的具体应用

一般来讲,系统管理员都理解 UNIX/Linux 文件系统的权限和所有者以及 ls 命令的显示,例如:

```
[root@typhoid lwh]#ls -al test*
-rw-rw-r--1 lwh users 0 Nov 17 17:02 test.conf
-rw-rw-r--1 lwh users 0 Nov 17 17:02 test.log
```

```
-rw-rw-r-- 1 lwh users 0 Nov 16 19:41 test.txt
```

从 ls 的输出结果看,这些文件属于用户 lwh,而 lwh 所在的用户组是 users。用户 lwh 本人和 users 用户组的成员具有对文件的修改权限,而其他的用户只有读取文件的权限。下面是 lsattr 命令的输出:

```
[root@ typhoid lwh]#lsattr -a test *
---i---------test.conf
----a--------test.log
-------------test.txt
```

输出结果显示,test.log 只能被添加,而 test.conf 文件不准修改。在 UNIX/Linux 系统中,如果一个用户以 root 权限登录,文件系统的权限控制将无法对 root 用户和以 root 权限运行的进程进行任何的限制。这样对于 UNIX/Linux 类的操作系统,如果攻击者通过远程或者本地攻击获得 root 权限将可能对系统造成严重的破坏。而 Ext2 文件系统可以作为最后一道防线,最大限度地减小系统被破坏的程度,并保存攻击者的行踪。Ext2 属性是由 sys_open()和 sys_truncate()等系统调用检查和赋予的,不受用户识别号和其他因素的影响。在任何情况下,对具有不可修改(immutable)属性的文件进行的任何修改都会失败,不管是否是 root 用户进行的修改。

例如,某主机直接暴露在 Internet 或者位于其他危险的环境,其中包含有很多 shell 账户或者提供 HTTP 和 FTP 等网络服务,一般应该在安装配置完成后使用如下命令:

```
chattr -R+i/bin/boot/etc/lib/sbin
chattr -R+i/usr/bin/usr/include/usr/lib/usr/sbin
chattr+a/var/log/messages/var/log/secure (…)
```

如果很少对账户进行添加、变更或者删除,把/home 本身设置为 immutable 属性也不会造成什么问题。在很多情况下,整个/usr 目录树也应该具有不可改变属性。实际上,除了对/usr 目录使用 chattr-R+i/usr/命令外,还可以在/etc/fstab 文件中使用 ro 选项,使/usr 目录所在的分区以只读的方式加载。另外,把系统日志文件设置为只能添加属性(append-only),将使入侵者无法擦除自己的踪迹。

某些文件看上去可能一切正常,但当尝试删除的时候,可能也会像下面一样报错:

```
[root@ linux236 root]#ls -l 1.txt
-rw-r--r-- 1 root root 0 Aug 5 23:00 1.txt
[root@ linux236 root]#rm -rf 1.txt
rm:cannot unlink '1.txt\':Operation not permitted
[root@ linux236 root]#lsattr
---i----------/1.txt
```

在 lsattr 命令下,这个 1.txt 文件带有一个"i"的属性,所以才不可以删除。现在可以用下面的一系列命令:

```
[root@ linux236 root]#lsattr 1.txt
---i----------1.txt
```

```
[root@linux236 root]#chattr -i 1.txt
[root@linux236 root]#rm -rf 1.txt
[root@linux236 root]#
```

这个属性专门用来保护重要的文件不被删除，通常的情况下，懂得用这几个命令的普通系统管理员有能力判断这个文件是否可以被删除。如果想给一个文件多加点保护，可以使用下面的命令：

```
chattr+i filename
```

这样一来，想要删除这个文件就要多一个步骤。同时，这样的文件也是不可以编辑和修改的。只有root用户才能使用chattr命令。

另外，如果某些文件以减号（"-"）开头作文件名，通常情况下删除该文件需要用带路径的方法，才可以把它们删除，假定一个文件名为"-abc"，可以用 rm ./-abc 或者 rm /home/yaoyao/-abc 命令将其删除。

虽然扩展属性能够提高系统的安全性，但是它并不适合所有的目录。如果在系统中滥用chattr，可能造成很多问题，甚至使系统无法工作。例如根分区不能有immutable属性。如果根分区具有immutable属性，系统将根本无法工作。

另外，启动时，syslog需要删除并重新建立/dev/log套接字设备。如果对/dev/目录设置了immutable和append-only属性，就可能出现问题，除非在启动syslogd时使用-p选项指定其他的套接字，例如/var/run/syslog.sock。即使这样也还存在一些问题，syslog客户程序需要/dev/log套接字设备，因此需要建立一个真正套接字的符号连接。总而言之，为了减少麻烦，这个目录还是不要设置immutable和append-only属性。

有很多应用程序和系统程序需要在/tmp目录下建立临时文件，因此这个目录也不能设置immutable和append-only属性。/var目录也不能设置immutable属性。对append-only属性的使用要根据实际情况。例如，为var/log目录下的日志文件设置了append-only属性，会使日志轮换（logrotate）无法进行，但不会造成太大问题，需要权衡是否使用日志轮换的利弊，以决定是否对日志文件设置append-only属性。再例如，sendmail程序会定时地截断或者覆盖/var/log/sendmail.st文件，因此也不能设置append-only属性。

3. 系统文件的备份

在完成Linux系统的安装以后应该对整个系统进行备份，以后可以根据这个备份来验证系统的完整性，这样就可以发现系统文件是否被非法篡改过。如果发生系统文件已经被破坏的情况，也可以使用系统备份来恢复到正常的状态。

当前比较好的系统备份介质就是CD-ROM光盘，以后可以定期将系统与光盘内容进行比较以验证系统的完整性是否遭到破坏。如果对安全级别的要求特别高，那么可以将光盘设置为可启动的并且将验证工作作为系统启动过程的一部分。这样只要可以通过光盘启动，就说明系统尚未被破坏过。

如果创建了一个只读的分区，那么可以定期从光盘映像重新装载它们。即使像/boot、/lib和/sbin这样不能被安装成只读的分区，仍然可以根据光盘映像来检查它们，甚至可以在启动时从另一个安全的映像重新下载它们。

虽然/etc 中的许多文件经常会变化,但/etc 中的许多内容仍然可以放到光盘上用于系统完整性验证。其他不经常进行修改的文件,可以备份到另一个系统(如磁带)或压缩到一个只读的目录中。这种办法可以在使用光盘映像进行验证的基础上再进行额外的系统完整性检查。

4. 取消不必要的服务

早期的版本中,每一个不同的网络服务都有一个服务程序在后台运行,后来的版本用统一的/etc/inetd 服务器程序担此重任。Inetd 是 Internetdaemon 的缩写,它同时监视多个网络端口,一旦接收到外界传来的连接信息,就执行相应的 TCP 或 UDP 网络服务。

由于受 inetd 的统一指挥,因此 Linux 中的大部分 TCP 或 UDP 服务都在/etc/inetd.conf 文件中设定。所以取消不必要服务的第一步就是检查/etc/inetd.conf 文件,在不要的服务前加上"♯"号。

一般来说,除了 http、smtp、telnet 和 ftp 之外,其他服务都应该取消,例如简单文件传输协议 tftp、网络邮件存储及接收所用的 imap/ipop 传输协议、寻找和搜索资料用的 gopher 以及用于时间同步的 daytime 和 time 等。

还有一些报告系统状态的服务,如 finger、efinger、systat 和 netstat 等,虽然对系统查错和寻找用户非常有用,但也给入侵提供了方便之门。例如,入侵者可以利用 finger 服务查找用户的电话、使用目录以及其他重要信息。因此,很多 Linux 系统将这些服务全部取消或部分取消,以增强系统的安全性。

Inetd 除了利用/etc/inetd.conf 设置系统服务项之外,还利用/etc/services 文件查找各项服务所使用的端口。因此,用户必须仔细检查该文件中各端口的设定,以免有安全上的漏洞。

在 Linux 中有两种不同的服务形态:一种是仅在有需要时才执行的服务,如 finger 服务;另一种是一直在执行的永不停顿的服务。这类服务在系统启动时就开始执行,因此不能靠修改 inetd 停止其服务,而只能从修改/etc/rc.d/rc[n].d/或用 Run level editor 去修改它。提供文件服务的 NFS 服务器和提供 NNTP 新闻服务的 news 都属于这类服务,如果没有必要,最好取消这些服务。

5. 限制系统的出入

在进入 Linux 系统之前,所有用户都需要登录,也就是说,用户需要输入用户账号和密码,只有它们通过系统验证之后,用户才能进入系统。

与其他 UNIX 操作系统一样,Linux 一般将密码加密之后,存放在/etc/passwd 文件中。Linux 系统上的所有用户都可以读到/etc/passwd 文件,虽然文件中保存的密码已经经过加密,但仍然不太安全。因为一般的用户可以利用现成的密码破译工具,以穷举法猜测出密码。比较安全的方法是设定影子文件/etc/shadow,只允许有特殊权限的用户阅读该文件。

在 Linux 系统中,如果要采用影子文件,必须将所有的公用程序重新编译,才能支持影子文件。这种方法比较麻烦,比较简便的方法是采用插入式验证模块(PAM)。很多 Linux 系统都带有 Linux 的工具程序 PAM,它是一种身份验证机制,可以用来动态地改变身份验证的方法和要求,而不要求重新编译其他公用程序。这是因为 PAM 采用封闭包的方式,将所有与身份验证有关的逻辑全部隐藏在模块内。

此外,PAM 还有很多安全功能,它可以将传统的 DES 加密方法改写为其他功能更强的加密方法,以确保用户密码不会轻易地遭人破译;它可以设定每个用户使用计算机资源的上限;它甚至可以设定用户的上机时间和地点。

Linux 系统管理人员只需花费几小时去安装和设定 PAM,就能大大提高 Linux 系统的安全性,把很多攻击阻挡在系统之外。

6. 保护密码安全

一个简单、容易猜出的密码等于敞开了系统的大门,攻击者一旦获取密码就可以长驱直入。一个足够强度的密码需要几年的时间去破解,而一个脆弱的密码在一分钟内就没有任何秘密可言。

密码安全的第一步是选择难于猜测的密码。不幸的是,用户倾向于选择容易记忆的密码。记住密码当然重要,但更重要的是确保密码的安全,因此建议不要选择名字或是生日,用户需要设置黑客难于猜测、破解的密码。

采用大小写字符组成的密码对提高安全度很有帮助,尽管这并非是唯一提升安全强度的方法,但对付黑客的暴力破解很有效(黑客往往使用字典破解法对密码进行穷举,直到找到匹配密码为止)。但在很多情况下,最好的密码既要有强壮性,又要让用户容易记住。在 Linux 系统中,大多数版本的 Passwd(系统中进行密码设置的工具)可以配置一定的规范来定义用户的密码,例如要求用户设置的密码不得少于 6 个字符,其中必须还要包括至少两个数字。建议使用 Npasswd 软件,该软件可以完全替代 Linux 系统中的 Passwd,该软件可以检查用户所要设置的密码是否足够强壮。建议系统管理员最先从这里入手,为所有的用户规定密码设置规范。

针对目前的密码数据库,系统管理员可以使用多种工具来审核密码安全。类似 Crack 和 John the Ripper 都可以对系统密码进行测试。越简单的密码,上述工具破解得就越快。这种工具尝试破解 /ect/passwd/ 目录下面的密码文件并输出结果。系统管理员可以选择禁止某些不安全账户,方法简单但并非一直可以这样做。最好的办法是给黑客访问相应目录和文件设置障碍,让黑客无法轻易获取密码数据库文件并进行破解。

而实际上,密码破解程序就是黑客工具箱中的一种工具,它将常用的密码或者是英文字典中所有可能用来作密码的字都用程序加密成密码字,然后将其与 Linux 系统的 /etc/shadow 影子文件相比较,如果发现有吻合的密码,就可以求得明码了。

需要注意的是,单用户方式下,系统并没有完全运行进来,只是部分程序运行,这时也不能进行远程登录到 UNIX/Linux 系统。进入单用户方式进行系统维护是由 root 用户来进行完成的,而且是由 root 直接进入,没有密码检验。这时的 root 用户对系统有完全的操作权限,可以修复系统的同时,也能随时地对系统进行破坏。

7. 设定用户账号的安全等级

除密码之外,用户账号也有安全等级,这是因为在 Linux 上每个账号可以被赋予不同的权限,因此在建立一个新用户 ID 时,系统管理员应该根据需要赋予该账号不同的权限,并且归并到不同的用户组中。

在 Linux 系统上的 tcpd 中,可以设定允许上机和不允许上机人员的名单。其中,允许上机人员名单在/etc/hosts.allow 中设置,不允许上机人员名单在/etc/hosts.deny 中设置。设置完成之后,需要重新启动 inetd 程序才会生效。此外,Linux 将自动把允许进入或不允许进入的结果记录到/rar/log/secure 文件中,系统管理员可以据此查出可疑的进入记录。

在用户账号之中,入侵者最喜欢具有 root 权限的账号,这种超级用户有权修改或删除各种系统设置,可以在系统中畅行无阻。因此,在给任何账号赋予 root 权限之前,都必须仔细考虑。

Linux 系统中的/etc/securetty 文件包含了一组能够以 root 账号登录的终端机名称。例如,在 RedHat Linux 系统中,该文件的初始值仅允许本地虚拟控制台(rtys)以 root 权限登录,而不允许远程用户以 root 权限登录。最好不要修改该文件,如果一定要从远程登录为 root 权限,最好是先以普通账号登录,然后利用 su 命令升级为超级用户。

8. 限制超级用户的权力

Root 是 Linux 保护的重点,由于它权力无限,因此最好不要轻易将超级用户授权出去。但是,有些程序的安装和维护工作必须要求有超级用户的权限,在这种情况下,可以利用其他工具让这类用户有部分超级用户的权限。Sudo 就是这样的工具。

Sudo 不但限制了用户的权限,而且还将每次使用 Sudo 所执行的指令记录下来,不管该指令的执行是成功还是失败。从 Sudo 的日志中,可以追踪到谁滥用了 root 权限。值得注意的是,Sudo 并不能限制所有的用户行为,尤其是当某些简单的指令没有设置限定时,就有可能被入侵者滥用。例如,一般用来显示文件内容的/etc/cat 指令,如果有了超级用户的权限,入侵者就可以用它修改或删除一些重要的文件。

习题 5

1. 请说明 Windows 环境下有哪些方法可以用于获取用户 SID?
2. 在某 Linux 操作系统中,发现/etc/group 文件中出现有"daemon:X:2:root, bin,daemon"字样,请解析该条记录。
3. 论述系统配置实用程序的主要功能及配置方法?
4. Windows 操作系统中,大多数配置单元文件(Default、SAM、Security、Software、和 System)存储在%systemroot%\system32\config 文件夹中,请说明配置单元与文件间的对应关系。
5. 什么是工作组,如何加入和退出工作组?
6. Linux 环境下,为什么使用常规方法删除不了以减号("-")开头的文件,应该怎样才能将其删除。
7. 什么是日志文件,Windows 系统日志文件有几个,简述每个系统日志的名称、存放位置和功能。
8. 论述常用的日志文件保护的方法。

第 6 章 字符编码基础

信息都是通过各种字符编码在计算机中进行存储的,编码是不同国家的语言在计算机中的一种存储和解释规范。因为字符编码对于普通用户来说是透明的,所以用户可以在不知道字符编码的方法及原则的情况下使用计算机。但对于从事电子物证的检验人员来讲,只有在掌握信息字符编码的基础上,才能准确、快速地完成电子物证检验工作。

6.1 ASCII 编码

ASCII 码(America Standard Code for Information Interchange,美国信息交换标准码)已被国际标准化组织(ISO)定为国际标准,称为 ISO 646 标准。适用于所有拉丁文字字母。ASCII 码是单字节编码,使用指定的 7 位或 8 位二进制数组合来表示 128 个或 256 个字符。

标准 ASCII 码也叫基础 ASCII 码,使用 7 位二进制数来表示所有的大写和小写字母、数字 0~9、标点符号以及在美式英语中使用的特殊控制字符。0~31 及 127(共 33 个)是控制字符或通信专用字符(其余为可显示字符),如控制符:LF(换行)、CR(回车)、FF(换页)、DEL(删除)、BS(退格)、BEL(振铃)等;通信专用字符:SOH(文头)、EOT(文尾)、ACK(确认)等;ASCII 值为 8、9、10 和 13 分别表示退格、制表、换行和回车字符。32~126(共 95 个)是字符(32sp 是空格),其中 48~57 为 0~9 十个阿拉伯数字;65~90 为 26 个大写英文字母,97~122 号为 26 个小写英文字母,其余为一些标点符号、运算符号等。

后 128 个称为扩展 ASCII 码,目前许多基于 x86 的系统都支持使用扩展(或"高") ASCII。扩展 ASCII 码允许将每个字符的第 8 位用于确定附加的 128 个特殊符号字符、外来语字母和图形符号。其中有一种通常被称为 IBM 字符集,它把值为 128~255 的字符用于画图和画线以及一些特殊的欧洲字符。另一种 8 位字符集是 ISO 8859-1 Latin 1,也简称为 ISO Latin-1。它把位于 128~255 的字符用于拉丁字母表中特殊语言字符的编码,也因此而得名。

6.2 GB2312 编码

GB2312 编码(或 GB2312-80)是简体中文字符集的中国国家标准,是 1981 年 5 月 1 日由中国国家标准总局发布的,适用于中国大陆、新加坡等地区。GB2312 收录了简化汉字、符号、字母、日文假名等共计 7445 个字符,其中汉字占 6763 个。GB2312 的全部字符集组成的是一个 94×94 的方阵,每一行称为一个"区",编号为 01~94；01-09 区为符号、数字区,16-87 区为汉字区,10-15 区、88-94 区是有待进一步标准化的空白区。每一列称为一个"位",编号为 01~94,这样得到 GB2312 的区位图,用区位图的位置表示的汉字编码,称为区位码。例如,"我"的区号是 46(101110),位号是 50(110010)。GB2312 编码要与 ASCII 相兼容,所以每个字的区号和位号都加上 0xA0 得到两个最高位都是"1"的 8 位字节(0xCED2,11001110 11010010),这两个字节组合而成就是一个汉字的 GB2312 编码,GB2312 编码中小于 127 的字符与 ASCII 的相同。与区位码相关的另一个词是"机内码",就是计算机内部使用的二进制编码,也就是区位码加上 0xA0 得到的编码。GB2312 无法对繁体中文编码。

GB2312 将收录的汉字分成两级,第一级是常用汉字 3755 个,置于 16-55 区,按汉语拼音字母/笔形顺序排列；第二级汉字是次常用汉字 3008 个,置于 56-87 区,按部首/笔画顺序排列。

6.3 GB13000 编码

GB13000 的全称是国家标准 GB13000.1:1993《信息技术 通用多八位编码字符集(UCS)第一部分:体系结构与基本多文种平面》,此标准等同采用国际标准 ISO/IEC 10646.1:1993《信息技术 通用多八位编码字符集(UCS)第一部分:体系结构与基本多文种平面》。

GB13000 的字符集包含 20902 个汉字,此标准由中华人民共和国信息产业部提出。为了便于多个文种的同时处理,国际标准化组织下属编码字符集工作组研制了新的编码字符集标准——ISO/IEC 10646。该标准第一次颁布是在 1993 年,当时只颁布了其第一部分,即 ISO/IEC 10646.1:1993,我国相应的国家标准是 GB 13000.1-93《信息技术 通用多八位编码字符集(UCS)第一部分:体系结构与基本多文种平面》。制定这个标准的目的是对世界上的所有文字统一编码,以实现世界上所有文字在计算机上的统一处理。

GB2312 规定的汉字为常用汉字,包括简化汉字三千余个。由于我国汉字数量巨大(约 10 万字),我国又陆续增加了六个辅助集。其中,基本集与第二、第四辅助集是简化汉字集,第一(即 GB 12345)、第三、第五辅助集是繁体集,且基本集与第一、第二与第三、第四与第五辅助集分别有简、繁体字一一对应关系(个别简、繁关系为一对多的汉字除外)。第七辅助集汉字的来源是 GB13000.1 的 CJK 统一汉字部分,为日本、韩国和中国台湾地区使用的汉字。七个字符集包含汉字共计约 49,000 字(简化字和繁体字分别编码)。

可以看出,GB13000 的总编码位置高达 2,147,483,648 个(128 组×256 平面×256 行×256 字位)。目前实现的是 00 组的 00 平面,称为"基本多文种平面"(Basic Multilingual Plane,BMP),编码位置 65 536 个。由于基本多文种平面所有字符代码的前两个字节都是 0(00 组 00 平面 XX 行 XX 字位),因此,目前在默认情况下,基本多文种平面按照两字节处理。

6.4 GBK 编码

GBK 是汉字编码标准之一,全称为《汉字内码扩展规范》(GBK 即"国标"、"扩展"汉语拼音的第一个字母,英文名称为 Chinese Internal Code Specification),由中华人民共和国全国信息技术标准化技术委员会于 1995 年 12 月 1 日制订,国家技术监督局标准化司、电子工业部科技与质量监督司 1995 年 12 月 15 日联合以技监标函 1995 229 号文件的形式,将它确定为技术规范指导性文件。这一版的 GBK 规范为 1.0 版。

GBK 编码区分三部分,第一个区为汉字区,其中包括 GBK/2:OXBOA1-F7FE,收录 GB2312 汉字 6763 个,按原序排列;GBK/3:OX8140-AOFE,收录 CJK 汉字 6080 个;GBK/4:OXAA40-FEAO,收录 CJK 汉字和增补的汉字 8160 个。第二个区为图形符号区,其中包括:GBK/1:OXA1A1-A9FE,除 GB2312 的符号外,还增补了其他符号;GBK/5:OXA840-A9AO,扩充非汉字区。第三个区包括用户自定义区,即 GBK 区域中的空白区,用户可以自己定义字符。

GBK 编码兼容 GB2312 编码,中文 Windows 的默认内码是 GBK 编码。

6.5 GB18030 编码

GB18030 有两个版本,即 GB18030—2000 和 GB18030—2005。2000 年 3 月,国家信息产业部和质量技术监督局在北京联合发布了《信息技术和信息交换用汉字编码字符集、基本集的扩充》,国家标准号为 GB18030—2000,收录了 27 000 多个汉字,还收录了藏、蒙、维等主要少数民族的文字,该标准于 2001 年 1 月 1 日强制执行。GB 18030—2000 作为 GBK for Unicode 3.0 的更新而诞生,并且作为 GB2312—80《信息交换用汉字编码字符集 基本集》的扩展,向下兼容 GBK 和 GB2312—80 标准。

GB18030—2005《信息技术中文编码字符集》是于 2005 年发布的我国自主研制的以汉字为主并包含多种我国少数民族文字(如藏、蒙古、傣、彝、朝鲜、维吾尔文等)的超大型中文编码字符集,在 GB18030—2000 的基础上增加了 42 711 个汉字和多种我国少数民族文字的编码,增加的这些内容是推荐性的。所以 GB18030—2005 为部分强制性标准,自发布之日起代替 GB18030—2000。GB18030—2005 的主要特点是在 GB18030—2000 的基础上增加了 CJK 统一汉字扩充 B 的汉字。

GB18030 编码是一二四字节变长编码:一字节部分从 0x0~0x7F 与 ASCII 编码兼容。二字节部分,首字节为 0x81~0xFE,尾字节为 0x40~0x7E 以及 0x80~0xFE,与 GBK 标准基本兼容。四字节部分,第一字节为 0x81~0xFE,第二字节为 0x30~0x39,第三和第四字节的范围和前两个字节分别相同。四字节部分覆盖了从 0x0080 开始,除去二字节部分已经覆盖的所有 Unicode3.0 码位。也就是说,GB18030 编码在码位空间上做到了与 Unicode 标准一一对应,包含了 CJK+CJK 扩展 A 的全部汉字。

GB18030 是我国继 GB2312—80 和 GB13000 之后最重要的汉字编码标准,是未来我国计算机系统必须遵循的基础性标准之一。编码空间超过 150 万个码位，为彻底解决邮政、户政、金融、地理信息系统等迫切需要的人名、地名用字问题提供了解决方案，也为汉字研究、古籍整理等领域提供了统一的信息平台基础。

6.6 BIG-5 编码

BIG-5 编码是通行于中国台湾、中国香港地区的一个繁体字编码方案，俗称"大五码"。

BIG-5 编码是一个双字节编码方案，其第一字节在 A0～FE 之间，第二字节在 40～7E 和 A1～FE 之间。因此，其第一字节的最高位是 1，第二字节的最高位则可能是 1、也可能是 0。

BIG-5 编码收录的符号有 408 个，A140～A3FE（实际止于 A3BF，末尾有空白位置），汉字 13 053 个，分为常用字和次常用字两部分，各部分中的汉字按笔划/部首排列。其中常用字 5401 个，编码位置为 A440～C67E，包括我国台湾教育部颁布的《常用国字标准字体表》中的全部汉字 4808 个、台湾-中国小教科书常用字 587 个、异体字 6 个；次常用字 7652 个，编码位置为 C940～F9FE（实际止于 F9D5，末尾有空白位置），包括中国台湾教育部《次常用国字标准字体表》的全部汉字 6341 个、《罕用国字标准字体表》中使用频率较高的字 1311 个。

其余的 A040～A0FE、C6A1～C8FE、FA40～FEFE 为空白区域。一些空白位置，经常被用于用户造字区，而且多存放中国香港常用字和粤语方言字。

6.7 CJK 编码

CJK(CJK Unified Ideographs 中，C 代表 Chinese 中文，J 代表 Japanese 日本语，K 代表 Korean 朝鲜语)中文意思是中日韩统一表意文字。

CJK 的目的是要把分别来自中文、日文、韩文、越文中，本质、意义相同、形状一样或稍异的表意文字(主要为汉字，但也有仿汉字如日本国字、韩国独有汉字、越南的喃字)于 ISO 10646 及 Unicode 标准内赋予相同编码。

《CJK 统一汉字编码字符集》——国家标准 GB13000.1 完全等同于国际标准《通用多八位编码字符集(UCS)》ISO 10646.1。《GB13000.1》中最重要的也经常被采用的是其双字节形式的基本多文种平面。在这 65 536 个码位的空间中，定义了几乎所有国家或地区的语言文字和符号。其中 0x4E00～0x9FA5 的连续区域包含了 20 902 个来自中国(包括中国台湾)、日本、韩国的汉字，称为 CJK 汉字。CJK 是《GB2312－80》、《BIG5》等字符集的超集。

6.8 Unicode 编码

Unicode 编码又称为统一码、万国码、单一码,是一种在计算机上使用的字符编码。它为每种语言中的每个字符设定了统一并且唯一的二进制编码,以满足跨语言、跨平台进行文本转换、处理的要求。1990 年开始研发,1994 年正式公布。随着计算机工作能力的增强,Unicode 也在面世以来得到迅速普及。

Unicode 是基于通用字符集 UCS(Universal Character Set)的标准发展的,目前 6.1 版本也已经发布。在 Unicode 联盟网站上可以查看完整的 6.1 的核心规范。Unicode 编码系统可分为编码方式和实现方式两个层次。

6.8.1 编码方式

计算机只能处理数字。在出现 Unicode 编码之前,有数百种指定这些数字的编码系统。没有一个编码可以包含足够的字符。例如,单单欧洲共同体就需要好几种不同的编码来包括所有的语言。即使是单一种语言,例如英语,也没有哪一个编码可以适用于所有的字母、标点符号和常用的技术符号。这些编码系统也会互相冲突。也就是说,两种编码可能使用相同的数字代表两个不同的字符,或使用不同的数字代表相同的字符。任何一台特定的计算机(特别是服务器)都需要支持许多不同的编码,但是,不论什么时候数据通过不同的编码或平台之间,那些数据总会有损坏的危险。

目前国际上存在两个独立的尝试创立单一字符集的组织,即国际标准化组织(ISO)和多语言软件制造商组成的统一码联盟。前者开发的 ISO/IEC 10646 项目,后者开发的统一码项目,因此最初制定了不同的标准。

1991 年前后,两个项目的参与者都认识到,世界不需要两个不兼容的字符集。于是,它们开始合并双方的工作成果,并为创立一个单一编码表而协同工作。从 Unicode 2.0 开始,Unicode 采用了与 ISO 10646-1 相同的字库和字码。ISO 也承诺,ISO 10646 将不会为超出 U+10FFFF 的 UCS-4 编码赋值,以使得两者保持一致。两个项目仍都存在,并独立地公布各自的标准。但统一码联盟和国际标准化组织(ISO)都同意保持两者标准的码表兼容,并紧密地共同调整任何未来的扩展。

Unicode 编码是国际组织制定的可以容纳世界上所有文字和符号的字符编码方案。Unicode 用数字 0~0x10FFFF 来映射这些字符,最多可以容纳 1114112 个字符,或者说有 1114112 个码位。码位就是可以分配给字符的数字。UTF-8、UTF-16、UTF-32 都是将数字转换到程序数据的编码方案。通用字符集(Universal Character Set,UCS)是由 ISO 制定的 ISO 10646(或称 ISO/IEC 10646)标准所定义的标准字符集。目前 Unicode 编码有两套标准,一种是 UCS-2;另一种是 UCS-4(Unicode-32)。UCS-2 用两个字节编码,UCS-4 用 4 个字节编码。

6.8.2 实现方式

为了尽可能与现有的软件和硬件相适应,通常需要将 Unicode 字符集中字符对应的码位转换成用于传输和保存 Unicode 的编码标准 UTF(UCS Transformation Format),即 UCS 传输格式码,达到使用的目的。常见的 UTF 编码有 UTF-8、UTF-16、UTF-32 等。

1. UTF-8 编码

UTF-8(UCS Transformation Format 8,UCS 编码的 8 位传输格式)使用单字节的方式对 UCS 进行编码,使 Unicode 编码能够在单字节的设备上正常进行处理。

由于 UTF-8 编码解决了字符的编码问题,又可以在现有的设备上通行,因此,得到了广泛的使用。

UTF-8 以字节为单位对 Unicode 进行编码。从 Unicode 编码到 UTF-8 的编码方式如表 6.1 所示。

表 6.1 Unicode 编码到 UTF-8 的编码对照表

Unicode 编码(十六进制)	UTF-8 字节流(二进制)
000000 — 00007F	0xxxxxxx
000080 — 0007FF	110xxxxx 10xxxxxx
000800 — 00FFFF	1110xxxx 10xxxxxx 10xxxxxx
010000 — 10FFFF	11110xxx 10xxxxxx 10xxxxxx 10xxxxxx

UTF-8 的特点是对不同范围的字符使用不同长度的编码。对于 0x00~0x7F 的字符,UTF-8 编码与 ASCII 编码完全相同。UTF-8 编码的最大长度是 4 个字节。从表 6.1 可以看出,4 字节模板有 21 个 x,即可以容纳 21 位二进制数字。Unicode 的最大码位 0x10FFFF 也只有 21 位。

例 1:"汉"字的 Unicode 编码是 0x6C49。0x6C49 在 0x0800~0xFFFF 之间,使用 3 字节模板 1110xxxx 10xxxxxx 10xxxxxx。将 0x6C49 写成二进制是 0110 1100 0100 1001,用这个比特流依次代替模板中的 x,得到 11100110 10110001 10001001,即 E6 B1 89。

例 2:"字"字的 Unicode 编码是 0x5B57,0x5B57 在 0x0800~0xFFFF 之间,使用 3 字节模板 1110xxxx 10xxxxxx 10xxxxxx。将 0x5B57 写成二进制是 0101 1011 0101 0111,用这个比特流依次代替模板中的 x,得到 11100101 10101101 10010111,即 E5 AD 97。

所以"汉字"对应的 Unicode 编码数字是 0x6C49 和 0x5B57,而其 UTF-8 编码是:

```
BYTE data_utf8[]={0xE6,0xB1,0x89,0xE5,0xAD,0x97};        //UTF-8 编码
```

这里用 BYTE 表示无符号 8 位整数,UTF-8 以 BYTE 作为编码单位。

2. UTF-16 编码

UTF-16 以 16 位为单元对 UCS 进行编码。对于小于 0x10000 的 UCS 码,UTF-16 编码就等于 UCS 码对应的 16 位无符号整数。对于大于 0x10000 的 UCS 码,定义了一个算法。不过由于实际使用的 UCS2 或者 UCS4 的编码必然小于 0x10000,所以就目前而言,

可以认为 UTF-16 和 UCS-2 基本相同。但 UCS-2 只是一个编码方案，UTF-16 却要用于实际的传输。

例："汉字"对应的 Unicode 编码数字是 0x6c49 和 0x5b57，而其 UTF-16 编码是：

`WORD data_utf16[]={0x6c49,0x5b57};`   //UTF-16 编码

这里用 WORD 表示无符号 16 位整数，UTF-16 以 WORD 作为编码单位。"汉字"的 UTF-16 编码需要两个 WORD，大小是 4 个字节。

3. UTF-32 编码

UTF-32（或 UCS-4）是一种将 Unicode 字符编码的协定，对每一个 Unicode 码位使用 32 位进行编码。因为 UTF-32 对每个字符都使用 4 字节，就空间而言，是非常没有效率的。特别地，非基本多文种平面的字符在大部分文件中通常很罕见，以至于它们通常被认为不存在占用空间大小，使得 UTF-32 通常会是其他编码的 2～4 倍。

例："汉字"对应的 Unicode 编码数字是 0x6c49 和 0x5b57，而其 UTF-32 编码是：

`DWORD data_utf32[]={0x6c49,0x5b57};`   // UTF-32 编码

这里用 DWORD 表示无符号 32 位整数。UTF-32 以 DWORD 作为编码单位，"汉字"的 UTF-32 编码需要两个 DWORD，大小是 8 个字节。

UTF-32 虽然每一个码位使用固定长度的字节看似方便，但它并没有 UTF-8、UTF-16 编码使用广泛。与 UTF-8 及 UTF-16 相比，它更容易遭截断。

6.8.3 Big Endian、Little Endian

在 UTF-16、UTF-32 或者 UCS 的编码中经常遇到这两个选项，Big Endian 和 Little Endian，这是 CPU 处理多字节数（超过一个字节）的不同方式。一般将 Endian 翻译成"字节序"，即字节的顺序，就是大于一个字节类型的数据在内存中的存放顺序。通常将节序分为两类，即 Big Endian（大尾或大端）和 Little Endian（小尾或小端）。Big Endian 就是高位字节排放在低地址端，低位字节排放在高地址端。Little Endian 就是低位字节排放在低地址端，高位字节排放在高地址端。

例如"汉"字的 Unicode/UCS 编码是 6C49。那么写到文件里时，究竟是将 6C 写在前面，还是将 49 写在前面？如果将 6C 写在前面，就是 Big Endian；如果将 49 写在前面，就是 Little Endian。

目前，IBM 的 370 种大型机、大多数基于 RISC（Reduced Instruction Set Computing，精简指令运算集）的计算机以及 Motorola 的微处理器使用的是 Big Endian 顺序，TCP/IP 协议也是。而 Intel 的处理器和 DEC 公司的一些程序则使用的 Little Endian 方式。

6.8.4 字节顺序标记

BOM（byte-order mark，字节顺序标记）是插入到以 UTF-8、UTF-16 或 UTF-32 编码 Unicode 文件开头的特殊标记，用来识别 Unicode 文件的编码类型。在绝大多数编辑器中都看不到 BOM 字符，因为它们能理解 Unicode，去掉了读取器看不到的题头信息。

若要查看某个 Unicode 文件是否以 BOM 开头,可以使用十六进制编辑器。如表 6.2 所示列出了不同编码所对应的 BOM。

表 6.2 不同 UTF 编码所对应的 BOM 编码

序号	BOM 编码	UTF 编码	序号	BOM 编码	UTF 编码
1	EF BB BF	UTF-8	4	00 00 FE FF	UTF-32(Big-Endian)
2	FE FF	UTF-16(Big-Endian)	5	FF FE 00 00	UTF-32(Little-Endian)
3	FF FE	UTF-16(Little-Endian)			

为了识别 Unicode 文件,Microsoft 建议所有的 Unicode 文件应该以 ZERO WIDTH NOBREAK SPACE(U+FEFF)字符开头。这作为一个"特征符"或"字节顺序标记(byte-order mark,BOM)"来识别文件中使用的编码和字节顺序。

UTF-8 不需要 BOM 来表明字节顺序,但可以用 BOM 来表明编码方式。字符"ZERO WIDTH NO-BREAK SPACE"的 UTF-8 编码是 EF BB BF。所以如果接收者收到以 EF BB BF 开头的字节流,就知道这是 UTF-8 编码了。而 UTF-16、UTF-32 需要通过 BOM 来标记多字节编码文件的编码类型和字节顺序(big-endian 或 little-endian)。

不同的编辑工具对 BOM 的处理也各不相同。使用 Windows 自带的记事本将文件保存为 UTF-8 编码的时候,记事本会自动在文件开头插入 BOM(虽然 BOM 对 UTF-8 来说并不是必须的)。

6.8.5 代码页

代码页(Code Page)和 Unicode 是显示全世界语言的两个解决方案。所谓代码页就是各国的文字编码和 Unicode 之间的映射表。Unicode 为每种语言中的每个字符设定了统一并且唯一的二进制编码,以满足跨语言、跨平台进行文本转换、处理的要求。而代码页采取重复的编号,根据不同的代码页来决定一个编号是什么字符。同一个编号在不同的代码页下代表不同的字符。常用的代码页编号及其对应各国文字如表 6.3 所示。

表 6.3 代码页编号及其对应各国文字

代码页(CodePage)	名称(CharSet)	显示名称(中文)
37	IBM037	IBM EBCDIC(美国-加拿大)
437	IBM437	OEM 美国
500	IBM500	IBM EBCDIC(国际)
708	ASMO-708	阿拉伯字符(ASMO 708)
858	IBM00858	OEM 多语言拉丁语 I
870	IBM870	IBM EBCDIC(多语言拉丁语 2)
874	Windows-874	泰语(Windows)
875	CP875	IBM EBCDIC(现代希腊语)

续表

代码页(CodePage)	名称(CharSet)	显示名称(中文)
932	Shift_jis	日语(Shift-JIS)
936	GB2312	简体中文(GB2312)
949	KS_C_5601-1987	朝鲜语
950	Big5	繁体中文(Big5)
1026	IBM1026	IBM EBCDIC(土耳其拉丁语 5)
1047	IBM01047	IBM 拉丁语 1
1140	IBM01140	IBM EBCDIC(美国-加拿大-欧洲)
1141	IBM01141	IBM EBCDIC(德国-欧洲)
1142	IBM01142	IBM EBCDIC(丹麦-挪威-欧洲)
1143	IBM01143	IBM EBCDIC(芬兰-瑞典-欧洲)
1144	IBM01144	IBM EBCDIC(意大利-欧洲)
1145	IBM01145	IBM EBCDIC(西班牙-欧洲)
1146	IBM01146	IBM EBCDIC(英国-欧洲)
1147	IBM01147	IBM EBCDIC(法国-欧洲)
1148	IBM01148	IBM EBCDIC(国际-欧洲)
1149	IBM01149	IBM EBCDIC(冰岛语-欧洲)
1200	UTF-16	Unicode
1201	UnicodeFFFE	Unicode(Big-Endian)
1250	Windows-1250	中欧字符(Windows)
1251	Windows-1251	西里尔字符(Windows)
1252	Windows-1252	西欧字符(Windows)
1253	Windows-1253	希腊字符(Windows)
1254	Windows-1254	土耳其字符(Windows)
1255	Windows-1255	希伯来字符(Windows)
1256	Windows-1256	阿拉伯字符(Windows)
1257	Windows-1257	波罗的海字符(Windows)
1258	Windows-1258	越南字符(Windows)
1361	Johab	朝鲜语(Johab)
10000	Macintosh	西欧字符(Mac)
10001	X-Mac-Japanese	日语(Mac)
10002	X-Mac-Chinesetrad	繁体中文(Mac)

续表

代码页(CodePage)	名称(CharSet)	显示名称(中文)
10003	X-Mac-Korean	朝鲜语(Mac)
10004	X-Mac-Arabic	阿拉伯字符(Mac)
10005	X-Mac-Hebrew	希伯来字符(Mac)
10006	X-Mac-Greek	希腊字符(Mac)
10007	X-Mac-Cyrillic	西里尔字符(Mac)
10008	X-Mac-Chinesesimp	简体中文(Mac)
10010	X-Mac-Romanian	罗马尼亚语(Mac)
10017	X-Mac-Ukrainian	乌克兰语(Mac)
10021	X-Mac-Thai	泰语(Mac)
10029	X-Mac-Ce	中欧字符(Mac)
10079	X-Mac-Icelandic	冰岛语(Mac)
10081	X-Mac-Turkish	土耳其字符(Mac)
10082	X-Mac-Croatian	克罗地亚语(Mac)
20000	X-Chinese-CNS	繁体中文(CNS)
20001	X-Cp20001	TCA 中国台湾
20002	X-Chinese-Eten	繁体中文(Eten)
20003	X-Cp20003	IBM5550 中国台湾
20004	X-Cp20004	TeleText 中国台湾
20005	X-Cp20005	Wang 中国台湾
20127	US-ASCII	US-ASCII
20261	X-Cp20261	T.61
20269	X-Cp20269	ISO-6937
20273	IBM273	IBM EBCDIC(德国)
20277	IBM277	IBM EBCDIC(丹麦-挪威)
20278	IBM278	IBM EBCDIC(芬兰-瑞典)
20280	IBM280	IBM EBCDIC(意大利)
20284	IBM284	IBM EBCDIC(西班牙)
20285	IBM285	IBM EBCDIC(英国)
20290	IBM290	IBM EBCDIC(日语片假名)
20297	IBM297	IBM EBCDIC(法国)
20420	IBM420	IBM EBCDIC(阿拉伯语)

续表

代码页(CodePage)	名称(CharSet)	显示名称(中文)
20423	IBM423	IBM EBCDIC(希腊语)
20424	IBM424	IBM EBCDIC(希伯来语)
20833	X-EBCDIC-KoreanExtended	IBM EBCDIC(朝鲜语扩展)
20838	IBM-Thai	IBM EBCDIC(泰语)
20871	IBM871	IBM EBCDIC(冰岛语)
20880	IBM880	IBM EBCDIC(西里尔俄语)
20905	IBM905	IBM EBCDIC(土耳其语)
20924	IBM00924	IBM 拉丁语 1
20932	EUC-JP	日语(JIS 0208-1990 和 0212-1990)
20936	X-Cp20936	简体中文(GB2312-80)
20949	X-Cp20949	朝鲜语 Wansung
21025	CP1025	IBM EBCDIC(西里尔塞尔维亚-保加利亚语)
28591	ISO-8859-1	西欧字符(ISO)
28592	ISO-8859-2	中欧字符(ISO)
28593	ISO-8859-3	拉丁语 3(ISO)
28594	ISO-8859-4	波罗的海字符(ISO)
28595	ISO-8859-5	西里尔字符(ISO)
28596	ISO-8859-6	阿拉伯字符(ISO)
28597	ISO-8859-7	希腊字符(ISO)
28598	ISO-8859-8	希伯来字符(ISO-Visual)
28599	ISO-8859-9	土耳其字符(ISO)
28603	ISO-8859-13	爱沙尼亚语(ISO)
28605	ISO-8859-15	拉丁语 9(ISO)
29001	X-Europa	欧罗巴
38598	ISO-8859-8-I	希伯来字符(ISO-Logical)
50220	ISO-2022-JP	日语(JIS)
50221	CSISO2022JP	日语(JIS-允许 1 字节假名)
50222	ISO-2022-JP	日语(JIS-允许 1 字节假名-SO/SI)
50225	ISO-2022-KR	朝鲜语(ISO)
50227	X-Cp50227	简体中文(ISO-2022)
51932	EUC-JP	日语(EUC)

续表

代码页(CodePage)	名称(CharSet)	显示名称(中文)
51936	EUC-CN	简体中文(EUC)
51949	EUC-KR	朝鲜语(EUC)
52936	HZ-GB-2312	简体中文(HZ)
54936	GB18030	简体中文(GB18030)
65000	UTF-7	Unicode(UTF-7)
65001	UTF-8	Unicode(UTF-8)
65005	UTF-32	Unicode(UTF-32)
65006	UTF-32BE	Unicode(UTF-32 Big-Endian)

6.9 UU、MIME、BinHex 编码

目前电子邮件的常见的编码标准有 UU、MIME、BinHex 等编码。

1. UU 编码

UU 编码是 UNIX to UNIX encoding 的缩写。Uuencode 和 Uudecode 原来是 UNIX 系统中使用的编码和解码程序，后来被改写成为在 DOS 中亦可执行的程序。在早期传送非 ASCII 码的文件时，最常用的就是 UU 编码方式。

使用的方法是在发送邮件前，在 DOS 下先用 Uuencode 程序将原文件编码成 ASCII 码文件，然后将邮件发出。收信人收到邮件后，用 Uudecode.exe 程序将文件还原。基于 Windows 的类似程序有 Wincode 和 Winzip 等。

2. MIME 标准

MIME 是 Muhipurpose Internet Mail Extentions 的缩写，中文含义为多媒体邮件传送模式，顾名思义，它可以传送多媒体文件，在一封电子邮件中附加各种格式文件一起送出。MIME 标准现已成为 Internet 电子邮件的主流邮件编码标准，它的好处是可将多种不同文件一起打包后传送。发信人只要将要传送的文件选择，它在传送时即时编码，收信人的软件收到也是即时解码还原，完全自动化、非常方便。先决条件是双方的软件都必须具有相同的编解码功能。使用这种方式，用户根本不需要知道它是如何编码/解码的，所有工作由电子邮件软件自动完成。

由于 MIME 的方便性，愈来愈多的电子邮件软件采用这种方式(最常使用的电子邮件软件 Outlook、Foxmail、InternetMail 等均是采用 MIME 方式)。

MIME 定义两种编码方式：Base64 与 QP 编码。

(1) Base64 编码

Base64 是 MIME 标准编码之一。Base64 编码方式是将 3 个字节(8 位)用 4 个字节(6 位)表示，由于编码后的内容是 6 位的，因此可以避免第 8 位被截掉。

Base64"乱码"基本格式为

MIME-Version: 1.0Content-Type:text/plain;
charset=us-asciiContent-TransfeEncoding: base64Status: RyrE68shis+o/IMTcsrvE3Ljmy9/L47YEzajRtrX-Y1re6zbYnu7Chow0LDQo=3d

在 Base64 编码邮件的乱码前一般有如下几部分"信头"：Content-Type（内容类型）、charset（字符集）及 Content-Transfer-Encoding（内容传输编码方式）。

如果电子邮件接收程序不支持 Base64 解码，那么看到的就是这些 Base64 encode "乱码"。

(2) QP 编码

QP 编码是 MIME 标准编码之一。QP 编码全名为"Quoted-Printable Content-Transfer-Encoding"。由于用这种格式表示的信息，其内容主要都是 ASCII 字符集中可以打印的字符，因此名称中含有 Printable。QP 编码的方式是将一个字节用两个十六进制数值表示，然后在前面加"="。QP 编码"乱码"大体格式为：=d2=bc=b3=b8=d5=db=c4=c4=bc=d2=b5=f6=b1=e5=c9=e7=b6=f8=b0，采用 QP 编码方式的邮件很容易进行判别，因为它的内容通常有很多等号"="，因此不需要看"信头"也可以判断是否为 QP 编码。如果电子邮件接收程序不支持 QP 解码，那么看到的就是这些 QP"乱码"。

3. BinHex 编码

BinHex 编码是 Macintosh 计算机上用可打印字符表示/传输二进制文件的一种编码方法。目前通用的 BinHex 4.0 的编码文件一般以 .HQX 为后缀名。早期的 BinHex 2.0 编码文件一般以 .HEX 为文件名后缀。BinHex 4.0 是一种带有 CRC 校验的编码。

BinHex 编码基本格式为：(This file must be converted with BinHex 4.0)

```
:#dC*@&"A58iZ@NP3!("D59"'@NP3!!!!!%$)!!!!!'eC8%X$""3!!J!)!0e44b1
NrPJL%N!!!!"d!!!,!!!!4NPB8&G*6Lj&@%AX[AeJ8dA@1$c*6@15I0'@U18lK)p
')—DK8#Y3MHLKmPJ+B8T&LJ3"&D6*0@A#KKSp$NP[UeUl$2IS$S2Z[(ZL"&!LL……
!!!!!!!3!)+bfS!!!!!"'59K39dPl,N9B43F!1J"dH(#V#,jTFELAU2ql'i-5eAr
iVS(5RqX,rF9@h&M(%R)a@8flJFd'OdpD@i$pVJ"FFBTf'@a3V1Sb8%X&"J!!!!!
"!!%!G`!!!$Y!!!!!!"+D!!!!:
```

它的开始行是 This file must be converted with BinHex 4.0，整个数据块以冒号开始，并以冒号结尾。使用 BinHex 编码的邮件一般应该在信头中含有类似下面这样的说明（假设 Attach 文件名为 filename.ext 的话）：

Content-Type:application/mac-binhex40;name="filename.ext"
Content-Disposition:attachment;filename="filename.ext"。

习题 6

1. 什么是 ASCII 编码？
2. 什么是 GB2312、GB13000、GBK、GB18030 编码？它们之间的关系如何？

3. 什么是 BIG5 和 CJK 编码？
4. 什么是 Unicode 编码？它的编码方式和实现方式各是什么？
5. 什么是 UTF-8、UTF-16 编码？二者的区别是什么？
6. 什么是 Big Endian、Little Endian？二者的区别是什么？
7. 什么是 BOM？UTF-8、UTF-16、UTF-32 对应的 BOM 编码是什么？
8. 什么是代码页？
9. 什么是 Base64、QP 编码？

第 7 章 可执行文件格式基础

相对于其他文件类型,可执行文件是操作系统中最重要的文件类型,因为它们是完成操作的真正执行者。可执行文件的大小、运行速度、资源占用情况以及可扩展性、可移植性等与文件格式的定义和文件加载过程紧密相关。可执行文件的格式对于研究信息安全和入侵技术具有非常重要的意义。

7.1 Windows 环境下可执行文件格式

操作系统中的文件是一种抽象的机制,提供了一种在磁盘上保存信息而且方便以后读取的方法。可执行文件是指在计算机系统中可直接或间接运行的一种文件。在 Windows 操作系统中,一个用户可以最直接体会到的文件的形式就是以.exe、.com、.bat 等为扩展名的可执行文件。这些文件的特点是只要在命令行下输入文件命令或在图形界面双击文件即可执行,这也是目前木马、病毒嵌入的主要方法。

伴随着 Windows 操作系统的不断进步,可执行文件的格式也发生了巨大变化。期间主要有 4 个过程:DOS 中出现的最简单的以.com 为扩展名的可执行文件和以.exe 为扩展名的 MZ 格式的可执行文件,Windows 3.x 下出现的 NE 格式的.exe 和.dll 文件,Windows 3.x 和 Windows 9x 所专有的 LE(Linear Executable:线性可执行文件,专用于 VxD 文件),Windows 9x 和 Win NT/2000/XP 下的 32 位的可执行文件 PE。这里面 com、MZ 和 NE 属于 Win16,PE 属于 Win32,LE 可以兼容 Win16 和 Win32。

7.1.1 COM 执行文件格式

Windows 下最简单的可执行文件就是 DOS 下的以.COM 为扩展名的文件。COM 文件是只有 64KB 内存的 cp/m 机器的产物。COM 格式文件最大为 64KB,COM 文件内含 16 位程序的二进制代码映像,没有重定位信息。

1. COM 文件结构

COM 文件包含程序的二进制代码的一个绝对映像。也就是说,为了运行程序准备的处理器指令和内存中的数据,MS-DOS 通过直接把该映像从文件复制到内存而加载 COM 程序,它不作任何改变。

为加载一个 COM 程序,MS-DOS 首先试图分配内存,因为 COM 程序必须位于一个 64KB 的段中,所以 COM 文件的大小不能超过 65 024 字节(64KB 减去用于 PSP 的 256 字节和用于一个起始堆栈的至少 256 字节)。如果 MS-DOS 不能为程序、一个 PSP、一个起始堆栈分配足够内存,则分配失败。否则,MS-DOS 分配尽可能多的内存(直至所有保留内存)。即使 COM 程序本身不能大于 64KB,在试图运行另一个程序或分配另外的内存之前,大部分 COM 程序释放任何不需要的内存。

2. PSP 结构

分配内存后,MS-DOS 在该内存的前 256 字节建立一个 PSP(Program Segment Prefix,程序段前缀),PSP 结构如下:

偏移大小	(Byte)	说明
0000h	02	中断 20H
0002h	02	以节计算的内存大小
0004h	01	保留
0005h	05	至 DOS 的长调用
000Ah	02	INT 22H 入口 IP
000Ch	02	INT 22H 入口 CS
000Eh	02	INT 23H 入口 IP
0010h	02	INT 23H 入口 CS
0012h	02	INT 24H 入口 IP
0014h	02	INT 24H 入口 CS
0016h	02	父进程的 PSP 段值
0018h	14	存放 20 个 SOFT 号
002Ch	02	环境块段地址
002Eh	04	存放用户栈地址指针
0032h	1E	保留
0050h	03	DOS 调用(INT 21H/RETF)
0053h	02	保留
0055h	07	扩展的 FCB 头
005Ch	10	格式化的 FCB1
006Ch	10	格式化的 FCB2
007Ch	04	保留
0080h	80	命令行参数长度
0081h	127	命令行参数

如果 PSP 中的第一个 FCB 含有一个有效驱动器标识符,则置 AL 为 00h,否则为 0FFh。MS-DOS 还置 AH 为 00h 或 0FFh,这依赖于第二个 FCB 是否含有一个有效驱动器标识符。

3. COM 文件的加载

建造 PSP 后,MS-DOS 在 PSP 后立即开始(偏移 100h)加载 COM 文件,它置 SS、DS 和 ES 为 PSP 的段地址,接着创建一个堆栈。MS-DOS 通过把控制传递偏移 100h 处的指令而启动程序。程序设计者必须保证 COM 文件的第一条指令是程序的入口点。

注意,因为程序是在偏移 100h 处加载的,因此所有代码和数据偏移也必须相对于 100h。汇编语言程序设计者可通过设置程序的初值为 100h 而保证这一点(例如通过在原程序的开始使用语句 org 100h)。

7.1.2　EXE 执行文件格式

Windows 操作系统下最重要的可执行文件就是扩展名为 EXE 的文件,EXE 文件比较复杂,它允许代码、数据、堆栈段分别处于不同的段,每一个段都可以是 64KB。当生成一个 EXE 文件时,存放在磁盘上的执行代码,凡是涉及段地址的操作数都尚未确定,在 DOS 加载该程序时,需要根据当前内存空间的起始段值对每一个段进行重定位,使这些段操作数具有确定的段地址。因此,存放在磁盘上的 EXE 文件一般都由两部分内容组成:一部分是文件头,另一部分是装入模块。

文件头位于 EXE 文件的首部,它包括加载 EXE 文件时所必需的控制信息和进行段重定位的重定位信息表。重定位表中含有若干个重定位项,每一项对应于装入模块中需进行段重定位的一个字,每个重定位项占 4 个字节,这 4 个字节表示一个全地址(段地址和偏移量),其中高两字节给出段值、低两字节则给出其偏移量。这里的段值和偏移量,是相对于程序正文段而言的。文件头通常的长度是 512 字节的整数倍,重定位的项数越多,其占用的字节数越多。EXE 执行文件格式主要有 MZ、NE、PE 等格式。

1. MZ 文件格式

COM 发展下去就是 MZ 格式的可执行文件,这是具有重定位功能的可执行文件格式。MZ 是 MZ 格式的主要作者 Mark Zbikowski 的名字的缩写,MZ 可执行文件内含 16 位代码,在这些代码之前加了一个文件头,文件头中包括各种说明数据,如第一句可执行代码执行指令时所需要的文件入口点、堆栈的位置、重定位表等,操作系统根据文件头中的信息将代码部分装入内存,然后根据重定位表修正代码,最后在设置好堆栈后从文件头中指定的入口开始执行。所以 DOS 可以把程序放在任何它想要放的地方。如图 7.1 所示是 MZ 格式的可执行文件的简单结构示意图。

MZ标志	
其他信息	MZ文件头
重定位表的字节偏移量	
重定位表	重定位表
可重定位程序映像	二进制代码

图 7.1　MZ 格式的 EXE 执行文件结构

(1) MZ 文件头结构

偏移　大小(字节)　　　　　描　　述

00　　2　　　　EXE 文件类型标记:4d5ah

02　　2　　　　文件的最后一个扇区的字节数

04　　2　　　　文件的总扇区数

　　　　　　　　文件大小:(总扇区数-1)×512+最后一个扇区的字节数

06　　2　　　　重定位项的个数

08　　2　　　　EXE 文件头的大小(16bytes×thisvalue)

0a	2	最小分配数(16bytes×thisvalue)
0c	2	最大分配数(16bytes×thisvalue)
0e	2	堆栈初始段址(SS)
10	2	堆栈初始指针(SP)
12	2	补码校验和
14	2	初始代码段指针(1P)
16	2	初始代码段段址(CS)
18	2	定位表的偏移地址
1a	2	覆盖号 The overlay number make by link

一个文件是以扇区为单位存放的。在偏移02H、04H处，这里四个字节(各两个)分别代表了最后一页的字节数和文件的总页数。这样，通过这两个值就可以确定该EXE文件的大小。这两个字段也是病毒比较感兴趣的地方。

还有一个比较重要的是偏移为08H的EXE文件头大小。这对病毒修改EXE文件很有用，可以用来确定EXE文件的代码开始处(文件头之后便是代码开始处)。

当可执行EXE文件存在堆栈段的时候，它会按照初始的堆栈段址(SS)和偏移(IP)来设置堆栈。上面文件头中的0eH、10H处的四个字节应该是由编译程序设置的。

偏移14H、16H的两个字段(四个字节,各两个)分别代表了代码段的偏移和段址。通过CS:IP的指向地址,系统就可以找到EXE程序的执行代码入口地址,即第一个执行语句的位置。病毒通常也会在此插入自己的病毒代码,以便先于Host程序拿到控制权。

EXE文件包含一个文件头和一个重定位程序映像。文件头包含MS-DOS用于加载程序的信息,例如程序的大小和寄存器的初始值。程序映像包含处理器代码和程序的初始数据,它紧接在文件头之后,它的大小等于EXE文件大小减去文件头大小。MS-DOS通过把该映像直接从文件拷贝到内存中加载EXE程序,然后调整定位表中说明的可重定位段的地址。

定位表是一个重定位指针数组,每个指针指向程序映像中的可重定位段地址。文件头中的06H处说明了数组中指针的个数,偏移18H处指向了重定位表的指针链表。每个重定位指针由两个16位值(即偏移量和段址)组成。

(2) EXE文件的加载

为加载EXE程序,MS-DOS首先读文件头以确定EXE标志并计算程序映像的大小,然后它试图申请内存。

首先,它计算出程序映像文件的大小加上PSP的大小再加上文件头结构中最小分配数说明的内存大小之和。如果总和超过最大可用内存块的大小,则MS-DOS停止加载程序并返回一个出错码;否则,它计算程序映像的大小加上PSP的大小再加上文件头结构中的最大分配数说明的大小之和。如果第二个总和小于最大可用内存块的大小,则MS-DOS分配计算得到的内存量;否则,它分配最大可用内存块。

分配完内存后,MS-DOS确定起始段地址,MS-DOS从此处加载程序映像。如果最小分配数域和最大分配数域中的值都为0,则MS-DOS把映像尽可能地加载到内存最高端。否则，它把映像加载到紧挨着 PSP 域之上。

对于重定位表中的每个指针，MS-DOS 寻找程序映像中相应的可重定位段地址，并把起始段地址加在它之上。一旦调整完毕，段地址便指向了内存中被加载程序的代码段和数据段。MS-DOS 在所分配内存的最低部分创建 256B 的 PSP，把 AL 和 AH 设置为加载 COM 程序时所设置的值。MS-DOS 使用文件头中的值设置 SP 和 SS，调整 SS 初始值，把起始段地址加在它之上。MS-DOS 还把 ES 和 DS 设置为 PSP 的段地址。最后，MS-DOS 从程序文件头中读取 CS 和 IP 的初始值，把起始段地址加到 CS 之上，把控制权交给位于调整后地址处的程序。

2. NE 文件格式

NE 是 New Executable 的缩写，它是 16 位 Windows 程序可执行文件的标准格式。NE 格式的关键特性是它把程序代码、数据、资源隔离在不同的可加载区块中。它借由符号输入和输出，实现所谓的执行时期动态链接。

（1）NE 文件头结构

为了保持对 DOS 的兼容性和保证 Windows 的需要，在 Windows 3.x 中出现的 NE 格式的可执行文件中保留了 MZ 格式的头，同时 NE 文件又加了一个自己的头，两个文件头的内容如图 7.2 所示。文件头之后才是可执行文件的可执行代码。

（2）可执行文件的加载

16 位的 NE 格式文件装载程序（NE Loader）读取部分磁盘文件，并生成一个完全不同的数据结构，在内存中建立模块。当代码或数据需要装入时，装载程序必须从全局内存中分配出一块，查找原始数据在文件的什么地方，找到位置后再读取原始的数据，最后再进行一些修整。

MS-DOS 头	DOS文件头
保留区域	
Windows 头偏移	
DOS Stub 程序	
信息块	NE文件头
段表	
资源表	
驻留名表	
模块引用表	
引入名字表	
入口表	
非驻留名表	
代码段和数据段	程序区
重定位表RM	

图 7.2 NE 格式的可执行文件的结构

3. PE 执行文件格式

Windows NT 3.1 引入了一种名为 PE 文件格式的新可执行文件格式。PE（Portable Executable，可移植的执行体）主要来自于 UNIX 操作系统所通用的 COFF 规范，同时为了保证与旧版本 MS-DOS 及 Windows 操作系统的兼容，PE 文件格式也保留了 MS-DOS 中的 MZ 头部。

PE 文件格式被组织为一个线性的数据流，它由一个 MS-DOS 头部开始，接着是一个模式的程序残余以及一个 PE 文件标志，这之后紧接着 PE 文件头和可选头部。这些之后是所有的段头部，段头部之后跟随着所有的段实体。文件的结束处是一些其他的区域，其中是一些混杂的信息，包括重分配信息、符号表信息、行号信息以及字串表数据。PE 格式执行文件的格式结构如图 7.3 所示。

(1) MS-DOS 头部/实模式头部

PE 文件格式的第一个组成部分是 MS-DOS 头部。在 PE 文件格式中，它并非一个新概念，因为它与 MS-DOS 2.0 以来就已有的 MS-DOS 头部是完全一样的。保留这个相同结构的最主要原因是当尝试在 Windows 3.1 以下或 MS-DOS 2.0 以上的系统下装载一个文件的时候，操作系统能够读取这个文件并明白它是和当前系统不兼容的。换句话说，当在 MS-DOS 6.0 下运行一个 Windows NT 可执行文件时，会得到这样一条消息："This program cannot be run in DOS mode."，如果 MS-DOS 头部不是作为 PE 文件格式的第一部分的话，操作系统装载文件的时候就会失败，并提供一些完全没用的信息，例如："The name specified is not recognized as an internal or external command, operable program or batch file."

MS-DOS 头部占据了 PE 文件的头 64 个字节，描述它内容的结构如下：

```
//WINNT.H
typedef struct _IMAGE_DOS_HEADER {    //DOS 的 .EXE 头部
    USHORT e_magic;                    //魔术数字
    USHORT e_cblp;                     //文件最后页的字节数
    USHORT e_cp;                       //文件页数
    USHORT e_crlc;                     //重定义元素个数
    USHORT e_cparhdr;                  //头部尺寸，以段落为单位
    USHORT e_minalloc;                 //所需的最小附加段
    USHORT e_maxalloc;                 //所需的最大附加段
    USHORT e_ss;                       //初始的 SS 值 (相对偏移量)
    USHORT e_sp;                       //初始的 SP 值
    USHORT e_csum;                     //校验和
    USHORT e_ip;                       //初始的 IP 值
    USHORT e_cs;                       //初始的 CS 值 (相对偏移量)
    USHORT e_lfarlc;                   //重分配表文件地址
    USHORT e_ovno;                     //覆盖号
    USHORT e_res[4];                   //保留字
    USHORT e_oemid;                    //OEM 标识符 (相对 e_oeminfo)
    USHORT e_oeminfo;                  //OEM 信息
    USHORT e_res2[10];                 //保留字
    LONG e_lfanew;                     //新 exe 头部的文件地址
} IMAGE_DOS_HEADER, * PIMAGE_DOS_HEADER;
```

第一个域 e_magic，被称为魔术数字，它被用于表示一个 MS-DOS 兼容的文件类型。所有 MS-DOS 兼容的可执行文件都将这个值设为 0x5A4D，表示 ASCII 字符 MZ。

PE 文件结构

| MS-DOS MZ头部 |
| MS-DOS 实模式残余程序 |
| PE文件标志 |
| PE文件头 |
| PE文件可选头部 |
| .text段头部 |
| .bss段头部 |
| .rdata段头部 |
| ... |
| .debug段头部 |
| .text段 |
| .bss段 |
| .rdata段 |
| ... |
| .debug段 |

图 7.3 PE 格式的可执行文件的结构

MS-DOS 头部之所以有的时候被称为 MZ 头部,就是这个缘故。还有许多其他的域对于 MS-DOS 操作系统来说都有用,但是对于 Windows NT 来说,这个结构中只有一个有用的域——最后一个域 e_lfnew,一个 4 字节的文件偏移量,PE 文件头部就是由它定位的。对于 Windows NT 的 PE 文件来说,PE 文件头部是紧跟在 MS-DOS 头部和实模式程序残余之后的。

(2) 实模式残余程序

实模式残余程序是一个在装载时能够被 MS-DOS 运行的实际程序。对于一个 MS-DOS 的可执行映像文件,应用程序就是从这里执行的。对于 Windows、OS/2、Windows NT 这些操作系统来说,MS-DOS 残余程序就代替了主程序的位置被放在这里。这种残余程序通常什么也不作,只是输出一行文本,例如"This program requires Microsoft Windows v3.1 or greater."当然,用户可以在此放入任何的残余程序,这就意味着可能经常看到像这样的东西"You can't run a Windows NT application on OS/2, it's simply not possible."

(3) PE 文件头部与标志

PE 文件头结构被定义为:

```
//WINNT.H
typedef struct _IMAGE_FILE_HEADER {
    USHORT Machine;
    USHORT NumberOfSections;
    ULONG TimeDateStamp;
    ULONG PointerToSymbolTable;
    ULONG NumberOfSymbols;
    USHORT SizeOfOptionalHeader;
    USHORT Characteristics;
} IMAGE_FILE_HEADER, * PIMAGE_FILE_HEADER;
```

PE 文件中的信息基本上是一些高级信息,这些信息是被操作系统或者应用程序用来决定如何处理这个文件的。第一个域用来表示这个可执行文件被构建的目标机器种类,例如 DEC(R)Alpha、MIPS R4000、Intel(R)x86 或一些其他处理器。系统使用这一信息在读取这个文件的其他数据之前决定如何处理它。

PE 文件头结构中另一个有用的入口是 NumberOfSections 域,它表示如果要方便地提取文件信息的话,就需要了解多少个段——更明确一点来说,有多少个段头部和多少个段实体。每一个段头部和段实体都在文件中连续地排列着,所以要决定段头部和段实体在哪里结束的话,段的数目是必需的。

(4) PE 可选头部

PE 可执行文件中接下来的 224 个字节组成了 PE 可选头部。虽然它的名字是"可选头部",但是请确信这个头部并非"可选",而是"必需"的。可选头部包含了很多关于可执行映像的重要信息,例如初始的堆栈大小、程序入口点的位置、首选基地址、操作系统版本、段对齐的信息等。IMAGE_OPTIONAL_HEADER 结构如下:

第 7 章　可执行文件格式基础

```
//WINNT.H
typedef struct _IMAGE_OPTIONAL_HEADER {
    //
    // 标准域
    //
    USHORT Magic;
    UCHAR MajorLinkerVersion;
    UCHAR MinorLinkerVersion;
    ULONG SizeOfCode;
    ULONG SizeOfInitializedData;
    ULONG SizeOfUninitializedData;
    ULONG AddressOfEntryPoint;
    ULONG BaseOfCode;
    ULONG BaseOfData;
    //
    // NT 附加域
    //
    ULONG ImageBase;
    ULONG SectionAlignment;
    ULONG FileAlignment;
    USHORT MajorOperatingSystemVersion;
    USHORT MinorOperatingSystemVersion;
    USHORT MajorImageVersion;
    USHORT MinorImageVersion;
    USHORT MajorSubsystemVersion;
    USHORT MinorSubsystemVersion;
    ULONG Reserved1;
    ULONG SizeOfImage;
    ULONG SizeOfHeaders;
    ULONG CheckSum;
    USHORT Subsystem;
    USHORT DllCharacteristics;
    ULONG SizeOfStackReserve;
    ULONG SizeOfStackCommit;
    ULONG SizeOfHeapReserve;
    ULONG SizeOfHeapCommit;
    ULONG LoaderFlags;
    ULONG NumberOfRvaAndSizes;
    IMAGE_DATA_DIRECTORY DataDirectory[IMAGE_NUMBEROF_DIRECTORY_ENTRIES];
} IMAGE_OPTIONAL_HEADER, * PIMAGE_OPTIONAL_HEADER;
```

(5) 标准域

首先,请注意这个结构被划分为"标准域"和"NT 附加域"。所谓标准域,就是和 UNIX 可执行文件的 COFF 格式所公共的部分。虽然标准域保留了 COFF 中定义的名字,但是 Windows NT 仍然将它们用作了不同的目的——尽管换个名字更好一些。

① Magic:对于示例程序 EXEVIEW.EXE 示例程序而言,这个值是 0x010B 或 267。

② MajorLinkerVersion、MinorLinkerVersion:表示链接此映像的链接器版本。随 Windows NT build 438 配套的 Windows NT SDK 包含的链接器版本是 2.39(十六进制为 2.27)。

③ SizeOfCode:可执行代码尺寸。

④ SizeOfInitializedData:已初始化的数据尺寸。

⑤ SizeOfUninitializedData:未初始化的数据尺寸。

⑥ AddressOfEntryPoint:在标准域中,这个域表示应用程序入口点的位置。

(6) Windows NT 附加域

添加到 Windows NT PE 文件格式中的附加域为 Windows NT 特定的进程行为提供了装载器的支持,以下为这些域的概述。

① ImageBase

进程映像地址空间中的首选基地址。Windows NT 的 Microsoft Win32 SDK 链接器将这个值默认设为 0x00400000。

② SectionAlignment

从 ImageBase 开始,每个段都被相继地装入进程的地址空间中。SectionAlignment 则规定了装载时段能够占据的最小空间数量——就是说,段是关于 SectionAlignment 对齐的。Windows NT 虚拟内存管理器规定,段对齐不能少于页尺寸(当前的 x86 平台是 4096 字节),并且必须是成倍的页尺寸。4096 字节是 x86 链接器的默认值,但是它可以通过-ALIGN:linker 开关来设置。

③ FileAlignment

映像文件首先装载的最小的信息块间隔。例如,链接器将一个段实体(段的原始数据)加零扩展为文件中最接近的 FileAlignment 边界。早先提及的 2.39 版链接器将映像文件以 0x200 字节的边界对齐,这个值可以被强制改为 512~65 535。

④ MajorOperatingSystemVersion

表示 Windows NT 操作系统的主版本号;对 Windows NT 1.0 而言,这个值通常被设为 1。

⑤ MinorOperatingSystemVersion

表示 Windows NT 操作系统的次版本号;对 Windows NT 1.0 而言,这个值通常被设为 0。

⑥ MajorImageVersion

用来表示应用程序的主版本号;对于 Microsoft Excel 4.0 而言,这个值是 4。

⑦ MinorImageVersion

用来表示应用程序的次版本号;对于 Microsoft Excel 4.0 而言,这个值是 0。

⑧ MajorSubsystemVersion

表示 Windows NT Win32 子系统的主版本号;通常对于 Windows NT 3.10 而言,这个值被设为 3。

⑨ MinorSubsystemVersion

表示 Windows NT Win32 子系统的次版本号；通常对于 Windows NT 3.10 而言，这个值被设为 10。

⑩ Reserved1

未知目的，通常不被系统使用，并被链接器设为 0。

⑪ SizeOfImage

表示载入的可执行映像的地址空间中要保留的地址空间大小，这个数字很大程度上受 SectionAlignment 的影响。例如，考虑一个拥有固定页尺寸 4096 字节的系统，如果一个 11 个段的可执行文件，它的每个段都少于 4096 字节，并且关于 65 536 字节边界对齐，那么 SizeOfImage 域将会被设为 11×65 536＝720 896(176 页)。而如果一个相同的文件关于 4096 字节对齐的话，那么 SizeOfImage 域的结果将是 11×4096＝45 056(11 页)。这只是个简单的例子，它说明每个段需要少于一个页面的内存。在现实中，链接器通过个别地计算每个段的方法来决定 SizeOfImage 确切的值。它首先决定每个段需要多少字节，并且最后将页面总数向上取整至最接近的 SectionAlignment 边界，然后总数就是每个段个别需求之和了。

⑫ SizeOfHeaders

这个域表示文件中有多少空间用来保存所有的文件头部，包括 MS-DOS 头部、PE 文件头部、PE 可选头部以及 PE 段头部。文件中所有的段实体就开始于这个位置。

⑬ CheckSum

校验和是用来在装载时验证可执行文件的，它是由链接器设置并检验的。

⑭ Subsystem

用于标识该可执行文件目标子系统的域。每个可能的子系统取值列于 WINNT.H 的 IMAGE_OPTIONAL_HEADER 结构之后。

⑮ DllCharacteristics

用来表示一个 DLL 映像是否为进程和线程的初始化标记。

⑯ SizeOfStackReserve、SizeOfStackCommit、SizeOfHeapReserve、SizeOfHeapCommit

这些域控制要保留的地址空间数量，并且负责栈和默认堆的申请。在默认情况下，栈和堆都拥有 1 个页面的申请值以及 16 个页面的保留值。

⑰ LoaderFlags

告知装载器是否在装载时中止和调试，或者默认地正常运行。

⑱ NumberOfRvaAndSizes

这个域标识了接下来的 DataDirectory 数组。它被用来标识这个数组，而不是数组中的各个入口数字。

⑲ DataDirectory

数据目录表示文件中其他可执行信息重要组成部分的位置。它事实上就是一个 IMAGE_DATA_DIRECTORY 结构的数组，位于可选头部结构的末尾。

（7）PE 文件段

段包含了文件的内容，包括代码、数据、资源以及其他可执行信息，每个段都有一个头部和一个实体(原始数据)。段实体缺少一个严格的文件结构,因此,它们几乎可以被链接器按任何的方法组织,只要它的头部填充了足够能够解释数据的信息。

① 段头部

PE 文件格式中,所有的段头部位于可选头部之后。每个段头部为 40 个字节长。段头部被定义为以下的结构:

```
//WINNT.H
#define IMAGE_SIZEOF_SHORT_NAME 8
typedef struct _IMAGE_SECTION_HEADER {
UCHAR Name[IMAGE_SIZEOF_SHORT_NAME];
   union {
           ULONG PhysicalAddress;
           ULONG VirtualSize;
       } Misc;
   ULONG VirtualAddress;
   ULONG SizeOfRawData;
   ULONG PointerToRawData;
   ULONG PointerToRelocations;
   ULONG PointerToLinenumbers;
   USHORT NumberOfRelocations;
   USHORT NumberOfLinenumbers;
   ULONG Characteristics;
}IMAGE_SECTION_HEADER, * PIMAGE_SECTION_HEADER;
```

② 段头部的域

• Name

每个段都有一个 8 字符长的名称域,并且第一个字符必须是一个句点。

• PhysicalAddress 或 VirtualSize

第二个域是一个 union 域,现在已不使用了。

• VirtualAddress

这个域标识了进程地址空间中要装载这个段的虚拟地址。实际的地址需将这个域的值加上可选头部结构中的 ImageBase 虚拟地址得到。如果这个映像文件是一个 DLL,那么这个 DLL 就不一定会装载到 ImageBase 要求的位置。所以一旦这个文件被装载进入了一个进程,实际的 ImageBase 值应该通过使用 GetModuleHandle 来检验。

• SizeOfRawData

这个域表示了相对 FileAlignment 的段实体尺寸。文件中实际的段实体尺寸将少于或等于 FileAlignment 的整倍数。一旦映像被装载进入了一个进程的地址空间,段实体的尺寸将会变得少于或等于 FileAlignment 的整倍数。

• PointerToRawData

这是一个文件中段实体位置的偏移量。PointerToRelocations、PointerToLinenumbers、NumberOfRelocations、NumberOfLinenumbers 这些域在 PE 格式中不使用。

• Characteristics

定义了段的特征。这些值可以在 WINNT.H 的 PE 格式规范中找到。

值	定义
0x00000020	代码段
0x00000040	已初始化数据段
0x00000080	未初始化数据段
0x04000000	该段数据不能被缓存
0x08000000	该段不能被分页
0x10000000	共享段
0x20000000	可执行段
0x40000000	可读段
0x80000000	可写段

③ 预定义段

一个典型的 Windows NT 应用程序拥有 9 个预定义段，它们是.text、.bss、.rdata、.data、.rsrc、.edata、.idata、.pdata 和.debug。一些应用程序不需要所有的这些段，同样还有一些应用程序为了自己特殊的需要而定义更多的段。这种作法与 MS-DOS 和 Windows 3.1 中的代码段和数据段相似。事实上，应用程序定义一个独特的段的方法是使用标准编译器来指示对代码段和数据段的命名，或者使用名称段编译器选项-NT——就和 Windows 3.1 中应用程序定义独特的代码段和数据段一样。

④ 可执行代码段.text

Windows 3.1 和 Windows NT 之间的一个区别就是 Windows NT 默认的作法是将所有的代码段组成了一个单独的段，名为".text"。既然 Windows NT 使用了基于页面的虚拟内存管理系统，那么将分开的代码放入不同的段之中的作法就不太明智了。因此，拥有一个大的代码段对于操作系统和应用程序开发者来说，都是十分方便的。

⑤ 数据段.bss、.rdata、.data

.bss 段表示应用程序的未初始化数据，包括所有函数或源模块中声明为 static 的变量。

.rdata 段表示只读的数据，例如字符串文字量、常量和调试目录信息。

所有其他变量（除了出现在栈上的自动变量）存储在.data 段之中。基本上，这些是应用程序或模块的全局变量。

⑥ 资源段.rsrc

.rsrc 段包含了模块的资源信息。它起始于一个资源目录结构，这个结构就像其他大多数结构一样，但是它的数据被更进一步地组织在了一棵资源树之中。

7.2 Linux 环境下可执行文件格式

7.2.1 Linux 可执行文件格式综述

不管何种可执行文件格式，一些基本的要素是必须的。显而易见的，文件中应包含代码和数据。因为文件可能引用外部文件定义的符号（变量和函数），因此重定位信息和符号信息也是需要的。一些辅助信息是可选的,如调试信息、硬件信息等。基本上任意一种可执行文件格式都是按区间保存上述信息的,称为段(Segment)或节(Section)。不同的文件格式中段和节的含义可能有细微区别,但根据上下文关系可以很清楚地理解。最后,可执行文件通常都有一个文件头部以描述本文件的总体结构。

可执行文件有三个重要的概念:编译(compile)、连接(link,也可称为链接、联接)、加载(load)。源程序文件被编译成目标文件,多个目标文件被连接成一个最终的可执行文件,可执行文件被加载到内存中运行。下面是 Linux 平台下 ELF 可执行文件加载过程的一个简单描述。

内核首先读 ELF 文件的头部,然后根据头部的数据指示分别读入各种数据结构,找到标记为可加载(loadable)的段,并调用函数 mmap() 把段内容加载到内存中。在加载之前,内核把段的标记直接传递给 mmap(),段的标记指示该段在内存中是否可读、可写、可执行。显然,文本段是只读可执行,而数据段是可读可写。这种方式是利用了现代操作系统和处理器对内存的保护功能。

内核分析出 ELF 文件标记为 PT_INTERP 的段中所对应的动态连接器名称,并加载动态连接器。现代 Linux 系统的动态连接器通常是 /lib/ld-linux.so.2。接下来内核在新进程的堆栈中设置一些标记-值对,以指示动态连接器的相关操作,然后把控制传递给动态连接器。动态连接器检查程序对外部文件(共享库)的依赖性,并在需要时对其进行加载。动态连接器对程序的外部引用进行重定位,通俗地讲,就是告诉程序其引用的外部变量/函数的地址,此地址位于共享库被加载在内存的区间内。动态连接还有一个延迟(Lazy)定位的特性,即只在"真正"需要引用符号时才重定位,这对提高程序运行效率有极大帮助。

动态连接器执行在 ELF 文件中标记为 .init 的节的代码,进行程序运行的初始化。在早期系统中,初始化代码对应函数 _init(void)(函数名强制固定),在现代系统中,则对应形式为:

```
Void
__attribute((constructor))
init_function(void)
{
...
}
```

动态连接器把控制传递给程序,从 ELF 文件头部中定义的程序进入点开始执行。在 a.out 格式和 ELF 格式中,程序进入点的值是显式存在的,在 COFF 格式中则是由规范隐含定义。

从上面的描述可以看出,加载文件最重要的是完成两件事情:加载程序段和数据段到内存;进行外部定义符号的重定位。重定位是程序连接中一个重要概念。一个可执行程序通常是由一个含有 main() 的主程序文件、若干目标文件、若干共享库(Shared LibrarIEs)组成的。一个 C 程序可能引用共享库定义的变量或函数,换句话说就是程序运行时必须知道这些变量/函数的地址。在静态连接中,程序所有需要使用的外部定义都完全包含在可执行程序中,而动态连接则只在可执行文件中设置相关外部定义的一些引用信息,真正的重定位是在程序运行之时。静态连接方式有两个大问题:如果库中变量或函数有任何变化都必须重新编译连接程序;如果多个程序引用同样的变量/函数,则此变量/函数会在文件、内存中出现多次,浪费硬盘/内存空间。比较两种连接方式生成的可执行文件的大小,可以看出有明显的区别。

7.2.2 a.out 可执行文件格式

a.out 文件一般包含 7 个 section,格式如下:

```
exec header(执行头部,也可理解为文件头部)
text segment(文本段)
data segment(数据段)
text relocations(文本重定位段)
data relocations(数据重定位段)
symbol table(符号表)
string table(字符串表)
```

执行头部的数据结构:

```
struct exec {
    unsigned long a_midmag;     /* 魔数和其他信息 */
    unsigned long a_text;       /* 文本段的长度 */
    unsigned long a_data;       /* 数据段的长度 */
    unsigned long a_bss;        /* BSS 段的长度 */
    unsigned long a_syms;       /* 符号表的长度 */
    unsigned long a_entry;      /* 程序进入点 */
    unsigned long a_trsize;     /* 文本重定位表的长度 */
    unsigned long a_drsize;     /* 数据重定位表的长度 */
}
```

文件头部主要描述了各个 section 的长度,比较重要的字段是 a_entry(程序进入点),代表了系统在加载程序并初始化各种环境后开始执行程序代码的入口。这个字段在后面讨论的 ELF 文件头部中也有出现。由 a.out 格式和头部数据结构可以看出,a.out 的格式非常紧凑,只包含了程序运行所必需的信息(文本、数据、BSS),而且每个 section 的顺序是固定的。这种结构缺乏扩展性,如不能包含"现代"可执行文件中常见的调试信息。

a.out 文件中包含符号表和两个重定位表,这三个表的内容在连接目标文件以生成可执行文件时起作用。在最终可执行的 a.out 文件中,这三个表的长度都为 0。a.out 文件在连接时就把所有外部定义包含在可执行程序中,如果从程序设计的角度来看,这是一种硬编码方式,或者可称为模块之间是强耦合的。

a.out 是早期 UNIX 系统使用的可执行文件格式,由 AT&T 设计,现在基本上已被 ELF 文件格式代替。a.out 的设计比较简单,但其设计思想明显地被后续的可执行文件格式所继承和发扬。

7.2.3 COFF 可执行文件格式

COFF 格式比 a.out 格式要复杂一些,最重要的是包含一个节段表(section table),因此除了.text、.data 和.bss 区段以外,还可以包含其他的区段。另外也多了一个可选的头部,不同的操作系统可对此头部作特定的定义。

COFF 文件格式如下:

```
File Header(文件头部)
Optional Header(可选文件头部)
Section 1 Header(节头部)
...
Section n Header(节头部)
Raw Data for Section 1(节数据)
Raw Data for Section n(节数据)
Relocation Info for Sect.1(节重定位数据)
Relocation Info for Sect.n(节重定位数据)
Line Numbers for Sect.1(节行号数据)
Line Numbers for Sect.n(节行号数据)
Symbol table(符号表)
String table(字符串表)
```

文件头部的数据结构:

```
Struct filehdr
    {
        unsigned short  f_magic;       /*魔数*/
        unsigned short  f_nscns;       /*节个数*/
        long            f_timdat;      /*文件建立时间*/
        long            f_symptr;      /*符号表相对文件的偏移量*/
        long            f_nsyms;       /*符号表条目个数*/
        unsigned short  f_opthdr;      /*可选头部长度*/
        unsigned short  f_flags;       /*标志*/
    }
```

COFF 文件头部中的魔数与其他两种格式的意义不太一样,它是表示针对的机器类型,例如 0x014C 相对于 I386 平台,而 0x268 相对于 Motorola 68000 系列等。当 COFF 文件为可执行文件时,字段 f_flags 的值为 F_EXEC(0x00002),同时也表示此文件没有未解析的符号,换句话说,也就是重定位在连接时就已经完成。由此也可以看出,原始的 COFF 格式不支持动态连接。为了解决这个问题以及增加一些新的特性,一些操作系统对 COFF 格式进行了扩展。Microsoft 设计了名为 PE(Portable Executable)的文件格式,主要扩展是在 COFF 文件头部之上增加了一些专用头部。

紧接文件头部的是可选头部,COFF 文件格式规范中规定可选头部的长度可以为 0,但在 Linux 系统下可选头部是必须存在的。下面是 Linux 下可选头部的数据结构:

```
typedef struct
{
    char magic[2];           /*魔数*/
    char vstamp[2];          /*版本号*/
    char tsize[4];           /*文本段长度*/
    char dsize[4];           /*已初始化数据段长度*/
    char bsize[4];           /*未初始化数据段长度*/
    char entry[4];           /*程序进入点*/
    char text_start[4];      /*文本段基地址*/
    char data_start[4];      /*数据段基地址*/
}
COFF_AOUTHDR;
```

字段 magic 为 0413 时表示 COFF 文件是可执行的，注意到可选头部中显式定义了程序进入点，标准的 COFF 文件没有明确地定义程序进入点的值，通常是从.text 节开始执行。

COFF 格式比 a.out 格式多了一个节段表，一个节头条目描述一个节数据的细节，因此 COFF 格式能包含更多的节，或者说可以根据实际需要增加特定的节，具体表现在 COFF 格式本身的定义以及稍早提及的 COFF 格式扩展。节段表的出现可能是 COFF 格式相对 a.out 格式最大的进步。下面将简单描述 COFF 文件中节的数据结构。

```
struct COFF_scnhdr
{
    char s_name[8];          /*节名称*/
    char s_paddr[4];         /*物理地址*/
    char s_vaddr[4];         /*虚拟地址*/
    char s_size[4];          /*节长度*/
    char s_scnptr[4];        /*节数据相对文件的偏移量*/
    char s_relptr[4];        /*节重定位信息偏移量*/
    char s_lnnoptr[4];       /*节行信息偏移量*/
    char s_nreloc[2];        /*节重定位条目数*/
    char s_nlnno[2];         /*节行信息条目数*/
    char s_flags[4];         /*段标记*/
}
```

7.2.4　ELF 可执行文件格式

ELF 文件有三种类型：可重定位文件，也就是通常说的目标文件，后缀为.o；共享文件，也就是通常说的库文件，后缀为.so；可执行文件，本节主要讨论的文件格式。总的来说，ELF 可执行文件的格式与上述两种文件的格式之间的区别主要在于观察的角度不同：一种称为连接视图（Linking View），另一种称为执行视图（Execution View）。

首先看看 ELF 文件的总体布局：

```
ELF header(ELF 头部)
Program header table(程序头表)
```

Segment1(段 1)
Segment2(段 2)
...
Sengmentn(段 n)
Setion header table(节头表,可选)

段由若干个节(Section)构成,节头表对每一个节的信息有相关描述。对可执行程序而言,节头表是可选的。ELF 头部是一个关于文件的路线图(road map),从总体上描述文件的结构。下面是 ELF 头部的数据结构:

```
typedef struct
{
    unsigned char e_ident[EI_NIDENT];   /*魔数和相关信息*/
    Elf32_Half    e_type;               /*目标文件类型*/
    Elf32_Half    e_Machine;            /*硬件体系*/
    Elf32_Word    e_version;            /*目标文件版本*/
    Elf32_Addr    e_entry;              /*程序进入点*/
    Elf32_Off     e_phoff;              /*程序头部偏移量*/
    Elf32_Off     e_shoff;              /*节头部偏移量*/
    Elf32_Word    e_flags;              /*处理器特定标志*/
    Elf32_Half    e_ehsize;             /*ELF头部长度*/
    Elf32_Half    e_phentsize;          /*程序头部中一个条目的长度*/
    Elf32_Half    e_phnum;              /*程序头部条目个数*/
    Elf32_Half    e_shentsize;          /*节头部中一个条目的长度*/
    Elf32_Half    e_shnum;              /*节头部条目个数*/
    Elf32_Half    e_shstrndx;           /*节头部字符表索引*/
} Elf32_Ehdr
```

e_ident[0]-e_ident[3]包含了 ELF 文件的魔数,依次是 0x7f、E、L、F。任何一个 ELF 文件必须包含此魔数。e_ident[4]表示硬件系统的位数,1 代表 32 位、2 代表 64 位。e_ident[5]表示数据编码方式,1 代表小印第安排序(最大有意义的字节占有最低的地址)、2 代表大印第安排序(最大有意义的字节占有最高的地址)。e_ident[6]指定 ELF 头部的版本,当前必须为 1。e_ident[7]~e_ident[14]是填充符,通常是 0。ELF 头部中大多数字段都是对子头部数据的描述,其意义相对比较简单。值得注意的是某些病毒可能修改字段 e_entry(程序进入点)的值,以指向病毒代码。

一个实际可执行文件的文件头部形式如下:

```
ELF Header:
    Magic: 7f 45 4c 46 01 01 01 00 00 00 00 00 00 00 00 00
    Class:                              ELF32
    Data:                               2's complement,little endian
    Version:                            1 (current)
    OS/ABI:                             Unix-System V
    ABI Version:                        0
```

```
Type:                         EXEC (Executable file)
Machine:                      Intel 80386
Version:                      0x1
Entry point address:          0x80483cc
Start of program headers:     52 (bytes into file)
Start of section headers:     14936 (bytes into file)
Flags:                        0x0
Size of this header:          52 (bytes)
Size of program headers:      32 (bytes)
Number of program headers:    6
Size of section headers:      40 (bytes)
Number of section headers:    34
Section header string table index: 31
```

紧接 ELF 头部的是程序头表,它是一个结构数组,包含了 ELF 头表中字段 e_phnum 定义的条目,结构描述一个段或其他系统准备执行该程序所需要的信息。

```
typedef struct {
    Elf32_Word p_type;         /* 段类型 */
    Elf32_Off  p_offset;       /* 段位置相对于文件开始处的偏移量 */
    Elf32_Addr p_vaddr;        /* 段在内存中的地址 */
    Elf32_Addr p_paddr;        /* 段的物理地址 */
    Elf32_Word p_filesz;       /* 段在文件中的长度 */
    Elf32_Word p_memsz;        /* 段在内存中的长度 */
    Elf32_Word p_flags;        /* 段的标记 */
    Elf32_Word p_align;        /* 段在内存中对齐标记 */
} Elf32_Phdr;
```

最后说明 LF 文件的动态连接机制。每一个外部定义的符号在全局偏移表(Global Offset Table,GOT)中有相应的条目,如果符号是函数则在过程连接表(Procedure Linkage Table,PLT)中也有相应的条目,且一个 PLT 条目对应一个 GOT 条目。对外部定义函数解析可能是整个 ELF 文件规范中最复杂的,下面是函数符号解析过程的一个描述。

(1) 代码中调用外部函数 func,语句形式为 call 0xaabbccdd,地址 0xaabbccdd 实际上就是符号 func 在 PLT 表中对应的条目地址(假设地址为标号.PLT2)。

(2) PLT 表的形式如下:

```
.PLT0:pushl 4(%ebx)
/* GOT 表的地址保存在寄存器 ebx 中 */
jmp        *8(%ebx)
           nop;nop
           nop;nop
.PLT1:  jmp       *name1@GOT(%ebx)
        pushl     $offset
        jmp       .PLT0@PC
```

```
.PLT2:      jmp     *func@GOT(%ebx)
            pushl   $offset
            jmp     .PLT0@PC
```

(3) 查看标号.PLT2 的语句,实际上是跳转到符号 func 在 GOT 表中对应的条目。

(4) 在符号没有重定位前,GOT 表中此符号对应的地址为标号.PLT2 的下一条语句,即是 pushl $offset,其中 $offset 是符号 func 的重定位偏移量。注意这是一个二次跳转。

(5) 在符号 func 的重定位偏移量压栈后,控制跳到 PLT 表的第一条目,把 GOT[1] 的内容压栈,并跳转到 GOT[2]对应的地址。

(6) GOT[2]对应的实际上是动态符号解析函数的代码,在对符号 func 的地址解析后,会把 func 在内存中的地址设置到 GOT 表中此符号对应的条目中。

(7) 当第二次调用此符号时,GOT 表中对应的条目已经包含了此符号的地址,就可直接调用而不需要利用 PLT 表进行跳转。

动态连接是比较复杂的,但为了获得灵活性的代价通常就是复杂性。其最终目的是把 GOT 表中条目的值修改为符号的真实地址,这也可解释节.got 包含在可读可写段中。

动态连接是一个非常重要的进步,这意味着库文件可以被升级、移动到其他目录等而不需要重新编译程序(当然,这不意味库可以任意修改,如函数入参的个数、数据类型应保持兼容性)。从很大程度上说,动态连接机制是 ELF 格式代替 a.out 格式的决定性原因。如果说面对对象的编程本质是面对接口(interface)的编程,那么动态连接机制则是这种思想的一个非常典型的应用。

习题 7

1. 什么是可执行文件?
2. 简述 COM 执行文件的结构及其加载过程。
3. 简述 DOS 和 16 位 Windows 的 EXE 执行文件格式有几种?
4. 简述 DOS 和 16 位 Windows 的 EXE 执行文件的结构及其加载过程。
5. 什么是 PE? 简述 PE 执行文件格式的结构。
6. Linux 操作系统主要的可执行文件格式有哪些?
7. a.out 文件格式主要包含哪些 section?
8. COFF 文件格式在 a.out 基础上作了哪些修改?
9. 计算机病毒通常修改 ELF 文件格式中的哪些字段?
10. 请简述函数符号的解析过程。

参 考 文 献

[1] Kevin Mandia,Chris Prosise,Matt Pepe. 应急响应 & 计算机司法鉴定(第2版). 北京：清华大学出版社,2004.

[2] 米佳,刘浩阳. 计算机取证技术. 北京：群众出版社,2007.

[3] 蒋静,徐志伟. 操作系统——原理、技术与编程. 北京：机械工业出版社,2008.

[4] 张越今. 网络安全与计算机犯罪勘查技术学. 北京：清华大学出版社,2003.

[5] 陈向阳,方汉. Linux实用大全. 北京：科学出版社,2005.

[6] 宋群生,宋亚琼. 硬盘扇区读写技术. 北京：机械工业出版社,2004.

[7] 汤子瀛,哲凤屏,汤小丹. 计算机操作系统. 西安：西安电子科技大学出版社,2001.

[8] 九州星火传媒·视觉图书. Windows XP注册表终极解析. 北京：中国铁道出版社,2005.

[9] 微软公司. www.microsoft.com. USA：2013.

[10] 张兴虎. 精通注册表+BIOS. 北京：清华大学出版社,2004.

[11] 徐雁生. Windows 2000/XP/2007注册表实战精通. 北京：人民邮电出版社,2009.

[12] 麦永浩,孙国梓. 计算机取证与司法鉴定. 北京：清华大学出版社,2009.

[13] 史尚宽. 计算机司法检验. 北京：中国公安大学出版社,2005.

[14] 段钢. 加密与解密. 北京：电子工业出版社,2008.

[15] Carvey H. Windows forensic analysis. US：Syngress,2008.

[16] Russinovich MR,Solomon DA. Microsoft Windows Internals：Microsoft Windows Server 2003, Windows XP,and Windows 2000(4th ed). USA：Microsoft Press,2005.

[17] Russinovich MR,Solomon DA. Microsoft Windows Internals：Windows Server 2008 and Windows Vista(5th ed). USA：Microsoft Press,2009.

[18] 张银奎. 软件调试. 北京：电子工业出版社,2008.

[19] Aqulina JM,Casey E,Malin CH. Malware forensics：investigating and analyzing Malicious Code. USA：Syngress Publishing,2008.

[20] CASEY. Digital Evidence and Computer Crime. UK：Elsevier Academic Press,2011.

[21] volatile工作组. www.volatilesystems.com. USA：2012.

[22] evild3ad. www.evild3ad.com. USA：2012.

[23] 戴士剑,涂彦辉. 数据恢复技术. 北京：电子工业出版社,2007.

[24] 傅建明,彭国军,张焕国. 计算机病毒分析与对抗. 武汉：武汉大学出版社,2008.

[25] 卓建新. 计算机病毒原理及防治. 北京：北京邮电大学出版社,2004.

[26] 电脑报. 系统漏洞攻击与安全防范实战. 昆明：云南人民电子音像出版社,2007.

[27] 公安部教材编辑委员会. 信息网络安全监察. 北京：群众出版社,2003.

[28] 孙伟平. 猫和耗子的游戏：网络犯罪及其治理. 北京：北京出版社,2005.

[29] 吕西红,曾碧卿. Linux网络信息安全研究. 福建：福建电脑,2004.

[30] 包怀忠. Ext2文件系统分析. 北京：计算机工程与设计,2005.

[31] 曹辉,刘建辉. 基于UNIX系统的计算机取证研究. 北京：计算机安全,2005.

[32] 李贵林,陈朝晖. UNIX系统被删文件的恢复策略[EB/OL]. (2010-01). http://www.lslnet.com/linux/docs/linux-3334.html.

[33] Remy Card,Theodore Ts'o,Stephen Tweedie. Design and implementation of the Second Extended

Filesystem[EB/OL].(2011-07-25). http://web.mit.Edu/tytso/www/Linux/ext2intro.htm.
[34] 李善平,刘文峰,李程远.Linux 内核 2.4 版源代码分析大全.北京:机械工业出版社,2005.
[35] 梁如军.Red Hat Linux9 应用基础教程.北京:机械工业出版社,2006.
[36] Thhsieh.Ext2 文件系统下恢复误删除的文件[EB/OL].(2008-09).http://www.linuxeden.com/edu/doctext.php?docid=2109.htm.
[37] 杨泽明,许榕生,刘宝旭.文件删除的恢复与反恢复.北京:信息网络安全,2008.
[38] Warren G. Kruse,Jay G. Heiser.计算机取证:应急响应精要.北京:人民邮电出版社,2005.
[39] JoelS cambray,StuartM Clure,George Kurtz.黑客大曝光:网络安全机密与解决方案.北京:清华大学出版社,2006.
[40] 俞建新,王健,宋健建.嵌入式系统基础教程.北京:机械工业出版社,2008.
[41] 姜立东,王寿武.嵌入式系统原理与应用.北京:机械工业出版社,2006.
[42] 贾智平.嵌入式系统原理与接口技术.北京:清华大学出版社,2008.
[43] 孙钟秀.操作系统教程.北京:高等教育出版社,2003.
[44] 佚名.Mac 操作系统走向.北京:PC Magazine Chinese Edition,2008.